大师思想集萃

笛卡儿说 理性与心灵

DESCARTES

笛卡儿

王东承◎编译

华中科技大学出版社
http://www.hustp.com
中国·武汉

图书在版编目(CIP)数据

笛卡儿说理性与心灵 / 王东承编译. —武汉：华中科技大学出版社，2022.5

（大师思想集萃. 第三辑）

ISBN 978-7-5680-7894-8

Ⅰ. ①笛… Ⅱ. ①王… Ⅲ. ①笛卡尔（Descartes，Rene 1596-1650）—哲学思想—研究 Ⅳ. ①B565.21

中国版本图书馆CIP数据核字（2022）第044939号

笛卡儿说理性与心灵
Dikaer Shuo Lixing yu Xinling

王东承　编译

策划编辑：闫丽娜
责任编辑：康　艳
封面设计：金　刚
责任校对：刘　竣
责任监印：朱　玢
出版发行：华中科技大学出版社（中国·武汉）　电话：（027）81321913
武汉市东湖新技术开发区华工科技园　邮编：430223
印　　刷：湖北新华印务有限公司
开　　本：880mm × 1230mm　1/32
印　　张：11.625
字　　数：251千字
版　　次：2022年5月第1版第1次印刷
定　　价：42.00元

出版者的话

“大师思想集萃”系列丛书已收入阿德勒、洛克、康德、弗洛伊德、罗素、尼采、荣格、培根、叔本华、马斯洛等思想大师的智慧结晶，力图向读者展示大师们的思想精华，引领读者深刻理解人的本质、感悟人生真谛、关注现实生活、丰富自己的人生。

本丛书已出版的主题作品，主要涉及思想大师们对人的本质和人生的深入思考和论述的内容，分为十卷，其中包括：

《阿德勒说自我超越》　　《洛克说自由与人权》
《康德说道德与人性》　　《弗洛伊德说梦境与意识》
《罗素说理想与历程》　　《尼采说天才与灵魂》
《荣格说潜意识与生存》　《培根说百味人生》
《叔本华说欲望与幸福》　《马斯洛说完美人格》

“大师思想集萃”第一辑出版后，获得了读者的广泛认可与好评。为了适应读者的阅读要求，我们又推出了新的主题作品，主要涉及思想大师们对人的存在、人的情感、人与社会的关系等的论述，分为十卷，其中包括：

《弗洛姆说爱与自由》　《黑格尔说否定与自由》
《波普尔说真理与谬误》　《福柯说权力与话语》
《海德格尔说存在与思》　《卢梭说平等与民权》
《萨特说人的自由》　《维特根斯坦说逻辑与语言》
《鲍姆嘉通说美学》　《休谟说情感与认知》

继第一辑、第二辑作品出版后，我们进一步挖掘，将陆续推出新的主题作品，其中包括：

《亚里士多德说美德与善》《笛卡儿说理性与心灵》
《克尔凯郭尔说生存与超越》
……

我们在编译的过程中，本着深入浅出、风格恬淡、常识与经典兼顾、推理与想象并用的原则，在保留大师经典思想原貌的基础上，依照从理论到实践的总体逻辑关系，对各大师的思想体系进行了梳理，并添加了部分标题。

我们建议读者阅读时，不必对各位大师的理论观点句句视为经典，甚至全盘吸收，可以明辨各位大师思想中的唯物与唯心、形而上学与辩证法的差别。我们乐意看到读者对此丛书进行批判性阅读、比较性借鉴，深思后践行。

本丛书编辑及出版事宜由本社“大师思想集萃”编辑组负责。出版此套丛书并不意味着本社完全赞同这些大师的所有思想和理论的立场、观点和方法。本社各位编辑同人在编辑出版过程中付出了很多努力，希望本丛书的出版能得到广大读者的赞赏。

感谢广大读者的惠购、赏读！

"大师思想集萃"编辑组

2021年7月

序言

近代哲学的奠基者——笛卡儿

“我思故我在”，笛卡儿如是说，由此，近代哲学的大幕徐徐拉开。几乎是无可争议的，笛卡儿被视为近代哲学的奠基者，然而对于此奠基者的影响，人们却众说纷纭。

人们试图给他贴上一个标签。哲学家笛卡儿？物理学家笛卡儿？数学家笛卡儿？这些称谓都不能囊括笛卡儿的成就——他的成就是多学科的，他的创造也是奠基性的。笛卡儿最大的贡献不是提供了某种科学成果，而是为人类在科学领域的进步提供方法。方法论，这是笛卡儿最为重要的成就之一，并且在今天成为众多科学研究的原则。作为一个探索“观念”的人，他提出了抽象、归因和归纳的思考方法；他推崇“直观-演绎”的思考方法，从而开创了解析几何；而在物理学、天文学等不同学科，他都展开探索，形成了属于自己的成果。直到今天，很多科学领域的前沿知识仍然构建在他的研究方法和成果之上。

讨论笛卡儿并不过时，他的影响持续至今。确切地说，笛卡儿是一位哲学家，而他的哲学思想也是本书最为关注的内容。

公元16世纪末的欧洲动荡不安，社会矛盾复杂。伴随着马丁·路德在16世纪初发动的宗教改革，法国也深受影响，新教徒家庭迅速增加。1596年3月31日，笛卡儿出生在法国北部的都兰。他的一生正好经历了欧洲三十年战争（1618—1648），而这场战争也是欧洲近代史的开始。波澜壮阔的历史成为笛卡儿一生的背景。

作为沉思者，笛卡儿受益于自己所出生的贵族家庭，优渥的生活让他可以更加自由地思考，而且能够接受当时最为先进的教会教育。笛卡儿的童年是孤独的，而体弱多病又让他获得了某种特权，比如在学校可以晚起，尽情享受卧床沉思的乐趣。这个孤独思考的习惯塑造了他的哲学家气质，也滋养了他的思想，甚至影响了他的命运。

笛卡儿哲学构建在深沉的思考之上。他热爱沉思，尤其在床上的沉思总是与梦境接近。他曾在一封信中说，睡眠带来森林、花园和宫殿里的漫游，而醒来时自己又把白日梦与晚上的梦混同起来。“笛卡儿式沉思”既是一种幻想，也是一种自我陶醉，尤其在清晨这个最具创造力的时刻。有一个知名的例子是“暖炉旁的沉思”，它已经成为近代哲学中的重要事件。1619年11月的巴伐利亚，笛卡儿在这个寒冷的冬天随军驻扎。在多瑙河畔的营帐中，他躺在暖炉旁，没有任何情绪上的干扰，每天都可以独自沉思，让思绪尽情遨游。也就是这段时间，笛卡儿经历了三个神奇梦境。而这三个梦境不仅深刻地改变了他的人生，甚至影响了笛卡儿的思维模式，隐喻了他全部的思想。沉思如此快乐，“思”变成了笛卡儿哲学的重点。而那句著名的“我思故我在”，也是“笛卡儿式沉思”的成果。

作为怀疑者，笛卡儿的哲学生涯充满了追问。他一直在寻找有一个最为稳固的起点，作为世界全部思想的开端。面对自己“普遍怀疑”的原则，为了找到这个无可置疑的起点，他的问题可以改写为：“什么才是真实存在的？”这个绝对的起点太重要了，重要到如同“阿基米德支点”一样，一旦出现，就可以成为撬动整个地球的支点，甚至因此获得全宇宙的真理。为此，他怀疑，用“普遍怀疑”将一切不可靠的东西去除。在《第一哲学沉思集》中，笛卡儿明确提出了普遍怀疑的原则，而“怀疑一切”成为笛卡儿哲学的第一原则。

他怀疑梦。为了证明正在思考的自己不是在此时此刻做梦，他把所有心中的图像，乃至一切事物都看作是假的。然后，他继续寻找，寻找一个真实的东西。他怀疑自身。当一个人面对自己心灵展开思考时候，如果一切都是假的，那唯一真实可靠的就是“思考”本身。他认为一切都是可以怀疑的，但是“我在怀疑”这件事不可怀疑。基于这种不可怀疑的“我思”，笛卡儿构建了自己的哲学，并且在人生的游历中完成了众多著作。

作为游历者，笛卡儿一生中去过不少的国家。在学业结束之后，他就开始游历世界。不管是参与欧洲战争，还是前往意大利朝圣，笛卡儿居住在不同的地方。在巴伐利亚的多瑙河畔，于半睡半醒的梦中，笛卡儿获得灵感，深刻地启发了他的思想；而后来他持续不断地游历，在意大利，在荷兰，笛卡儿坚持写作，完成了不少著作。1628年，正值盛年的笛卡儿来到荷兰隐居。他隐居荷兰，既是为了躲避可能的宗教迫害，更是为了表达更为前瞻的思想。居住在荷兰的时光对于笛卡儿至为重要，他完成了很多重要作品，比如《谈谈方法》（1637

年）、《第一哲学沉思集》（1641年）、《哲学原理》（1644年）等等。到了晚年，声誉很高的他又受到瑞典女王的邀请，成为女王的私人哲学教师。

瑞典的冬天异常寒冷，而女王又要求笛卡儿在凌晨上课——这改变了他一生不变的生活习惯。因为频繁早起，1650年，笛卡儿患上了肺炎，最终因此与世长辞。

笛卡儿是谁？沉思者？怀疑者？游历者？这些标签都不过是他思想的注脚。如果把笛卡儿的思想放入整个欧洲近代史的开端，借助智慧的光芒，我们可以清晰地看到那个转折——蒙昧的时代结束了。在17世纪，在笛卡儿那里，理性成为最重要的原则之一。当他与弗兰西斯·培根等思想家一起，用理性和思考反抗神权，也就开辟了人类思想解放的道路。对于笛卡儿来说，这条道路就是探索自我与心灵。理性与心灵可以作为两条最为重要的理解笛卡儿哲学的线索。

作为理性主义者，笛卡儿的方法论和主体哲学思想具有极为重要的价值。

从历史的角度看，笛卡儿的方法论是他对近代科学的重要贡献。17世纪的欧洲笼罩在神权的统治之下，教会掌控教育，亚里士多德理论所形成的封闭型知识体系占据主导地位。虽然经院哲学有众多弊端，但是它仍然保持了理性思考的传统。在那个时代，科学还没有从哲学的母体中分娩，所以笛卡儿可以借助欧洲的形而上学传统，探索高度抽象的概念。借助观察与实践，笛卡儿思考和证明那些知识形式中可测量与可预测的因素，于是渐渐摆脱了经院哲学的束缚，离开了神学的框架体系。一旦超越了自我封闭的神学体系，笛卡儿就种下了一棵大树，让形而上学或者哲学提供根本的方法，让物理学成为树干，而其他学科则如同树枝一般分布着。

他强调思考需要有清楚的观念，而观念应由理性内在演绎推理得出，不能单纯依赖感觉经验；他强调归因，反对终极因，推崇先在因；他强调观察，认为推理和研究需要由特殊到一般的归纳概括。这些都成为理性思考的方法论。而他的怀疑，也是理性的。

在笛卡儿的《第一哲学沉思集》中，他的早期思想得以呈现。人们稍加研读就可以发现，"怀疑"是整个笛卡儿哲学的出发点。因为笛卡儿一直在为自己的思想寻找一个最稳固的起点，因此，他找到了一个方法，那就是"普遍怀疑"。普遍怀疑作为一种哲学和科学的方法论，为人类走出蒙昧提供了动力。通过"普遍怀疑"，笛卡儿找到了一个稳固的起点——我思，由此引出了"我思故我在"。为了回答一个更为巨大的怀疑：物质世界是否存在，笛卡儿证明了上帝存在。在《第一哲学沉思集》中，笛卡儿又通过论证，消除了对于自身是否存在的怀疑。理性的怀疑是思想的方法，无所畏惧，哪怕怀疑的对象是自我。

我是谁？我从哪里来？我要到哪里去？在这个由柏拉图提出的哲学命题中，作为主体的"我"是一个指向心灵的焦点。在西方哲学的传统中，自我并不是中世纪哲学讨论的对象。伴随着近代的思想启蒙，自我才成为思想者关注的重点。笛卡儿把正在思考的"自我"看作一切思考的起点。厘清关于自我的观念，就可以理解笛卡儿的"我思故我在"。同时，"我思"又存在一个悖论，当"我思"内在地包含了"我在"，于是就有了两个“我”，一个思维的我和一个现象的我。笛卡儿探索心灵的方式不同于形而上学的证明或规定，他打乱了柏拉图以来的主体哲学脚步，开辟出一条精神现象学的新路。

基于理性主义的思考，笛卡儿认为“动物是机器”。同时，他坚决反对“人是机器”。他同意把动物和人的肉体都看作是机器，但是因为拥有心灵，人又具有比动物更高的地位。这种重视心灵轻视身体的思想与柏拉图一脉相承。在笛卡儿之后，伴随着哲学的“语言转向”，那些由意识哲学和极端理性所造成的问题得到反思，身体反倒成为哲学家们关注的焦点，而这些思想者们无不关注了笛卡儿对于身体的看法。伴随着心理科学的兴起，当意识和身体都可以用自然科学的方法进行理性的研究，理性主义者笛卡儿的精神遗产就显得更加可贵。

作为心灵的探索者，笛卡儿哲学对于心灵哲学以及当代认知科学影响深远。

笛卡儿最为重要的思想遗产之一就是身心二元论。与经院哲学不同，笛卡儿不再用“灵魂”来称呼“思维着的东西”，这让他与两千年以来的灵魂说传统大相径庭。这种将心灵视为实体的思想对于后来的认知科学有着极其深刻的影响。

心灵真的是独立于肉体而存在的吗？当笛卡儿声称心灵是一个独立的实体，那么他也就提出了一个问题，这个实体与肉体包括大脑是一种什么关系？基于对这种关系的探索，人类发展了心灵哲学，而神经生物学、脑科学、计算机技术乃至人工智能等等都深受笛卡儿的影响。笛卡儿说身体是一个实体，但他认为人不是机器；笛卡儿将心灵放在主体地位，但他并没有抛弃身体，而是通过对感觉赋予认知的意义，从而启发了知觉现象学。今天的科技似乎已经完全预设了“身心二元论”，这也说明笛卡儿所提出的命题仍然具有非凡的价值。

对于哲学家来说，灵魂观的首要问题就是回应灵魂与肉体的关系。这个问题可以包括两个方面，灵魂是否必须依存于肉体，以及灵魂与肉体哪个更为重要。在古希腊哲学中，柏拉图和亚里士多德的灵魂说不仅具有代表性，也深刻影响了笛卡儿哲学。虽然笛卡儿开启了自然的“祛魅”之路，但其哲学中同样存在许多“非理性”和“非思辨”的东西，这使得他的灵魂说又具有了某种自然主义的色彩。

如果基于当今认知科学的发展，可以说笛卡儿实现了西方哲学史上的“认识转折”。他提出了不同以往的实体概念，推翻了亚里士多德尤其是中世纪经院哲学的认识论，从而为当今的认知科学研究提供了重要启发。笛卡儿的哲学中影像来自感觉和想象，其概念常常被理解为意象，又与古希腊哲学尤其是柏拉图和亚里士多德的思想不同。他怀疑心灵中的影像，认为这些并非清晰明白的观念。通过对影像这一概念的界定，笛卡儿实现了心灵与世界的紧密关联。

伦理约束人们的行为，而行为总是与心理的活动有关。在探索心灵的过程中，笛卡儿也思考了很多伦理问题。虽然他并没有关于伦理学的专著，但是在笛卡儿的很多著作里，都有关于相关思想的表述。在《论灵魂的激情》中，为了解决身心二元论导致的理论困难，笛卡儿提出了“松果腺理论”，认为身体的运动来自灵魂的激情，而意志是灵魂的动作。基于一种人本主义的思想，他展开了以人为中心的伦理学。在《论灵魂的激情》中，笛卡儿提出了慷慨的概念，体现出他关于自由与谦卑、平等与利他的道德理想。

笛卡儿的思想极为深广，这并不是说他构建了一个完整宏大的体系，而是当他站在那个历史关口，“上帝”不再是意义的唯一来源，哲学家所说的任何话语都可能引发不同的阐释。这也让他之后的思想家们感到困惑，如果谁要提出原创性的观点，就不得不倾听笛卡儿——他探索的不仅仅是一种思想的方法，更是一种思想的可能，“自我”成为哲学的主角。当“怀疑一切”在某种意义上成为思想方法的一种规定性，一个哲学家如果不希望自己的结论受到反讽，那么他就不得不回到笛卡儿那里，去更深刻地理解其中的悖论——“我思故我在”到底是如何成立的，“我思”的我和“我在”的我真的是同一个我吗？

而在今天，笛卡儿和他的哲学方法论正在成为常识，通过观察与归纳，科技将自然掩蔽起来，人们已经习惯于用“人”作为一切思考和盘算的起点。但是，今天的人还是笛卡儿时代的人吗？当人与机器的边界消弭，当心灵约等于心理，伴随着生理学和生物学的加速演进，通用性的人工智能时代即将到来。此刻，我们该怎样理解“我思”？笛卡儿的“我”就是今天的“我”吗？

笛卡儿并没有过时，他所开创的命题仍然值得思考……

确切地说，这也是一个关于人类“自我”的命题。

编译者

2022年1月28日

Contents

目 录

第一讲 欧洲游历者

一、孤独童年

二、贵族学校

三、河畔的三个梦

四、在行军中沉思

五、荷兰往事

他出生在法国都兰城的一个贵族之家，从小就富有哲学家的气质。他在少年时代接受了当时最先进的教育，从而走向巴黎。他不甘平庸，参军游历欧洲，又在行军的途中尽情思考。于是，他在半睡半醒的梦中获得灵感，这个灵感成为解读他全部思想的钥匙。他在晚年成为女王的座上贵宾，可是，因为频繁早起，他不幸感染肺炎，最终与世长辞。

他就是笛卡儿，近代西方哲学的奠基人。那句“我思故我在”是属于他的，同时也是刻写在人类思想中的印记。那么他的人生与思想，又有着一种怎样的契合呢？

一、孤独童年

当历史的大幕徐徐拉开，而镜头又聚焦于那个人——笛卡儿，伟大的哲学家，他所处的时代就成为他的思想乃至人生的背景。时代就是舞台，让我们来到16世纪末至17世纪中期。那时的法国，社会矛盾复杂，充满了动荡与不安，有战争，有冲突，更有宗教、皇权和民间力量的不断争斗。而这一幅波澜壮阔的画卷又成为笛卡儿人生与思想的底色，凸显出他超越时代的洞见。

受益于宗教改革带来的人文乃至科学的发展，法国在大约17世纪的时候，取代了意大利成为欧洲文化的中心。而在14到16世纪，这个中心的称号仍然属于后者，因为意大利是文艺复兴的发源地。

早在法国波旁王朝（1589—1792）时期，亨利四世在1598年颁布了南特敕令，这虽然从一定程度上缓解了新旧教派之间的矛盾，但基于完全不同的政治主张，其根本性的矛盾依然存在。到了17世纪，教派冲突更加严重了，天主教与新教之间常常激化矛盾。关于这一矛盾的分析，不得不讲到欧洲近代的宗教改革。

法国宗教历来以天主教为主，在17世纪，天主教徒约占法国总人口的九成以上。然而，人数并不能说明问题。在16世纪下半叶，法国新教徒家庭迅速增加，而且大多集中在法国南部，更有很多贵族和地方首脑参加了新教。在这一新教力量不断增长的历史背景中，一方面是马丁·路德16世纪初在德意志发动的宗教改革，半途而废，另一方面是身在日内瓦的加尔文继续倡导宗教改革并最终取得胜利，欧洲第一个由新教掌权的资产阶级共和国建立了。这一成功对于欧洲的近代革命运动产生极其重大的影响，尤其影响了法国。

法国的新教徒人数在17世纪增长很快，甚至包括了全国贵族总数的40%。这些持有新教信仰的贵族与新兴的资产阶级一起，极力赞成更深入的宗教改革，而这一改革，必然触及王室的利益。从地理上看，大部分旧的教派集中在巴黎和法国北部地区，而新兴势力主要集中在南部。基于共同利益，旧教派的教士、王室及其亲信、军队统帅三者之间出现了紧密的利益关联，甚至教士也参与到军事行动之中。伴随着法国本土各方矛盾的不断激化，这些矛盾最终汇集转化，纳入一个更为巨大的冲突之中，那就是欧洲近代史的开始：三十年战争。这场从1618年持续到1648年的战争，开始于神圣罗马帝国的内战，而最终演变为一次全欧洲的大战。

三十年战争，推动了欧洲近代民族国家的形成，也是欧洲近代史的开始。

笛卡儿生活在16世纪末至17世纪50年代，尤其是他的下半生，几乎与这场三十年战争的时间重叠。作为一个站在欧洲近代史开端的哲学家，对于其思想的探析无法脱离三十年战争。

可以说，笛卡儿生活在一个战乱的年代。在他出生的1596年，一场历时36年的宗教战争接近尾声。这场从1562年到1598年的宗教战争，是一场各方势力借助宗教而发动的内战。和平并不长久，其后大大小小的战争持续不断，直到1618年，也就是笛卡儿参军的第二年，三十年战争爆发了。

三十年战争改变了欧洲的历史。战争的起因是发生在德意志的“掷窗事件”。1618年5月23日，捷克封建领主的新教派把由皇帝委派的总督从布拉格城堡的窗户扔了出去，从而引发了一场具有反哈布斯堡王朝性质的捷克起义（1618—1620）。这场起义因为各方势力的不断介入，逐步升级，最终越演越烈，成为三十年战争的导火索。

连年的战争几乎成为16世纪法国的一大特征。虽然常年的战争导致法国四分五裂，经济文化都比较落后，但基于战争的需求，一些传统工业正在走向现代化，而这又推动了思想的发展。关于16世纪法国的落后，在思想家伏尔泰的历史名著《路易十四时代》中就有记载，他描述那个时代的法国，道路年久失修，盗匪经常出没。而巴黎的街道狭窄，垃圾遍地。至于文化界，也是大量充斥着迷信与巫术。他直言“法兰西民族陷于愚昧与无知之中，那些自以为不是平民百姓的人也不例外”。在此愚昧落后之中，一股新兴的力量正在崛起。

同样在16世纪，基于法国的地理位置——欧洲的十字路口，大量来自德意志、瑞士、意大利乃至西班牙等地的富有商人云集于里昂——法国当时的第二大城市。这些商人群居在一个区域，在输入本国商品的同时也输入本国的文化。从武器到工具，从纺织品到艺术品，甚至有不少来自遥远的东方。这些商品的集散带来了加工业的繁荣。在法国国王的保护之下，传统的工业因为需求的增加而逐步走向现代化，而纺织、冶金、造船、印刷等新兴产业也逐步壮大。

工商业的发展催生了新的经济制度，而这一制度又让资产者获得更大的利益。那些诸如银行家、批发商、企业主等的新兴阶层，开始游走于巴黎，出入豪门之间，甚至其中的某些人被王室直接册封为贵族。基于法国的文化传统，资产的拥有者不仅需要具备过人的财富，更需要具备一定的文化修养。这一传统让那些致力于进入上流社会的新贵自然而然地成为文化的推动者与传播者。他们既需要新的身份，更需要合理化自己的诉求，于是，出版业与印刷业得到了发展——这正孕育了一场新的文化运动，甚至是人的思想解放。

源自意大利的文艺复兴，其思想的接力棒被法国抓在了手里。拉伯雷、蒙田、达·芬奇等人的作品在法国受到推崇，不仅仅因为他们符合新兴资产者的口味，也因为意大利曾经是时尚的源头。国王和贵族们并不排斥他们，艺术家本人也可以成为法国王公贵族的座上宾。时尚是一种需要，新兴的资产者将自己的诉求通过文艺隐秘地倾诉出来；而基于利益，法国的王公贵族又欣然接受这种新的风尚。在那个时代，文艺家与思想者往往需要依附于某个更为强大的力量才能传播自己的思想。不管是贵族还是新兴的资产者，他们需要一些智慧的大脑生产自己不能生产的想法，并且借助书籍呈现出来。这种思想者与权贵结合的文化形态，同样深刻地影响了笛卡儿。

于是，历史的舞台，演出了笛卡儿的悲喜人生。理性与心灵，又是其交织的主旋律。1596年3月31日，在法国北部一个叫作都兰的城市，笛卡儿出生了。

笛卡儿的祖籍并非都兰。在他出生之前，笛卡儿的母亲珍娜·布罗夏尔（Jeanne Brochard）从普瓦图区（Poitou）来到了图赖纳区（Touraine）的拉海镇（La Haye）住处待产。可以说，笛卡儿家族来自法国的普瓦图区，多年来，他们也一直居住在这个区的夏特罗镇（Chaellerault）。夏特罗镇距离拉海镇大约25公里。传统上，人们都把笛卡儿叫作“来自普瓦图的勒内”。家庭总是一个人成长的基础，而关于笛卡儿的家庭，有三个地方值得关注。

财富与荣耀，可以说是笛卡儿家族的一大特征。从更大的范围说，笛卡儿出生在一个近乎贵族的家族，相当富有。根据一位法国历史学家的研究，直到1668年，笛卡儿家族才得到了法国贵族的最低位阶的骑士身份。但是这一年笛卡儿已经过世十几年了。笛卡儿家族的贵族封号，最终由其家族的其他成员来获得。

笛卡儿的祖父与外祖父都是成功的医生，他们不仅留下了一笔可观的物质遗产，还留下了一种探索的精神。笛卡儿的外曾祖父让·费朗（Jean Ferrand），曾经在16世纪中叶担任伊莲诺皇后（Queen Eleanor of Austria）的宫廷医生。显赫的职业带来大量的财富，这些财富都由他的女儿克劳尔继承。在克劳尔嫁给皮埃尔·笛卡儿（Pierre Descartes）之后，就生下一个儿子，这个儿子就是笛卡儿的父亲约克翰。在约克翰大约三岁的时候，他的父亲就因为肾结石去世了。作为岳父，同时也是宫廷医生的让·费朗，决定对自己的女婿进行尸体解剖，以检查具体的死因。甚至，他对自己的解剖和研究做出了总结，并用拉丁文发表了一份有关结石症的科学论文。

这种致力于探索自然奥秘的精神，驱使他不惜解剖自己女婿的尸体，影响了后世的子孙。笛卡儿诞生在这样的家族里，虽然并没有从事医学职业，但那种探索精神熏陶了他，对他的人生影响深远。

笛卡儿的父亲是一位律师和地方官员，曾经担任布列塔尼地方议会的议员，在莱依镇拥有一份相当可观的地产。他的母亲是布列塔尼的名门闺秀，在普瓦蒂埃拥有一个小庄园。基于家族的财富，笛卡儿继承了一笔可观的遗产。即使变卖土地再投资，每年的收益都很可观，这也成为他持续从事科学研究的必要物质保证。

第二是生活环境，笛卡儿的家庭受到了天主教和新教两种信仰的影响，而这又影响了笛卡儿。

法国图赖纳区的拉海镇是笛卡儿的出生地，而这个地方与笛卡儿家族的“大本营”普瓦图区风格迥异。两个区都有着布满树林的低矮丘陵，有着河流灌溉的丰美土地，但拉海镇在当时却是一个人口只有750人左右的小镇。另外，普瓦图区和图赖纳区在地理景观上相似，在宗教信仰上却存在很大差异。在普瓦图区，新教占据着主导地位，而在图赖纳区，信仰仍然是以天主教为主。两个区域在信仰上的差异，让笛卡儿在家庭生活中受到了不同思想的影响，既有天主教的，也有新教的。

在笛卡儿生活的年代，天主教与新教之间充满矛盾，乃至经常爆发宗教战争。笛卡儿同情新教，因为他在普瓦图区的众多亲朋好友都是新教徒。但是，笛卡儿是一个天主教徒，他出生于天主教区，他的保姆是一位十分虔诚的天主教徒。1596年

4月3日，笛卡儿在拉海镇的一间小礼拜堂受洗成为天主教徒。当时的笛卡儿还是一个婴儿，但这次受洗对他影响深远。受洗不仅让他成为一名天主教徒，而且让他产生了天主教徒的自我认同。出于对天主教宗教裁判所审判的担忧，笛卡儿总是将自己的科学与哲学成果隐藏起来，希冀在新教的势力范围得到更多的认同。事实上却并非如此。

第三是他的童年。在笛卡儿体弱多病的身体里，有一颗聪明敏感、勤奋好胜的心。

在笛卡儿出生一年之后，他的母亲生下了自己的第四个孩子，不久之后，她就去世了。这个出生的婴儿也在三天后离开人间。自幼失去母亲，对于笛卡儿造成了深远的影响。笛卡儿是家中的第三个孩子，他有一个哥哥，名叫比埃尔·笛卡儿，他有一个姐姐，名叫安娜·笛卡儿。他的哥哥子承父业，仍然从事律师的工作。根据笛卡儿的回忆，母亲在他出生不久就去世了，这对于体质本来就很虚弱的笛卡儿来说如同雪上加霜。当时病弱的笛卡儿十分危险，甚至连医生都认为他已经无药可救。万幸的是，有一位好心的护士照料了他。原本属于母亲的角色由护士替代，笛卡儿的生命终于被挽救了。

童年的经历是心灵的阴影，还是成长的滋养？不管如何，这段近乎死亡的经历都深刻地影响了笛卡儿。虽然在护士的照顾之下，他得救了，但童年的笛卡儿仍然面色苍白，还有干咳的疾病，这也影响了他的心灵。

在笛卡儿的童年时代，他的父亲再次结婚，而再婚之后，这个家族又增加了四个男丁。兄弟越来越多，但快乐并没有增加。因为笛卡儿从小就身体虚弱，脸色苍白，加上有干咳的毛病，让人很容易认为他患有传染性的肺病。正是这种误解与偏见，让笛卡儿在兄弟姐妹之间多少有点不受欢迎，而这种落寞又强化了笛卡儿离群索居、内向懦弱的性格。

童年的笛卡儿一个人静静地思考，像一棵孤独的小树，他也经常向父亲提出一些稀奇古怪的问题，并渴望得到回答。但遗憾的是，他的父亲常常忙于政务，根本无暇照顾他。他常常用“我的小哲学家”来称呼笛卡儿，但这不是赞赏，很多时候是一种厌烦。他认为笛卡儿的思索过于离奇，甚至有点固执和偏狭。幸运的是，笛卡儿和他的哥哥、姐姐长住在祖父家里，而且他的教父和舅父都比较钟爱他，给了他比较好的启蒙教育。尤其是那位天主教徒保姆，悉心照料和保护着他的健康。

作为人生很重要的一个阶段，童年给予笛卡儿一种特质，让他更注重于个人的体验和自省。这也形塑了他的性格和偏好，比如更加喜欢清静和孤独，渴望亲情和友情，更关注医学、科学等需要独立思考的领域。

在14岁那年，笛卡儿的祖母病逝了。他的身体仍然虚弱，但他已经走出家门，成为寄宿学校的学生了。

二、贵族学校

1607年，笛卡儿11岁了。在保姆的悉心照顾下，虽然他的身体依旧瘦弱，却又比幼年时健康了很多。这个11岁的小男孩，已经在家里接受了三年家庭教育，现在需要进入学校，接受正规的教育了。在这一年的复活节后，笛卡儿的父亲做出决定，把笛卡儿送到拉弗莱西教会学校（Jesuit College of la Flèche）读书。

拉弗莱西教会学校是当时欧洲最为著名的学校之一。这所学校位于安茹省，也就是今天的萨尔特省，而学校的建立与法国国王亨利四世（King Henry Ⅳ）关系密切。亨利四世原本是一个新教徒，后来却改宗信仰天主教。1603年，为了表达自己对于天主教信仰的虔诚，亨利四世把自己在拉弗莱西的城堡与关联的土地都捐出来，由天主教耶稣会成立一个新的学校。

亨利四世的城堡本就规模宏大，经过扩建，学校拥有了一排接连相通的宽广建筑。总体上看，这个建筑群有着浓郁的文艺复兴时期风格，壮阔的庭园大而对称，花园的造型也很特别，代表了那个时代的法国新风貌。在当时，这个学校毗邻市镇，学校的大门就在城镇的中心广场上，学生们可以轻松地进入热闹的小镇中心，生活相当方便。1604年，亨利四世亲临学校并举行了揭幕仪式，他鼓励法国上流家庭的优秀学生们申请这所学校。于是，这所学校成为一个培养贵族子弟的场所，同时类似于大学预科学校。

可以想象的是，这样的贵族学校不可能任意接受学生。在最初的时候，其规模相当有限，仅有100多名学生。学校的教师大部分来自巴黎议会上被流放的耶稣会士。作为一所天主教背景的教会学校，本应以经院教育为全部，而它却大胆革新，面向社会的需求，增加了不少人文方面的教学内容。这种进步在当时是非常难得的。

说到入学和成长，还要讲到笛卡儿的一位远房亲戚，他的名字叫夏莱。夏莱不仅是一位著名的学者，同时也是一位神父，后来还成为这所学校的校长。对于笛卡儿个人的心灵成长来说，这位学者影响很大，乃至后来笛卡儿把他尊称为“第二个父亲”。

笛卡儿是1604年进入拉弗莱西教会学校的。入学之后，他用了八年半的时间在拉弗莱西教会学校学习，直到1612年毕业离开。在这里的学习对于他后来的哲学思想影响至深。

拉弗莱西教会学校是一所什么样的学校？这所学校的教育又是如何影响笛卡儿的呢？

作为一所贵族学校，因为得到了国王的支持，这所学校免收学费，而学生的住校费用和其他生活开支由家长负担。为了更好地照顾和训练学生，这所学校实行的几乎是一种半军事化的管理。制服是必须的，学生制服的上身是一件有着宽大袖子的蓝色短衫，而下面则套着一条系紧的马裤。呢毡帽也是必须的，在正式的场合需要穿戴。此外，学校提供了一份长长的住校用品清单给家长，详细到诸如蜡烛、铅笔等个人用品的要求。学校的发展除了有赖于国王的支持，更多依赖新思想的传播和高水平人才的聚集。

1607年，这所学校已经增加到1500多名学生。伴随着师生的增加，学校的课程也越来越完善。概括地说，学校仍然没有脱离传统的宗教教育，但开设了古典语言、修辞、诗学、数学、伦理学和哲学等课程。根据记载，当时一共开设了五大专业，分别是文法、人文学科、修辞学、哲学、伦理学。对于那里的学生来说，拉丁文与希腊文的文法是必修的，同时人文学科与修辞学又是两门最主要的科目。

笛卡儿在这所学校里经历了八年半的学习。前五年里，他主要学习人文学科，甚至接受包括作为绅士的基本训练。人文学科主要包括古典文学、音乐、戏剧表演等等，而绅士的基本训练则包括骑术和剑术。很有趣的是，这些绅士的训练影响了少年的笛卡儿。在16岁那年，笛卡儿一度迷上了击剑，并专门写了一篇击剑术的论文。虽然这篇文章并没有太高的学术价值，甚至也没让笛卡儿成为高超的击剑手，但它反映了笛卡儿对于剑术的情有独钟。佩剑出行成为他的习惯，这多少也影响了他的军旅生涯。

人文学科的训练对于笛卡儿影响深远。在拉弗莱西教会学校，拉丁文与希腊文的文法学习让学生们具备了相关的能力，去接受和转化意大利文艺复兴时期的思想成果。在学习人文学科时，学生们需要学习古希腊时代的文艺作品。他们不仅要学习古罗马诗人维吉尔、贺拉斯及奥维德的诗篇，也需要接触和了解近代意大利的文艺成果。而在修辞学方面，学生们主要学习西塞罗的研究方法，而柏拉图的推理思考也成为重点。至于哲学，更多沿袭中世纪的教学传统，具有经院哲学的特点，大部分以亚里士多德研究、逻辑学、物理学以及形而上学为主。

在笛卡儿求学的第六年，他重点学习了亚里士多德的逻辑学与道德哲学；到了第七年，则以学习物理学、数学和天文学为主；第八年已经进入准大学的阶段，他主要学习形而上学。按照当时教会学校的传统，学生主要学习的内容和高级僧侣颇为接近，大部分都是托马斯·阿奎那的神学哲学和耶稣会士的注释。

拉弗莱西教会学校次第分明的教学内容，可谓处于当时欧洲教育的前沿。17世纪的法国，中世纪被囚禁的思想正在解放，而教会学校作为知识的生产者与传播者，正孕育着思想的巨大变革。新的知识结构滋养了笛卡儿的思想。而他对于不同课程的态度，又多多少少呈现出他在这个阶段思想的发展轨迹。

笛卡儿在数学上的成就有赖于接受了拉弗莱西教会学校的教育。这所学校非常重视古希腊数学的教授，知名的课程包括了欧几里得、毕达哥拉斯及阿基米德的数学研究。

早在古希腊，学者们就知道运用清晰的概念，去简化几何学中的图形结构。他们观察所有大自然中的对象及元素，抽象出概念，最终形成几何图形。在这些古希腊的学者们看来，所有可以想象到的几何图形，都可以用工具描绘出来。这些工具有着迷人的特性，不管是直尺还是圆规，都让年轻的笛卡儿着迷。因为简单，所以深刻。吸引笛卡儿的是这种简明的思考模式——几何学的智慧只需要这两种简单的工具就可以表达清楚。直尺和圆规毫不起眼，却能描绘无穷可能的世界。笛卡儿的几何学知识来自学校。学校设置的课程不仅讲解了欧几里得几何学的重点内容，向学生们讲解各种定理以及如何证明，而且还包括计算数量的算术，以及解方程式的代数。这些数学的训练都让笛卡儿有了良好的学科知识基础，为他取得后来的成就铺平了道路。

笛卡儿对于科学和较深层次哲学问题的兴趣也始于拉弗莱西教会学校。

在该校最后两年里，笛卡儿因为自己优异的成绩，在那里教授数学和物理。笛卡儿曾声明，他在数学方面的卓越才能，很大的原因来自拉弗莱西教会学校的教育。而对于物理学，当时的情况完全不同于今天。16世纪的物理学更多是运用亚里士多德的经院哲学思想，对自然世界进行哲学论证。拉弗莱西教会学校的进步并不是否定了经院哲学，而是接受了科学发现。师生们庆祝伽利略发现了木星的卫星，甚至学校为学生们提供了全新的光学设备来研究那些天体。

在文学与哲学方面，笛卡儿毫无疑问地从拉弗莱西教会学校收获巨大。对于古典文学和历史学，笛卡儿投注了很大的热情，这也让他的成绩颇为出色。希腊文和拉丁文文法是必修课，笛卡儿对此钟爱有加。对于古典修辞，他也相当欣赏。古诗让笛卡儿陶醉，不仅仅是诗歌里美好的意境，更多的是因为“诗言志”，借助诗歌，他可以抒发自己的情怀。诗歌成为笛卡儿一生的爱好，据说在晚年，他还完成了一本诗集。虽然诗集失传而无从考证，但文学给予笛卡儿心灵的滋养却是极为巨大的。笛卡儿在后来写下《论音乐》《论激情》等作品，无不是从文学中获得的灵感。

笛卡儿在文学方面的素养也影响了他的哲学思想。诗歌与思想总是伴生不离。受益于良好的修辞学训练，笛卡儿可以清晰地把抽象晦涩的哲学命题用清晰易懂甚至妙趣横生的语言表达出来。他父亲口中的“我的小哲学家”在这里真正得到了成长，笛卡儿越来越具有哲学家的气质。然而他在成长过程中也曾面临挑战，这个挑战就是拉弗莱西教会学校的哲学课有诸多不如心意的地方。

当时的教会学校都会以经院哲学为准则，培养目标是知识渊博的高级教士，而教学方法相当落后，关于真理的推理与论证也相当烦琐。在教学内容方面，一方面是被经院哲学教条化了的亚里士多德哲学，另一方面是耶稣会士们所注释的阿奎那的神学哲学著作。这两个方面的知识都脱离了生活实际，理论更是落后烦琐，空洞乏味。比如“论证在针尖上有几个天使”，这样的命题是基于神学理论而展开论证的。作为一所教会学校，即使拉弗莱西教会学校相当开明，也无法脱离其教会学校的身份与传统。陈旧的哲学教育让笛卡儿不满。

可以说，笛卡儿是一个品学兼优的好学生，他对于自己的老师也相当敬重。“吾爱吾师，但吾更爱真理。”一旦学生开始了对于真理的追求，那就有可能因为观念的不同，与老师发生思想上的分歧。事实上，虽然笛卡儿敬重老师，但他不一定就喜欢老师们所教授的哲学课。反思是必然的，如同很多成长中的年轻人，一旦学会了思考，就会对自己所学的知识进行清理和质疑。笛卡儿天生就有一种怀疑的态度，尤其在掌握了思辨的工具之后，他更加需要对自己的知识进行清理。这种怀疑态度显然不受教会学校的欢迎，尤其是最高阶段的经院哲学教师们。经过一段时间的勉强容忍，老师们终于忍无可忍。笛卡儿遭受了猛烈的抨击和尖锐的批评。这些批评大多是基于宗教立场的，并没有做到足够的客观。这让笛卡儿非常痛惜，甚至一生都对此耿耿于怀。同样是虔诚的天主教徒，却有着完全不同的哲学理解。在笛卡儿看来，如果我们对每一个哲学中的实质性问题都陷入空乏的、毫无意义的争论，而且在哲学的教学中又“过分追求过去时代的人与事”，就会对现在的事情孤陋寡闻。在当时，经院哲学的一大部分是过时的自然哲学，尤其是对亚里士多德的思想进行阐释。笛卡儿并不喜欢这些，他更喜欢“道德哲学”。这里所说的“道德”并非经院哲学里的道德，而是关注实践，关注世事人生。基于对“道德哲学”的热爱，笛卡儿萌生了改造旧哲学的想法。

虽然笛卡儿反对“学校里教授的思辨哲学”，但他仍然借助于良好的训练，掌握了思辨的方法。他推崇的是对于实践的重视，可以说是一种“实践哲学”。“通过这种实践哲学，我们可以知道火、水、空气、星星、天空和我们周围其他一切物体的威力和运动，它们与我们所知的工匠们的各种手工品截然不同；我们可以像工匠们使用他们的手工品那样使用这种知识——为了所有恰当的目的，因而使我们原本应当成为自然界的君主和主人。”而他对于旧哲学尤其是亚里士多德思想“自然哲学”的反对体现在他的《哲学原理》的序言里：“要想证明亚里士多德的原理的虚妄性，最好的方法莫过于说，人们在许多年来，虽然研究它们，可是从未因此在知识方面有何进步。”

在学校的日子里，因为旧哲学带来的失望甚至限制，数学成为他特别的爱好。之所以重视数学，是因为笛卡儿热爱思辨，他希望通过数学里简洁明了的概念和严谨缜密的推理，找到真理的前提，找到那种自明的、无可怀疑的确定性。而这种确定性，正可以去推演确实的真理。幸运的是，对于数学这门课，母校并没让他失望。在拉弗莱西教会学校，笛卡儿“打下的近代数学的根底，比当时在大多数大学里能够获得的根底似乎还强得多”。数学成为笛卡儿思想的利器，他似乎找到了一种探讨和评价真理的方法。良好的教育培养了笛卡儿，为他的思想奠定了基础。

在拉弗莱西教会学校，笛卡儿的一天是怎样度过的呢？

初到学校，笛卡儿的身体还是很虚弱，所以根据家人的要求，学校给予他特别的照顾。身为校长的查理神父是笛卡儿家族的远房亲戚，也是主要照顾笛卡儿的人，后来被笛卡儿称为“敬为父亲的人”。查理神父给了笛卡儿很大的特权，好让他的健康状况得到改善。

对于全体拉弗莱西教会学校的学生而言，每天的生活从清晨5点开始。在5点起床后，是晨祷、着装与洗漱。到了5点45分，学生们需要去学习，然后在7点15分吃早餐。根据校长的特许，笛卡儿可以睡久一点，直到觉得身体好些，才到教室跟其他同学一起上课。于是，笛卡儿总是在早上的自习课程结束之后，才起身加入同学们的行列。

事实上，笛卡儿并没有利用这一特权去睡懒觉，进入蒙昧与昏沉，相反，他把这一特权看成一个机会。笛卡儿利用每天早上难得的清静，或者如饥似渴地读书，或者静静地沉思。这个少年时代的作息规律，让笛卡儿养成了一个终生的习惯，除了军旅生涯，他总是会在早上睡久一些，就算醒来，他仍然可以躺在床上，或者思考，或者做功课，直到觉得可以的时候才下床梳洗，开始一天的生活。

床上的沉思总是与梦境接近。许多年之后，笛卡儿在一封信中曾经说，睡眠让他在森林、花园和迷人的宫殿里漫游，醒来时，“我不知不觉地把我白天的白日梦同晚上的梦混同起来；当我意识到我是在醒着时，那仅仅是为了使我的满足感更为完满，使我的感官来分享它，因为我们不会拒绝一个哲学家在不违背自己的良心的前提下可以容许的事情”。这段描述几乎是“笛卡儿式沉思”的自我总结，既是一种幻想，也是一种自我陶醉。但毫无疑问的是，这是一种深刻的独立思考，在清晨这个最具有创造力的时刻，哲学家酝酿新思想，发现新知识。

1612年8月，笛卡儿的学习生涯结束了，笛卡儿回到他父亲定居的雷恩市。在毕业后的第一年，他一直待在家里，而融入这个大家庭是一个难题。在他的内心，既有对于学校正规教育的失望，也有对于新知识的渴望。关于未来的发展，笛卡儿面临进入大学和就业的选择。在他的父亲看来，笛卡儿还不成熟。军旅生涯不适合他，大学的管束太严，笛卡儿未必适应。于是，父亲就把笛卡儿送到了巴黎，以便他开拓视野、增长见识。

就这样，笛卡儿来到了这座伟大的城市。初到大都市，年轻的笛卡儿无法经受住诱惑，一度沉迷于放浪的生活。除了在各种娱乐场所出没，他还喜欢与人进行击剑比赛。因为数学的特长，他甚至热衷于赌博，乐不思蜀，把毕业时的志向与烦恼都抛在脑后。也是因为数学，他在巴黎结识了数学家米多热。两人一起研究数学问题。但真正唤醒笛卡儿内心追求的还是麦尔赛纳神父。这位拉弗莱西教会学校的校友，因为一次在巴黎的邂逅，把笛卡儿内心的梦想唤醒。他们多年的友谊持续到笛卡儿的下半生。

1614年，深感疲倦的笛卡儿换了一个环境，他在仆人的陪同下，在巴黎郊外的圣日耳曼定居，过上了离群索居的生活。沉思再次成为他的生活重心。

到了1615年，笛卡儿在父亲的命令下，来到普瓦蒂埃大学攻读法律博士学位。这所大学也是他哥哥的母校。似乎，笛卡儿要子承父业了。但是，他放弃了这个选择。在1616年11月，两年的大学生活结束，笛卡儿获得了法学文凭，并且做出了新的决定，他要游历欧洲，用自己的切身实践去理解这个世界，他要寻找确实可靠的知识，从中甄别出真理和谬误。

对于自己的受教育经历，笛卡儿总是批判有加。他对自己所学的知识表示失望，而且对于学校强调死记硬背，致使学生缺少独立判断能力的教学方法表示强烈不满。这也成为他外出游历的重要动力。1617年，基于父亲的建议和个人的意愿，他来到荷兰布雷达（Breda）的部队里面，成为拿骚王子的绅士志愿兵。

三、河畔的三个梦

巴伐利亚，多瑙河畔，寒冷的冬天。1619年11月，笛卡儿随着军队驻扎在这里。

战争并没有完全停止。在德意志，笛卡儿仍然有很多机会参与战斗，来自战场的信息也不断传来，如同召唤一般，但这个冬天，他计划将时间用于研究自己心爱的科学和几何学。

自从参加皇帝的加冕典礼后回到部队，寒冬降临，战事暂缓，笛卡儿只能逗留在营帐中，很难有机会与人交谈或寻找到别的乐趣。“不过这也不错，让我没有任何情绪上的干扰，能专心一意从事研究。”在公元1637年发表的《方法导论》里，笛卡儿讲到了这段经历，“每一天我都独自一人关在如暖炉般的营帐里，在这个暖炉中，我可以运用闲暇时间，尽情任思绪天马行空地自由遨游”。

河畔的暖炉，是一个有着巨大炉灶的营帐，而炉灶可以燃烧木炭，既能加工食物也能取暖。而这段行军中的闲暇，让笛卡儿的思想在这个“暖炉”中孕育。直到1619年11月10日与11日交接的晚间，根据已知的资料，笛卡儿经历了三个神奇的梦境。而这三个梦境，不仅仅深刻地改变了他的人生，通过解读，人们可以发现它们对于笛卡儿思维模式的影响，甚至隐喻了他一生的思想轨迹。

根据笛卡儿去世后他人所编辑的文件，学者发现了一小卷以“奥林匹克”为名的羊皮纸。而这份文件详细说明了那一天发生的事情，河畔的三个梦被重新展现出来。

第一个梦是忏悔之梦，里面是暴风与恐惧。

不知是何时上床睡觉，也不知是何时开始做梦，笛卡儿躺在“暖炉”帐篷里，身边有燃烧的炭火散发热量。在战争中的寒冬里，这里有着难得的舒适和闲暇，正适合哲人思考，或者做梦。

在朦胧之中，笛卡儿走入梦境，走入小镇的街道……不知是何时，有一阵暴风呼啸而过。这暴风非常之大，不仅把街道两旁的树木吹弯，还把笛卡儿吹得几乎离地而起。为了抵抗暴风，笛卡儿不得不蜷缩身体，几乎是贴在地面才能向前走。但这暴风并没有停止的迹象，反而越来越大，冰冷的寒风抽打着他的身体，带来阵阵刺痛。这痛苦让笛卡儿极度渴望寻找一个避难所。就在这时，他看到了一所学校、一个可以避难的地方。

拉弗莱西教会学校，笛卡儿曾经就读的地方，一切都那么熟悉。在校园里，有一间他熟悉的教堂。他马上感觉到，自己应该进入教堂祷告，可这时他却看到一个人，此人刚好经过自己身边，需要打一声招呼。于是他停下脚步，打算问候那个人。突然，狂风大作，强劲的暴风把笛卡儿狠狠地“推离这间教堂”。在梦的恍惚中，笛卡儿又看到了另一个认识的人，他在教堂外的校园中呼唤笛卡儿。那个人有礼貌地与笛卡儿攀谈，并且提到了某位先生。他问笛卡儿是否愿意会见这位先生——这位先生刚从国外回来，要送给笛卡儿一个带回的甜瓜。

第一个梦就这样结束了。作为一名虔诚的基督徒，笛卡儿的梦里集中出现了教会学校、教堂，都暗示他长期在神学的背景下思考。于是人们就很容易理解他对自己梦境的解读——笛卡儿说自己受到了“邪灵”的引诱。在《奥林匹克》这份笛卡儿自己的手稿中，他曾经讲到这段梦的一些细节，这也成为理解他梦境阐释的关键。对于暴风，他和别人的反应并不一样。风让笛卡儿必须缩起身子，用蹒跚而行来应对，但梦境中的其他人，显然没有受到什么影响，都是在抬头挺胸大步向前。当暴风和教堂联系在一起，就意味着一种邪恶的力量，一种让笛卡儿抗拒的力量。当笛卡儿从梦中醒来，有一种不安的感觉从他的心底生出，他相信，这个梦境中的暴风代表了邪灵，而行走的阻力正是因为邪灵试图诱惑他。笛卡儿立刻向上帝祷告，祈求万能的神能够保护他，让他远离邪灵，远离让他感到恐惧的未知力量。这个时候，他的心中充满了负罪感，梦中暴风的阻力让他更加深信，自己所犯的过错必定非常严重。甚至他认为，是因为这些过错，才导致上帝降下猛烈的风暴，在梦中警示他。在接下来的两个小时里，笛卡儿无法入睡，从开始的忏悔，慢慢转化为思考，继而追问善与恶的问题。

梦是一个人潜意识的呈现，而梦境又隐喻了这个人的思想。如果我们倾听笛卡儿对自己梦境的阐释，就能从更深刻的心灵层面上去理解他。甜瓜是一种果实，当这个果实由好友从异国带来，那就不仅是一种珍贵的礼物，更是心灵深处的期待。笛卡儿将“甜瓜”解释为迷人的独处。对于哲人，再没有比独处沉思更迷人的了。

笛卡儿热爱独身，与其说这是他基于信仰的选择，不如说是他热爱这种无拘无束的状态。在早年的时候，笛卡儿就失去了母亲，这也让他早早地失去了母爱。母爱是他真正的乳汁，一旦失去，笛卡儿就变得敏感，喜欢独处和思考，尤其喜欢自由的生活，不希望女性来干扰。像“甜瓜”一样的独处，成为滋养其心灵的美食。

对于暴风，笛卡儿将它看作是邪灵，因为那是一种将他推离教堂的力量，这种力量试图将他带到一条邪路之上。甚至在笛卡儿看来，不管这条邪路的终点在哪里，不管终点多么美好，只要他的直觉感受到了不安，感受到这种推力违背了神的旨意，那么他就会拼命抗拒。从梦中的不安到虔诚的忏悔，然后追问世界中的善与恶，他思考着，再次进入昏昏欲睡的状态。

第二个梦是转折之梦，里面有雷声和光芒。

营帐外是冰冷的河水与寒风，而营帐里比以前更加温暖了。不知不觉中，他的身体辗转了一下，然后，笛卡儿置身第二个梦境中，站在一间老旧的房屋里。这老旧的房屋似乎比以前更安全，没有风。突然之间，他听到一阵巨大的让人惧怕的声响。在梦境中他认定那就是雷声。“是不是第一个梦中的暴风或者邪灵又要降临？”笛卡儿开始担心。但他马上又发现，这是梦境，他在房间里，一切都是安全的。想到这里，笛卡儿朦胧中看到了耀眼的光彩，充满了整个房间。于是他再次醒来。

这似乎是一个启示，暴风没有了，还有耀眼的光彩。让我们分析这个梦境的众多要素：房屋虽然老旧，但仍然是庇护之所，可以消除笛卡儿潜意识中的不安，从梦的开始就保护了他。而雷声，在基督教中有着特殊的意味，经常伴随着上帝传达他的旨意。而光的隐喻更加明显，上帝一直被视为一种光明。难怪笛卡儿将此解释为："代表真理的神进入我的内心。"这是笛卡儿后来给予的阐释，而在当时，他又睡去了。

第三个梦是指引之梦，百科全书和《诗集》给予了暗示。

在梦的开始，笛卡儿就坐在书桌之前，而他的眼前，是一本百科全书。不由自主地，笛卡儿伸手去拿这本书，而在此时，他又发现了另一本。另一本书是拉丁文《诗集》（*Corpus poetarum*）。他下意识地翻开《诗集》，有一页呈现出来，那是古罗马诗人奥索尼乌斯（Ausonius）所写的田园诗第十五节。

诗歌吸引了他，笛卡儿在梦境之中，就从诗歌的第一行读起："哪一条是我人生中该走的路？"这诗句如同心声一般，还没有等他读完，就出现一位不知名的人，指出奥索尼乌斯的另一段诗歌"是与否"。笛卡儿来不及思索，伸手希望抓住这本书，而梦境却突然转化了场景，《诗集》消失，他怎么都找不到了。他的目光再次聚焦到桌面，发现那本百科全书还在那里。梦还在继续，接着就是恍惚，百科全书和那位不知名的指引者统统都消失了。

笛卡儿依然在沉睡中，不过他心里却明白刚刚的那一切都是梦境。他在睡眠之中依然可以自我诠释之前的梦。就让我们来倾听笛卡儿的解释。

17世纪的百科全书收录了那个时代的各种科学成果，笛卡儿认为它出现在自己的梦中，代表了多种科学知识的综合。而《诗集》，则表示了“哲学与智慧的结合”。在中世纪，欧洲的社会精英普遍接受拉丁文的语言训练，而诗歌作为一种思想的载体，成为智慧结晶。笛卡儿之所以如此阐释，是因为他的教育经历让他相信，诗歌有着与哲学思考相同的价值。诗是一种启示，而这梦中的诗篇，又是一种什么样的意味呢？

笛卡儿认为，那节“是与否”的诗文，正代表了“毕达哥拉斯学说”所指的是与否。当某个人在梦境中为他做出指示，也就暗示了他需要致力于探索科学中的真与伪。或者说，笛卡儿从百科全书那里得到的启示就是：从根源上推进科学的发展将成为其一生的任务。

如果我们沿着时间轴向前，11月10日是一个非常有趣的日子。一年之前的这一天，笛卡儿遇到了贝克曼，一位与他交往甚密的荷兰学者，还发现了自己的数学天赋。让我们简单回顾一下这个故事。

1618年11月10日，荷兰布雷德市中心广场，在一棵大树的树干上，有人公布了一道数学题。因为题目是用法兰德斯语写的，所以笛卡儿看不懂。那时的笛卡儿，穿着军装，佩一把精致的银剑，双眼透露出睿智与英气。他向身边的一位荷兰人询问公告的内容，而这位荷兰人就是贝克曼。贝克曼为他翻译了题目，并且不相信这个法国人可以解答出来。但隔天的早上，笛卡儿带着题目的答案找到贝克曼。在接下来数年的交往中，笛卡儿的数学天赋得到了包括贝克曼在内的很多学者的赞赏。

在17世纪的欧洲，希腊古典几何学得到了全面的复兴。因为很多知识分子都热衷于探索这门古老的数学，所以不少希腊文的经典被翻译成拉丁文，重新出版。其中欧几里得的《几何原本》最为流行。作为哲学家的笛卡儿，他的思想成就与数学尤其是几何学息息相关。从贝克曼留下的文档看，笛卡儿在希腊几何学上的分析富有哲理，让人印象深刻。

在笛卡儿的时代，几何学与代数学是两门完全不同的学科。几何学讨论的是图形元素，包括直线、三角形及圆形等，主要研究形状、大小、图形的相对位置等空间区域关系以及空间形式的度量。而代数学主要研究数、数量、方程理论，常常利用恒等式两边的符号和数字，来算出有关的数量。在当时，几乎没有人能够把这两个领域的知识整合起来，但笛卡儿在此后的20年间做到了，并且为后来牛顿的微积分开辟了道路。

沿着时间轴继续前行，1616年笛卡儿在普瓦捷大学的论文获得通过，从而获得了法学文凭。他的哥哥也是毕业于这所大学，毕业后回到布列塔尼做了法官。按照他父亲的希望，笛卡儿也应该回到家乡，过上稳定而殷实的贵族生活。

而在此时，笛卡儿躺在床上，反复思考自己的三个梦境，希望能从中找到更确切的启示，从而了解自己的人生将会何去何从。

后人对于笛卡儿的三个梦有着不同的解读，甚至弗洛伊德也曾经参与，他基本上同意笛卡儿对自己梦境的分析。毫无疑问，笛卡儿的思想无法离开基督教信仰对于他的影响。超验的现象不管是光还是陌生人的暗示，都极大地影响了他，甚至重新塑造了他的人生。我们也无法离开笛卡儿所处的时代去考察他，他的梦境同样传达了他内心的焦虑与不安。一方面，科学的思潮正在兴起，人们正在通过观察、实验，孕育全新的思想，笛卡儿敏锐地发现了这一历史趋势，并愿意为之努力。另一方面，宗教迫害无处不在，就在1616年，哥白尼的《天体运行论》被天主教廷列入《禁书目录》。笛卡儿正在精神世界痛苦地挣扎。

笛卡儿在《谈谈方法》一书中写下了自己的行为准则："第一项是服从法律和习惯，笃守上帝恩赐的宗教信仰，在其他的一切事情上，遵照共同接受的意见……我的第二项规则是在行动上要尽可能的坚决、果断，如果我一旦做出决定，采取某些意见，即便它们极为可疑，我也始终遵守，如同它们非常可靠一样……我的第三项规则是始终只要求克服自己，不要求克服命运；只要求改变自己的欲望，不要求改变世界的秩序……"这些规则似乎只是哲学家对自己的约束，从另一角度看，这又是一种生存的智慧。笛卡儿不想与宗教权威发生正面的冲突，这是他的信仰使然；而因为对于真理的探求，他又无法逃避自然科学，无法逃避理性的抉择。如果有一种科学可以更好地远离宗教迫害，那应该就是数学吧。

四、在行军中沉思

17世纪的欧洲战事连连，而战争的参与方又常常停下来谈判，这让整个战事进展缓慢。对于笛卡儿来说，他的军旅生涯并没有很大的生命危险，相反，这更像是一次历险或者旅行。因为身体不是太好，他较少参与战斗，而相关的军事任务也没有太大的危险。因为笛卡儿坚定与果断的性格，他得到了上司的赞赏，这也就让他没有太多的机会去体验战争的残酷。他临时驻扎的乌尔姆，更像是一个休养的地方，他甚至开始寻找机会，拓展自己的社交与学术圈。

1620年6月6日，法国大使来到乌尔姆，他来访是为了和谈。在随后的聚会上，大使召集了当地来自法国的人士，这也让笛卡儿结识了一些同乡。在和谈之后，军队就分赴各地作战了，而笛卡儿并没有随军参战，他选择了留下，就在乌尔姆，继续自己沉思的快乐日子。数学，他热爱的数学再次驱使他走出舒适的小屋，结识新的朋友。

乌尔姆虽然是一个小镇，但当地也有一些学识渊博的名人。对于那些懂得数学和哲学的人，笛卡儿总是被他们吸引。有一位叫福尔哈贝斯的数学家，他刚刚出版了一本关于代数与几何的书。这位年长的数学家热情好客，而且富有冒险精神。笛卡儿与他的相遇颇为有趣。

一个是年长的数学家，不仅饱学，而且出版了自己的专著；一个是年轻的学者，思维敏捷，只是临时居住在乌尔姆。当福尔哈贝斯看到眼前这个瘦小青年人，相当不屑，他自然而然地用一副老师的样子居高临下，问笛卡儿遇到了什么难题。那神情，好像世界上并没有什么困难的数学问题。接着，他迅速地抛出一个问题，想让笛卡儿为难，或者，他只是想考一考这个学生。让他不悦的是，笛卡儿居然自信地接受了这一考验。显然福尔哈贝斯根本不相信笛卡儿能够独立完成它，于是他开始对笛卡儿的“自信”进行挖苦和嘲讽。

笛卡儿被激怒了。他决定用自己的实力回应这位有才华却相当傲慢的数学家。果不其然，福尔哈贝斯从书中找出的几道难题，都被笛卡儿破解了，结果完全正确！这让数学家吃惊甚至尴尬，眼前的年轻人在对某些数学问题的思考方面，能力远在自己之上。于是，他把笛卡儿请进书房，两人一起探索更加深奥的问题。

这是一个美妙的开始，虽然两人发生了角力，但结果是相互学习。关于两人的关系，有研究说明，1622年，福尔哈贝斯发表了一篇以《奇妙的算术》（*Miracula arithmetica*）为名的数学研究论文，其中提出了四次方程式的解法；笛卡儿在1637年出版了《几何学》，其中所运用的方法与之几乎是一模一样的。

在他们的交往中，有一道数学问题让笛卡儿着迷。曾经有其他数学家提供自己的答案，专门向福尔哈贝斯请教，那是一个古典几何学家们都试图解答的问题。这个问题被福尔哈贝斯抛给了笛卡儿。于是，两人开始了多日的分析与研究。数学上的交流总是让笛卡儿感到快乐。最后，笛卡儿意识到这个问题的真正难度，这也让他试图另辟蹊径，用代数的方法解决几何问题。

这是一个新的发现，笛卡儿感到异常的兴奋，因为在那个时代，坐标几何学还没有建立。笛卡儿敏感地意识到，如果自己深入下去，这个新方法最终会开辟一个新的数学门类。也就是在1620年，他构想了一篇数学论文，希望发表。虽然最后没有成功，但说明在那一年，笛卡儿大部分的时间都用于思考、观察和实验。

战争并没有停止。发生在1619年的重大事件是，那一年5月，荷兰省长奥登巴恩维尔被处死，教派之间的战争让荷兰陷入了混乱。捷克同样处在战争之中。1619年8月，由哈布斯堡王朝支持的斯提尔的斐迪南在法兰克福当选为皇帝，而腓特烈五世也在捷克新教徒的拥戴下登基。为了争夺王位，双方在冬天展开了激烈的战斗，最终以腓特烈五世的失败告终。1620年9月，笛卡儿在奥地利元帅梯利麾下服役，他曾参加了波汉姆和白山的战役，也参加了巴伐利亚战役。在战役结束的时候，奥匈帝国的军队、胜利的巴伐利亚人还有作为军人的笛卡儿以胜利者姿态进城。

这场战争导致腓特烈五世失败，他被废除了王位，和长女伊丽莎白公主流亡国外。此时，伊丽莎白公主并不知道，在1642年，因为笛卡儿的才华，她将与这位哲学家相遇。

数学让笛卡儿着迷。因为数学，他还一度迷上了一个秘密的社团组织——蔷薇十字会（Brotherhood of the Rosy Cross）。有研究表明，这个社团早期主要由炼金术士组成，后来他们研习的领域也从炼金术扩大到了神学、植物学、天文学和数学。笛卡儿素来对天文学热爱有加，而这个社团也曾经以天文学研究而知名。早在1619年，笛卡儿曾经从荷兰到德意志南部旅行，路过卡塞尔，也就是蔷薇十字会的主要活动地。这个致力于科学与数学研究的社团吸引了笛卡儿，有研究说笛卡儿见到了其中的成员，还受到该组织的些许影响，比如“暖炉”的三个梦，很多符号与意象都可以在这个神秘的社团组织里找到印证。

笛卡儿热爱沉思，而数学是他思考的对象。在行军间隙的冬天里，笛卡儿在自己的暖屋里与思想打交道。他试图找到一个完美的东西，把头脑里许多零碎的知识片段统一起来。数学似乎是最佳的选择。数学简洁有力，方便进行严密的逻辑推理。这似乎是一个很好的理由，但并不充分。数学能否成为人类的一般知识？数学能否成为判断真理的标准呢？他沉思着，更多的是基于问题而探索。这个时期的笛卡儿，沉思的主题似乎是数学，但更重要的哲学命题已经在酝酿之中。如何寻找一个绝对可靠的起点，来展开哲学追问？那个可靠的起点是什么？笛卡儿一度迷惘，又不断思考和追问，哪怕是在行军的途中。

1621年春季，笛卡儿参加了布克沃伊伯爵的部队，并且随部队驻扎在匈牙利。同年7月，这位伯爵去世了。笛卡儿因此离开了部队，结束了自己的军旅生涯。虽然作为贵族子弟，他的军旅生涯并没有经历太多的血雨腥风，但是这种生活并非笛卡儿所爱。他有些想家了。

离开了军队，笛卡儿在仆人的陪同下，开始返回家乡。漫漫回家路，这又是一次游历的好机会。从匈牙利出发，笛卡儿乘坐马车来到了摩拉维亚。1621年秋天，他到了荷兰的勃兰登堡、波美拉尼亚等地旅游。接着，他由德意志的梅克伦堡到荷尔斯泰因，然后又从埃姆登走水路到西弗里斯兰。在这次海上的旅途中，发生了一个有惊无险的故事。

大约是1621年11月底，笛卡儿在回到荷兰之前，准备到弗利西亚海岸和群岛去看看。为了能够更加自由自在地旅行，他甚至遣散了马匹与仆役，只留下一位忠心耿耿的贴身侍从。弗利西亚群岛位于北海之上，与德意志、荷兰的海岸线临近。那是一组低地岛屿，常常遭受暴风雨与洪水的肆虐。笛卡儿希望参观那些遭受洪水毁坏的村落，因为他想了解剩下的居民们如何保护自己的居住地，使之免遭海水泛滥的波及。

到了东弗利西亚群岛时，笛卡儿雇了一条小船，准备前往西弗利西亚群岛参观。那些平素很难接触到的地方，对于笛卡儿有着莫名的吸引力。他的冒险精神在此时得以体现，但同时几乎危及性命。

上船之后，笛卡儿才发现船员可能是“同行中最野蛮残暴的人”。当船离开港口，笛卡儿觉察到他们是一群心狠手辣的罪犯。但是，船在海上，在这种情形之下，笛卡儿除了随机应变，也无法要求返航。

在邪恶的水手们看来，笛卡儿是一位穿着华丽的法国绅士，随身佩着一把剑，而腰袋鼓鼓的，好像装满了钱，他还带着一位贴身侍从，这显然是个有钱人。笛卡儿与仆人交谈的时候都是讲法语，这让匪徒觉得，他想必是不懂当地的语言。而笛卡儿军旅出身，自然可以察觉到这种不怀好意，而他尽可能地保持冷静。

船离开岸越来越远。水手们开始用德意志方言相互交谈，对笛卡儿评头论足，直到肆无忌惮地谈论谋杀计划，哪怕这位法国绅士就在身边。他们打算把笛卡儿和他的贴身侍从丢入海中，霸占钱财。即使上岸，谁又会在乎两个没有当地亲友的外国人呢?

笛卡儿的绅士风度让水手们产生了错觉，他们以为这两个人都是待宰的肥羊，尤其船在海上，两人根本无处可逃。可他们想不到的是，笛卡儿早在数年前就自学了法兰德斯语，这些水手们交谈的一字一句，都被他听得清清楚楚。即使听到犯罪计划的细节，甚至如何捆绑与抢劫，笛卡儿都不动声色，泰然处之，直到全面地了解敌人的动向。

罪证已经获得。突然间，笛卡儿亮出佩剑，径直逼近这群邪恶的水手。水手们发现自己的罪行败露了！他们转身逃跑，而笛卡儿乘胜追击，把他们全都逼到了甲板上。笛卡儿用德语大声地呵斥水手们，并且施展出精湛的剑术，这群水手被震慑了。他们因为罪行而恐惧，甚至忘记了自己在数量上占有优势。好在航程不长，笛卡儿主仆两人平安地到达了目的地。

那一年冬天，笛卡儿是在荷兰度过的。1622年2月，他经过比利时返回法国的故乡雷恩。在途经布鲁塞尔的时候，他专程拜见了女修士伊莎贝尔。

伊莎贝尔居住在圣克拉尔隐修院，她是尼德兰的统治者阿尔伯特的寡后。这位修女拥有坚定的意志，为人又和蔼可亲，在当地倍受尊敬。笛卡儿慕名拜访她之后，就迅速回家了。大约是1622年3月中旬，笛卡儿终于回到了布列塔尼省的雷恩市。

那时的法国，战火未息，教派的纷争依然存在，而农民起义也常常发生。回家对于笛卡儿来说，还有一项特别的事务，那就是分得一笔财产。

笛卡儿的家庭在这些年里发生了很大变化。他的父亲在当时获得了晋升，已经成为布列塔尼省的重要官员。笛卡儿的哥哥和姐姐都已成家，生活算得上是殷实而富有趣味。他的哥哥在父亲的帮助下，已经成为当地的一名议员。可以说，笛卡儿的整个家族处在上升时期，而他却并不喜欢这样的生活。

当笛卡儿流露出自己的真实想法，他相对开明的父亲最终同意了，放弃了为儿子谋求固定职业的意图，而是分给笛卡儿一份家产。在此之前，笛卡儿的哥哥和姐姐已经分到了三分之二的家产，而剩下的三分之一属于笛卡儿。这部分家产主要是一些房产和地产，如果出租或者转化为投资，每年可以收入六七千法郎。这在当时是一笔巨大的财富，完全可以支持笛卡儿过上舒适的生活。在与家人商量之后，笛卡儿终于获得了属于自己的家产。5月，笛卡儿离开布列塔尼，回到故乡普瓦蒂埃等地。他也曾经萌生想法，打算与父亲生活在一起。但父亲与继母长期生活，他们在精神上对于笛卡儿也没有什么帮助。于是，在获得一笔可观的家产之后，笛卡儿决定离开。于是，1623年春天，笛卡儿重返巴黎。

那个时候的巴黎，正处在一段短暂的和平之中。在路易十三执政期间，他的母亲与贵族之间进行合作，避免了一些战争，为法国带来了短暂的和平。这个城市稍有休息，就迅速地从战争的痛苦中解脱出来，沙龙等等文化活动迅速发展。在此期间，笛卡儿也多次进出沙龙，结识朋友，获得信息。那一年，笛卡儿在巴黎待的时间并不长。大约是两个月后，笛卡儿就返回家乡，把属于自己的那份家产卖掉，包括他母亲在佩隆的那部分遗产。这是一笔可观的收入，足以保证他以后的生活支出。可以说，这份收入影响了他以后的人生，笛卡儿的生活因此更加独立、更加自由。

在处理完家产之后，1623年9月，笛卡儿离开故乡，又开始了他新一轮的游历。

五、荷兰往事

在变卖了故乡的家产之后，1623年9月，笛卡儿前往意大利朝圣。他的行程路线是：巴塞尔—格里松斯—瑞士—蒂罗尔—因斯布鲁克—威尼斯洛勒特，在圣诞节前夕，他终于来到了罗马。

罗马，欧洲的宗教与文化中心，同时也是天主教的圣地。当时，伽利略在罗马接受教廷对他的审判；笛卡儿已经小有声望，如果他希望见到伽利略，那肯定是很容易的。但是，出于多方面的考虑，笛卡儿并没有面见伽利略。按照笛卡儿的说法，他担心受到教皇乌尔班八世的迫害。根据后来笛卡儿写给好友麦尔塞纳的信，信中讲到，伽利略之所以对外宣称他的思想是错误的，主要是因为他受到了教皇乌尔班八世的迫害。如果稍加研究就能发现，伽利略所发出的声明，与他在学术专著里陈述的结论自相矛盾。

不管如何，伽利略受审一事对笛卡儿产生了较大的影响，乃至使他调整了自己的学术与生活道路。基于对天文学的热爱，笛卡儿后来完成了《宇宙论》一书。这本书的思想受到了伽利略的影响。笛卡儿同样主张有一个无限的，并且不断自转的宇宙。但遗憾的是，笛卡儿的书籍在其生前就遭受了罗马教廷的封禁，这导致他心中一直有伽利略受迫害的阴影。《宇宙论》一书因为观点超前，所以直到笛卡儿逝世，都没有完整地发表过。

在罗马期间，笛卡儿作为天主教徒，有幸结识了当时任帕特雷依大主教的巴格诺，也参观了罗马盛大的耶稣升天节。曾经有朋友劝他在军队里买个官职，好过上更好的生活。笛卡儿显然对军旅生活没有兴趣，那里充满了约束与限制，于是他以手头拮据为理由，婉言谢绝了这个建议。笛卡儿心意已决，他不愿意再以军人的身份到处漂泊了。

1624年底，笛卡儿结束了在罗马的游历，开始起程返回巴黎。与去程不同，笛卡儿归程的路线是：佛罗伦萨—皮埃蒙特—都灵—苏萨—桑尼山—阿尔卑斯山—巴黎。这依然是一次漫长的旅程。在途经桑尼山和阿尔卑斯山的时候，已经是1625年的春季了。阿尔卑斯山的春天如仙境般迷人，自然景观深深地吸引着笛卡儿。走在山间的道路上，笛卡儿不断停下来观察、研究。他把自己所有的相关知识汇集起来，去思考地理现象，去观察雷电、雪崩和旋风，他甚至研究了高山云层，做出了详细的记录。他不仅仅陶醉在美妙的景色里，更专注于自己的疑问。他希望找到这里夏季比冬季更长的原因。这些宝贵的第一手资料，为后人的研究打下了基础。

笛卡儿热爱自然，喜欢探索自然规律，希望发现更多世界的奥秘。这种求知的精神，在那个时代相当罕有。他已经摆脱了经院哲学的束缚，把尊重事实、重视观察与实验放在了第一位。同样是1624年，一个启蒙时代的伟大人物弗兰西斯·培根去世了，而他去世的原因是因为科学观察。培根为了调查低温对于家禽的影响，在搜集积雪的过程中不幸因风寒去世。时代的伟人们总是相互呼应，共同拥有着相同或相似的信念。

1625年夏季，笛卡儿回到了巴黎。在接下来的三年半里，他过着一种相当稳定的生活。而在这一时期，他也完成了一些重要的著作。

定居巴黎的日子，笛卡儿有了较多的空闲，这也让他能够与更多的知识分子在一起，激荡思想，发现智慧。当时的巴黎，已经出现了反对经院哲学的思想潮流。1624年，索邦神学院为了捍卫旧传统，在巴黎取缔了一场批判亚里士多德的公众听证会。在当时的哲学传统里，亚里士多德几乎是整个自然科学的基础，但经院传统里的亚里士多德哲学却是另一回事。这场公众听证会的取消让自然科学的研究遇到了小小的挫折。对于笛卡儿等有探索精神的先锋来说，他们仍然认为理性与科学极为重要。不同的是，笛卡儿更依赖数学研究，他认为数学是所有知识的基础。

在巴黎，几何学问题是笛卡儿研究的重点。或者，他的研究已经超越了几何学的范畴，进入哲学的领域。他试图通过几何学，来寻找一个普遍的数学原则，乃至对世界做出更深刻的解释。也正是他在数学上的成就，为他带来了名声。初到巴黎，他借住在朋友勒瓦瑟的家中，伴随着名气的提升，拜访的客人越来越多。有的是慕名请教，更多的是附庸风雅，那些真正有见地的学者反而不多，能够与笛卡儿进行学术交流的人更少了。一边是热闹的客厅，一边是寂寞的书房，笛卡儿的心中充满了孤独与寂寞。他最爱的独处变少了，沉思的时间不如从前多了，应酬让他厌烦，于是他打算有所改变。笛卡儿悄悄地迁移到郊外的圣日耳曼隐居地，对于新的住址，他甚至连朋友和房东都没有告诉。

笛卡儿的突然失踪让他的朋友十分着急。勒瓦瑟到处打听笛卡儿的下落，直到有一天，他在大街上遇到了笛卡儿的仆人。如同发现了珍宝，他一把抓住这位仆人，非要他带着自己见笛卡儿。于是，笛卡儿新的住处被发现了。根据勒瓦瑟的描述，当他见到笛卡儿的时候已经是上午11点多了，可是笛卡儿仍然躺在床上，旁边是一堆散乱的报纸和资料。

和从前的习惯一样，笛卡儿一会儿躺在床上沉思，一会儿又坐起来，在纸上匆匆忙忙地写着什么，他已经完全沉浸在自己的思维世界里。只有当仆人敲门请他吃饭，笛卡儿才会穿好衣服，让仆人从另一个房间里出来为自己服务。

勒瓦瑟看到这些，并没有考虑到笛卡儿只是需要一个沉思和写作的环境，反而觉得他的不辞而别相当失礼。他假说自己的妻子因为笛卡儿的离开而相当恼火，催促他尽快搬回去居住。笛卡儿听到这些，连忙向朋友和他的妻子道歉，然后赶快收拾行囊，跟随勒瓦瑟回去了。

表面上，笛卡儿同意了朋友的要求，而在内心里，他已经下定决心，离开巴黎。

巴黎的岁月虽然有些喧闹，但是笛卡儿确实结交了一些新的朋友。在拜访他的人群里，有王室官员，也有知名学者，有笛卡儿的弟子或者崇拜者，还有相当一部分人是当地的机械工程师或技术工人。这些技术人员和笛卡儿的交往相当密切，因为笛卡儿热爱科学探索，他想要证明自己的结论，或者实现自己的某些想法，这都需要工具。而在当时，能够制造这些工具的人是相当有限的。笛卡儿一度对光学充满了兴趣。在这个时期，笛卡儿与简·菲利尔成为好朋友。这位巴黎的透镜和仪器制造专家，对望远镜的结构和原理颇为熟悉。为了探究宇宙，透镜和光学知识必不可少，而笛卡儿热爱的正是这些。

同时，那些与笛卡儿交往的知识分子里也有很多思想界与科学界的精英人物。1625年6月，通过老朋友麦尔塞纳和米多热引荐，笛卡儿认识了数学家、军事工程师笛格尔，数学家、语言学家阿尔笛，天文学家德博纳，哲学家、神学家伽森狄等等。这些朋友来自不同领域，对于笛卡儿后来的学术研究提供了很大的帮助。比如麦尔塞纳，他是笛卡儿与外界保持通信联络的纽带，很多时候，他承担了发表和推广笛卡儿研究成果的重任。米多热是一位数学家，他在光学方面的研究成果对笛卡儿的某些理论很有帮助。而伽森狄则是一位唯物主义哲学家，他研究了笛卡儿的《第一哲学沉思集》，发表了《对笛卡儿（沉思）的诘难》一书。这本书虽然没有《第一哲学沉思集》有名，但属于那个时代对笛卡儿思想为数不多的重要回应。

作为一个重要的插曲，1627年，笛卡儿观察了一场旷日持久的围城战役。是年6月，属于法国新教派的胡诺派在英国白金汉将军的海上支援下，于法国西南部的拉罗谢尔举行起义，矛头指向天主教的统治。于是，天主教力量指挥政府军前往镇压。8月，政府军对拉罗谢尔的城堡展开了猛烈的陆地和海上进攻。因为要塞非常坚固，结果久攻不下，政府军只好包围了城堡。英军突击了半个月，仍然无功而返。

英法之间这场特殊的战争吸引了笛卡儿，基于军事方面的经历，他希望从中学习。但笛卡儿观察的重点并不是战争策略与战术，而是各种军事工程。1628年10月，笛卡儿前往拉罗谢尔参观。因为有笛沙格等友人的引导，他得以详细地参观了不同的桥梁和要塞，包括海防炮台、舰艇和军械。对于工程技术与军事国防的结合，笛卡儿有了更直观深刻的了解。甚至笛卡儿曾经利用双方休战的机会，亲自到英军的阵地实地考察，了解对方的防御工事。这场宗教战争是新教与天主教的争端，而笛卡儿并没有介入其中，反而更像一个观察者。之后，他又回到了巴黎。

整体上说，巴黎的岁月对于笛卡儿很重要，但他的思想尤其是发表却受到了限制。笛卡儿的性格中有避免抗争的成分。作为一个虔诚的天主教徒，笛卡儿尊重教会的仪式，他总是避免与教会发生直接冲突。一个典型的例子就是《宇宙论》这本书，直到笛卡儿逝世，这本书都没有完整地发表过。也许是教廷对于科学的镇压以及对于伽利略的审判，让笛卡儿的心中蒙上阴影，更可能是这本书的观点相对激进，会给笛卡儿带来各种困难甚至灾难。

笛卡儿不愿意与当权者直接对抗，也不愿让自己陷入学术以外的斗争之中，这不是逃避，而是一种智慧的选择，他通过书籍表达了自己进步甚至革命性的思想。然而，巴黎的生活终究发生了困难，他的思想受到了压制。最终，笛卡儿还是决心离开自己的祖国，到更加自由的荷兰去。他显然是正确的，在1633年，罗马天主教会查禁笛卡儿的著作，并将其列入禁书名单。

1628年，笛卡儿来到荷兰。对于安静与自由的生活，笛卡儿实在是太渴望了。17世纪的荷兰，早已经摆脱了西班牙的统治，成为一个资本主义获得长足发展的地方。这不仅是因为荷兰具有强烈的重商主义的精神，还在于其思想的自由，新兴的资产阶级在这里传播他们的思想。当时的荷兰可以说是整个欧洲最富裕、最文明乃至最宽容的地区。基于新兴的资本主义力量，很多前沿的思想家来到荷兰，出版他们的专著。比如霍布斯、洛克等等，他们的思想因为这里的出版自由而得以传播。显然，笛卡儿同样希望自己的思想得到更广泛的认可。

在荷兰的日子里，笛卡儿生活的目标非常明确，那就是思考、研究与写作。为了让自己能够有充足的个人空间，他甚至“隐居”，不断更换居住的地方，从而逃避各种私人应酬和社交活动。有研究表明，他在20年里先后搬家24次。在这段“隐居”的日子里，笛卡儿也会用假地址与他人通信。然而，笛卡儿并没有与世隔绝，相反，他通过信件与各界的朋友们交流，同时获得最新的学术信息。这些通信后来被编辑成为8卷本的《书信集》（1636—1663），其中收集的720封信件，记录了笛卡儿的思想活动。

隐居是笛卡儿的生活方式。在荷兰的小花园里，笛卡儿常常做一些陶艺来怡情，偶尔他也会进行一些种植活动，那都是他调节生活的一种方式。他想根据拉丁语创造一种通用的语言。这个任务似乎太艰巨，虽然为笛卡儿带来了快乐，但最终没有成功。他指导别人把自己的著作从拉丁语翻译成法语，因为在那个时代，拉丁语仍然是欧洲知识界广泛使用的语言。在写作与翻译的同时，笛卡儿渐渐远离了一些学术争论，专心地完成自己的思想命题，并完成了一大批学术成果。与其学术思想的发展相对应，笛卡儿在荷兰的生活大致经历了三个迁徙的时期。第一个时期他居住在阿姆斯特丹、弗兰内卡、德文特、乌特勒支、吕伐登等地。第二个时期他主要居住在埃赫蒙德、哈尔德韦克、阿姆斯特丹、莱顿等地。第三个时期笛卡儿主要居住在埃赫蒙德。这些居住的地点大部分都靠近大学或者图书馆，这样更有利于学术研究。其间，笛卡儿发表了很多伟大的著作，主要包括《谈谈方法》（1637年）、《第一哲学沉思集》（1641年）和《哲学原理》（1644年）。在这些著作中，笛卡儿展示了他卓越的哲学思辨能力。而关于科学，笛卡儿也发表了三篇论文，主要是《几何学》《折光学》和《气象学》（1637年）。这三篇论文可以代表他对于科学的观点。而另一篇重要的作品《灵魂的激情》，则呈现了笛卡儿道德哲学与心理学方面的思想。

笛卡儿人到中年，正是思想成果倍出的时候。他少年养成的生活习惯一直未变，上午起床很晚，总是在床上写作，他也是在每天的这个时候进行沉思。军旅生涯又给了他另一个习惯，笛卡儿会有规律地锻炼身体。在他的哲学里，身体就好像一架机器，需要通过饮食、休息包括锻炼来维护。他吃肉不多，甚至一度断绝肉食，尤其喜欢那些浆果和根茎类的食物。至于穿着，则稍微显得古怪。笛卡儿总是戴着专门定做的假发，穿戴整齐，最爱黑衣，随身佩一柄西洋剑。

在荷兰，笛卡儿还经历了一段刻骨铭心的爱情。1635年7月，他与自己女佣海伦娜的爱情结晶诞生了。这是一个女儿，笛卡儿为她起名法兰欣（Francine）。遗憾的是，1640年9月的一天，这个小女孩染病离世了。失去女儿的笛卡儿悲痛欲绝，他渐渐疏远了海伦娜，而且再也没有结婚。

笛卡儿的晚年享有盛誉，与众多名流交往密切。瑞典女王克里斯蒂安娜曾经早早发出邀请，希望笛卡儿做她私人的哲学教师。直到晚年，笛卡儿才成行。1649年9月，他乘坐瑞典海军的军舰到达瑞典。瑞典女王富有才华，能讲六种语言。她热切地期待笛卡儿到来，但她的政务总是那么繁忙。女王只有早晨五点钟才有时间听课，而这正是笛卡儿休息的时间。

晚年的笛卡儿不得不放弃自己终生晚起的生活习惯，在寒冷而漆黑的冬季早早起床。寒凉的北欧气候与不适的生活方式让笛卡儿生病了。

在1650年，因为肺炎，笛卡儿长辞人间。

第二讲

方法与探索

哲学家笛卡儿？物理学家笛卡儿？数学家笛卡儿？这些称谓都不能完全地涵盖笛卡儿的成就——他是一位奠基者。笛卡儿最大的贡献不是提供了某种科学成果，而是为获得更多的科学成果提供方法。就方法论而言，笛卡儿理性主义的研究方法成为众多科学研究的原则。为了探索更清楚的观念，他提出抽象、归因和归纳的思考方法；他开创解析几何，推崇直观-演绎的思考方法；而不同学科的成就，也呈现了笛卡儿的探索。直到今天，很多科学领域的知识仍然构建在他的研究方法和研究成果之上。

一、探索观念的方法

将笛卡儿归入“科学家”之列，可能会造成一种误解，因为他并不属于现代意义上的科学家。这不仅仅是因为他的发现或者理论并没有为实用的科技做出巨大而永久的贡献，更重要的是，他在科学领域的努力和成就主要在于提供了科学的方法论，而不是具体的成果。当然还有另一种说法，因为笛卡儿对于“认知”的卓越贡献，导致一些现代的计算机科学家把他称为“认知科学家”。这也难怪，心灵的问题在笛卡儿那里得到了深入的探索，甚至跨越了学院派内部学科与训练模式之间的鸿沟，这条鸿沟在今天仍然存在。而对于心灵本质的探索，笛卡儿对于今天的信息学、心理学、生物学甚至语言学、哲学都有着深刻的影响。

所以，笛卡儿可以是一位“认知科学家”，因为他的研究所涉及的内容实在太广，包括各种认知，有数学的、神经学的、神学的、心理学的、伦理学的、物理学的、形而上学的、植物学的、医学的等等。

笛卡儿对于科学的贡献，最重要的还是方法论。虽然人们更愿意重视他的哲学思想，事实上，他的方法论对于后世的科学发展产生了深远影响。

方法论真的有那么重要吗？与那些伟大的发明家相比，笛卡儿的贡献更大吗？是的，笛卡儿并没有留下很多实际的发明，他对于自然科学的新发现也相当有限，但他的哲学与科学研究方法论却是一笔极为重要的财富。

如果把焦点放在17世纪，那时候，自然哲学尤其是基于亚里士多德理论而形成的封闭型知识体系占据主导地位。它不仅仅在各个大学，在知识界也是一种主导性的思想。之所以有“两个铁球同时落地”的著名实验，就是因为当时很多科学家对于亚里士多德理论产生了怀疑。而在这股怀疑与反对的浪潮中，笛卡儿哲学具有特殊的意义。他对于方法论的探索，不仅仅影响了科学的发展，也影响了哲学的发展。

那个时代的“科学”与“哲学”具有不同于今天的内涵，甚至在很多语境下，这两个术语可以互相替换，因为它们都含有“知识”的意思。正是早期这种没有分化的含混，让笛卡儿有可能去探索它们更为深刻的共同之处——他试图找到“科学”与“哲学”的根本或者共性。确实，越是高度抽象的概念对于哲学家的吸引力越大。当笛卡儿运用实验和实践，去思考和证明那些知识形式中可测量与预测的因素，就让他脱离了经院哲学的传统。这种脱离如此有力，导致由此开启的新知识不可能处在过去那个神学框架体系中。一旦超越了这个“自圆其说，自我封闭”的体系，也就超越了《圣经》阐释学与亚里士多德理论。按照笛卡儿的比喻，所有的科学知识好比一棵大树，形而上学或者哲学提供了根本的方法，就像树根一样；而物理学就像树干，其他学科诸如天文、生物、几何学等等，则如同树枝一般分布着。至于数学，在笛卡儿看来，那是统一所有知识的工具。

在对笛卡儿的方法论探索之后，人们可以明确地发现他是一个理性主义者。理性是其整个方法论的主轴。简单地说，对于科学，笛卡儿在方法论方面的贡献主要有三种：清楚的观念，观念应由理性内在演绎推理而得，不依赖感觉经验；归因，反对终极因，推崇先在因；观察，要进行由特殊到一般的归纳概括。

观念是笛卡儿哲学中一个非常基础而且重要的概念，在这里有必要做一个简单的梳理。

直到今天，在笛卡儿的哲学系统中，“观念”的概念仍然是不明确和存在争议的。一方面是因为笛卡儿的思想与经院哲学有紧密联系，在表述上使用了很多经院哲学的概念；另一方面是他的著作由拉丁文完成，而重要的词汇大多具有丰富的内涵。基于此，我们尝试用三个问题来探索笛卡儿的“观念”：什么是观念？观念反映什么？观念如何反映事物？

笛卡儿在自己的著作中对观念做了定义和说明。“观念对我来说是任意一个思想的一种形式，通过对这种形式的直接感知，我意识到这个思想。”由此可知，在笛卡儿那里，一个观念是某种可以直接观察的事物。通过对这个事物的直接观察，沉思者可以意识到它所属的那个思想。接着，笛卡儿对自己的定义进行了解释。“因此——前提是我理解我所表达的——我不能用词汇表达任何事，除非我因此自然而然地确信，在我之中有一个关于这个词汇所指称的物体的观念。所以，我不仅仅将在想象能力（phamasia）中产生的图像称为观念。而如果就它们处于物质性的想象力当中——也就是说在大脑的一部分当中——这一事实而言，我更多地倾向于完全不把它们称为观念。我把它们称为观念，是考虑到它们为正在关注大脑这一部分的心灵传达信息（informant）。”

根据笛卡儿的定义，观念首先是被直接观察的东西，对一个观念的观察就是这个观念本身。然后，沉思者通过这种观察意识到一个思想。笛卡儿承认物质性观念的存在，他认为观念就是物质性的想象力中的图像。或者说，笛卡儿认为，当大脑中物质性的图像对心灵发生作用的时候，那也是观念。于是，观念存在于物质和心灵两边。既存在感官知觉的——物质性记忆的或者图像化的观念，也存在纯粹思维的——心灵性的观念。笛卡儿所说的“观念”不仅反映今天通俗意义上的观念，还反映心灵之外的物体。每一个观念即是反映者，也是被反映者。在这里，关于笛卡儿哲学中观念的问题，我们尝试给出简单的答案。

什么是观念？观念是心灵活动的直接对象。因为笛卡儿主张身心二元论，所以从物质性的角度来观察，观念就是心灵活动自身。它们既不是心灵中的图像，也不是心灵中的词汇或句子，而是某种独特的物体。它们可以反映特有的性质，这种特有的性质使得观念一方面可以与图像进行类比，另一方面也可以与语言符号类比。正是因为笛卡儿认为存在物质性的观念，所以，观念就可以成为心灵活动的工具。

观念反映什么？在一般情况下，观念反映外部世界。如果从物质性的角度来看，观念反映外部世界的内容；如果从形式性的角度来看，观念反映心灵之外的事物。同时，笛卡儿认为，不是所有观念都反映实体，不是所有观念都反映心灵之外的物体。

那么观念又是如何反映的呢？笛卡儿认为，存在两种反映关系。对于内部的反映，属于观念的本质。观念向心灵呈现什么内容，这是由上帝决定的。而对于外部的反映，则依赖于内部反映。心灵内部的被反映物决定了在外部因果链条中的不同环节，尤其决定了观念的被反映物。

笛卡儿的“观念理论”是探索其众多哲学命题的基础，在其中可以找到很多“身心二元”思想的反映。正是因为这个理论承担了太多重负，所以在哲学上做出探索仍然是值得期待的。

对于科学的影响，在于笛卡儿重视观察。他认为观念需要“清楚而明确”。真正的观念只能是由理性的力量依据内在的演绎推理而得到。观念不能依赖于感觉经验。而观念中包括了数学的规则。

如果回到笛卡儿的时代，这个关于观念的论断确实难能可贵。在宗教神学占据主导的中世纪，理性往往要让位于宗教情感，而对于哲学来说，这往往是一种灾难。如果“观念”是仅仅依据感觉经验诞生的，那么不同的宗教体验会带来不同的“观念”，直到人们无法相互沟通。而理性的意义在于，提供一个相对稳固的对话基础。

不同的物质具有不同的属性，每个人对于该物质的认知往往不同。比如蜡，在笛卡儿看来，相对于我们的感觉，它是可以变化的。比如伴随温度的变化，人们在描述蜡的时候会出现不同的结果——软、硬、颜色的变化等等。而这种差异性的结果就带来了观念的不清楚。而对于其内在的数学属性，则是非常可靠的。比如一块蜡，两支蜡烛。所谓清楚的观念，在笛卡儿看来，不仅仅是思想中的数学方法，或者数学计算中的逻辑步骤，更重要的是这个观念是单一的，不可分割的，不与其他观念相互混淆的。也就是："与其他所有观念截然不同，因而它不包含任何模糊因素。"

对于观念的规定在笛卡儿哲学中构成了一个基础，也扫清了由宗教哲学带来的一些障碍。既然生产观念的前提是"不依赖于感觉经验的理性演绎与推理"，那么一方面，数学因为其逻辑性强，演绎方便，自然地成为笛卡儿哲学思考的重要工具；另一方面，对于现象的观察和归纳就变得极为重要。如果没有观察和归纳，演绎就无法继续。

笛卡儿反对那些错误的观念，尤其是虚构的观念——因为那些不符合实际观察的结果。他把自己所说的"清楚分明的观念"与数学测量及实际观察结合在一起。但是，笛卡儿不是一个唯物主义者。他甚至认为，我们每个人都具有一种天生的本领，可以不借助于感觉而获知事物的真实本质。这就属于笛卡儿心灵哲学范畴了。

如何获得清楚的观念？笛卡儿发展了"方法论"，这种方法论对于后来的科学研究影响极为巨大，甚至改变了知识产生的方式——那些从《圣经》等经典阐释而来的知识，改变为经观察世界归纳演绎的知识，更大的科学发展由此孕育而生。

为了获得更加清楚的观念，对于思想的抽象或者简化就必不可少。在笛卡儿的《哲学原理》第四部分，他就这样写道："在这一部分，我将某些本性简化了——我认为它们是非常明显的——这些本性以及许多其他现象来自于我们都知晓并且承认的原理，即外形、大小、位置和物质微粒的运动。所有思考此类问题的人将深信不疑，石头和植物中没有什么神秘的力量，‘和谐的’和‘格格不入的’影响也没有造成什么令人震惊的奇迹，而且它们都不能照此解释。简而言之，在整个自然界中，没有任何事物，完全没有，也就是说，不存在应当与纯粹的物质本性相关的事物，即那些事物全无思想和头脑，无法在这些自我相同的原理基础上被演绎阐释……”在这个哲学思考的方法问题上，笛卡儿与同时代的很多简化论者不同。一般的简化论者将外部世界作为一种基本的物理属性进行分析，由此，世界被划分为各个部分。他们否认存在一个非实质的世界，或者否认不朽的灵魂与精神王国。在笛卡儿看来，他承认物体可以被划分为不同的部分，可以按照其组成要素来分析，但物质和心灵不同。这不仅仅因为他是一个天主教徒，更多的是，笛卡儿是一个“二元论”者，他始终认为精神和物质之间存在着巨大的区别，甚至不可逾越。当很多人变成彻底的唯物主义者时，笛卡儿仍然相信他的上帝。

笛卡儿在方法论领域的第二个贡献就是归因，他反对终极因，推崇先在因。

终极因是一个来自经院哲学的概念。经院哲学家们认为，每一个物体都被上帝赋予了某种特殊的属性，而这种属性是因为特定的目的而创造的。这种特定的目的就是终极因。比如水的冻结与流动，都是其内在的属性导致的，而这个内在的属性又服从于终极因。正是终极因的存在，在亚里士多德的教导看来，世界一定具有某种终极的目的，而全世界的事物都与这个终极的目标或者目的有关。正是这个终极因的理论，导致了精神世界的某种蒙昧，谁掌握了解释“终极因”的权力，谁就如同洞悉了上帝的奥秘一般。这显然被笛卡儿反对。笛卡儿认为事物的终极因只有上帝自己知道，那是一种超自然的神秘之物。对于科学家来说，“先在因”才是最重要的。“先在因”就是前提，在得到研究的结果之前，科学家应该找到可靠的事物的属性，让事物变得更加具有可预测性。对于一个充满神秘与灵性的世界，科学如果离开了理性，是无从进行观察和研究的。

笛卡儿在方法论领域的第三个贡献就是观察，他主张科学研究和哲学思考要进行由特殊到一般的归纳概括。

什么是归纳法？归纳法是一种基础的科学研究方法，它是指通过观察来了解事物的行为和表现。

对于科学研究来说，它一定涉及某个层次的观察和实验。即使在亚里士多德理论中，观察也是必须的。比如亚里士多德认为，我们必须观察自然现象并区分物体的不同种类，这种观察与后来的科学观察具有一定的相似之处。在传统的经院哲学中，同样存在从特殊到一般的归纳法。比如“这只狗在吠，因此所有的狗都会吠”，这就是一种归纳法。但是，这种归纳是经验主义的，可能会出现不会叫的狗。某些经验哲学家的错误在于，他们把所有的信念都建立在能够看到或观察的事物之上，这个样本是有限的，而他们却认为自己已经发现了“永恒的定律”。真正科学的方法依赖归纳法，但要描述一个定律，则需要某些特定的前提。

1637年，笛卡儿出版了《谈谈方法》。在这本书中，笛卡儿为科学观察阐述了基本的规则。这些规则主要包括基础——坚信能想清楚的，也就是可以被推理且不可分割的对象；分解——观察需要将大的问题分解为较小的单元来分析；推论——由易到难地进行推论；检查——在论证结束的时候，检查论证的结果。

这种观察与实验的方法论对科学研究影响很大。同时，笛卡儿还反对经院哲学中对于事物属性的划分。在经院哲学那里，一些主观的描述会干扰事物属性的划分。比如“干燥”“甜蜜”等等形容词，这种一般意义上的属性加入了太多心理或者感官上的经验，缺乏具体的度量标准，这让事物的属性变得很难准确描述。

作为一个理性主义者，笛卡儿认为真理来自理性。理性比感性更可靠，与那些通过接触和观察所得到的感觉经验相比，理性的归纳和推理显然更容易理解，而且更加可靠。通过科学观察，我们可以获得知识。而这些知识并不是稳固可靠的，其最终的确定需要来自思想和理性的审查与验证。知识的获得不能止步于观察。在笛卡儿看来，柏拉图的观点更有道理，因为柏拉图强调理性的重要，是理性赋予人类最真实的真理。理性可以指导人们深入调查不断变化的世界，在那些不同的形式背后，是抽象和观念的范畴。亚里士多德理论在笛卡儿那里被抛弃了。

理性让笛卡儿热爱数学，他之所以深入阐释“观念”，是因为观念虽然抽象，但具有数学性。数学的确定性具有永久的价值，而确定性正是笛卡儿所迷恋的。正如可以观察到的美景总是容易消逝，而诸如1+1则始终等于2。而笛卡儿又相信内心的直觉，认为直觉可以直接把握事物的本质。在他的著作中，有一个著名的关于“蜡”的思考，可以很好地说明笛卡儿的想法。

笛卡儿宣布：“我认识到了蜡的本质……纯粹通过精神的认知……”与那些经验主义的观察相比，笛卡儿更推崇理性的知觉。他认为，理性的知觉能够洞悉在肉眼或其他感官面前变化无常的事物本质，从而提供“清晰独特的观点”，例如“蜡”。

由此，一种经验主义的观察与内心直觉之间的张力产生了。在此张力中，笛卡儿将精神和物质世界两个王国分开，最终形成了二元论，即认知的事物和客观的事物是不同的。这个命题不仅是笛卡儿思想的核心，而且是随后哲学和科学思想的核心。

二、开创解析几何

笛卡儿的数学成就，可以说具有划时代的特征。正如他一直用数学来拓展自己的哲学思考，从而带来了方法论上的变革，而对于数学学科本身，他的建设性贡献也非常巨大。这里我们简单了解一下他的数学成就。

如果把笛卡儿放入17、18世纪的背景中，就可以更清晰地了解他的成就与价值。那个时期的自然科学研究相对今天是相当落后的。当时，虽然经院哲学式微，但仍然对自然科学的发展有着巨大影响。作为最重要的数学方法，笛卡儿制定了解析几何的规则，而耐普尔制定了对数运算的规则。莱布尼茨、牛顿的研究，使微积分得以成为一门真正的学科。

那个时代，各种科学成就纷纷出现。对于天体力学来说，比如“万有引力定律”，这一最主要的宇宙规律已经通过科学家的努力获得了清晰描述。在关于太阳系的天文学知识中，开普勒发现了行星运动的规律，而牛顿从物质的普遍运动规律入手，对这些规律进行了概括。因为天文学研究的需要，光学也得到了巨大的发展与进步。化学开始从炼金术中解放出来。地质学还没有超出矿物学的胚胎阶段。在生物学领域，人们还是处在从事搜集和整理初步材料的阶段。一个值得注意的特征是，在那个时代的自然科学发展中，理论数学走在了时代的前列。而在理论数学中，笛卡儿的解析几何又具有非凡的意义。

众所周知，笛卡儿与其他科学家不同，他同样是哲学家。他不是简单地把自己的思想局限在数学的范围内，而是把数学尤其是几何学的方法作为一般性的方法论，应用到其他更广泛的领域中。比如解析几何，一方面是笛卡儿哲学思想的呈现方式，另一方面是他辩证法思想的体现，通过数学，这种思想又影响了更为广泛的其他科学学科。

为什么笛卡儿如此重视数学，这似乎是一个很容易回答的问题。但是，请不要忽视数学自身的特点，它与哲学一直有着特殊的关系。

早在公元前3世纪，柏拉图就在他的学园入口写下名句："不懂几何者，禁止入内。"作为最重要的古希腊哲学家之一，柏拉图认为数学就是理性哲学的前提条件。柏拉图是西方哲学的奠基者之一，他重视数学，因为数学的演绎只依赖于理性的论证，是独立于客观世界和神灵神话的。数学原则或者公理可以接受任何人的质疑与辩驳，完全不同于神话与宗教。如果数学成为哲学的前提，那么哲学在形式上就更加严谨与可信。可以说，西方哲学的基础是数学，却又高于数学。

不管是笛卡儿还是斯宾诺莎，以及康德等等都是柏拉图这一信念的坚定支持者。他们都把理性主义和数学当作整个哲学的基石。究其根源，数学有着超越其他学科的先天优势。在比较了很多学科之后，笛卡儿发现只有数学才是精确可靠的。当时，因为研究方法的混乱，很多学科都出现了意见纷纷、争议不断的情况，而数学却充分运用推理和演绎，能够更充分地展开笛卡儿的哲学蓝图。比如数学中的“公理”，其本身就是一个最普遍最简单的东西，具有普适性，比其他事物更容易认识。另一方面，公理是直观的，不管是发现还是证明数学公理，经过演绎，都可以直接确认。用笛卡儿的话说，公理“不是感官的往复不定的证据，也不是起源于想象的错误地建构出来的骗人的判断，而是一个纯净的和专注的心灵如此迅速、如此清楚地给予我们的概念，以至于对于我们理解的东西完全用不着怀疑”。

个人受到的数学训练如此全面，这让笛卡儿对于数学非常热爱。在拉弗莱西教会学校期间，笛卡儿从基础数学开始学习，一直达到当时欧洲的学科前沿水平。拉弗莱西教会学校非常重视教授古希腊数学，而该校开设的对于欧几里得、毕达哥拉斯以及阿基米德数学的研究课程是当时欧洲知名的课程。这种训练是基础，而爱好则是笛卡儿的驱动力，他的数学天赋在游历欧洲的过程中得到发展。当时，希腊古典几何学得到了复兴，他正是借助这股潮流，获得了巨大成就。

而重视数学的根本原因是笛卡儿希望参考数学，为哲学和科学制定一套可靠的研究方法。数学是非常可靠的工具和基础，这种可靠可以帮助笛卡儿构建自己的方法论。或者说，在笛卡儿那里，数学的方法论同样适用于哲学与科学的研究。

让我们先来了解一下笛卡儿的解析几何，从而更深入地理解笛卡儿的数学成就。

1637年，笛卡儿用法文写成三篇论文《折光学》《气象学》《几何学》。这些论文的发表具有里程碑式的意义，代表了“解析几何学”的建立。在这些论文的序言《科学中正确运用理性和追求真理的方法论》中，他明确指出数学具有方法论的意义。在《几何学》中，笛卡儿首次使用建立坐标系的方法，把几何与代数联系起来。

在现代数学中，“笛卡儿坐标系”就是直角坐标系和斜角坐标系的统称。相交于原点的两条数轴，构成了平面放射坐标系。如果两条数轴上的度量单位相等，则称此放射坐标系为笛卡儿坐标系。两条数轴互相垂直的笛卡儿坐标系，称为笛卡儿直角坐标系，否则称为笛卡儿斜角坐标系。直角坐标系的创建，架起了代数与几何之间的桥梁，它让几何概念可以用代数来表示，而几何图形也可以用代数形式来表示。正是因为笛卡儿创立了直角坐标系，一个新的数学分支由此诞生，那就是用代数的方法来研究几何图形的“解析几何”。

对于笛卡儿解析几何，其基本观念有一个通俗的描述。解析几何学又叫坐标几何学，其基本观念就是从一个定点（或原点）O作互相正交的两条直线OX与OY。这两条直线可用为轴线，它们所定的平面上任何一点P的位置，可以由其距离一轴的长度OM或X，以及距离另一轴的长度PM或Y而决定。X与Y两长度称为P点的坐标，X与Y之间的各种关系相当于图中平面上的各种曲线。有了解析几何的方法，很多物理学以前不能解决或者不容易解决的问题都解决了。比如牛顿就研究过笛卡儿的几何学著作，并且使用了他的数学方法。

在简单了解笛卡儿的解析几何之后，我们要探索笛卡儿数学的方法论。简单地说，也就是以“直观-演绎法”为核心的方法论。在笛卡儿那里，直观属于纯粹的理性，而至上的理性直观则具有确定性。这种确定性正是笛卡儿所需要的。除了确定性，数学研究还遵循由简单到繁杂的认知过程，这个过程和几何的演绎一样，是从最简单的公理逐渐深入最繁杂的结论。这个过程遵循着一种迷人的秩序，对此笛卡儿说："几何学家惯于在极其困难的证明中，运用简单而又容易的推理长链达致结论。这使我设想，凡是人能认识的事物全都以此方式相互联系，没有什么由于遥远而我们达不到的，或者由于隐蔽而发现不了的，只要我们力戒以假作真，始终在思想中保持从一个真理演绎出另一个真理所必需的秩序。"

这个"秩序"就是演绎的方式。如果对笛卡儿方法论的本质作一个简单的说明，那一定和数学有关，就是由直观确定最简单事物的真理性，再借由最简单的事物逐步演绎，从而得出最繁杂的事物。

对于笛卡儿的演绎法，可以追溯到古代。在古代数学中，欧氏几何影响最广。笛卡儿对其逻辑严密的"公理-演绎法"非常欣赏，从而发展了自己的几何学思想。这个传统非常深广，根植其中的笛卡儿认为数学公理的真理性是确定无疑的。但是，要想知道数学公理的真理性，就需要对其进行直观的考察，这种考察需要"心灵"。只有这种直观的考察，才能得到正确或者精确的观念，如此，公理的真理性就能为我们或者沉思者清楚明白地领悟到。笛卡儿指出："全部方法，只不过是——为了发现某一真理而把心灵的目光应该观察的那些事物安排为秩序。"

笛卡儿所说的"秩序"就是逻辑吗？显然不是的。笛卡儿所提倡的演绎法，与传统哲学中的"三段论式演绎逻辑"有着本质的不同。作为一种纯粹的逻辑方法，三段论式的演绎并不能用来探索未知的东西，它只是对已有的结论进行论证，用于传达已知的东西。尤其对于前提，三段论式的演绎并不过问前提是否正确，同时也不能保证结论是否正确。三段论式的演绎是独立而封闭的，这显然不适合成为科学的研究方法。

相比较的，笛卡儿提倡的演绎法不仅可用于传达已知，而且可用于探索未知。在使用的时候，这种方法需要与直观一块进行，而不是单独运用。通过直观，观察者保证了前提的正确性，然后基于正确的前提，再演绎出正确的结论。所以说，笛卡儿式的演绎是直观所派生出的方法。一旦直观的方法被研究者熟练掌握，那么即使比较复杂的演绎，也可以迅速获得结果。这一特性在数学领域表现得非常明显，经过训练的学生可以更轻松地完成数学难题，甚至在极短的时间内得出结果。

以直观为核心，通过“直观–演绎法”探索未知，从而获得关于未知的认识，这就是笛卡儿演绎法的实质。这是一种具有发现功能的证明方法，可以被科学和哲学思考运用。同时，基于直观，这种演绎方法还可以确定认识的真理性和确定性。甚至我们可以说，对于最简单事物的直观以及由此演绎出的复杂结论，其认识秩序正是笛卡儿数学方法论的本质。

秩序已经找到，但是在实际研究中，可以付诸直观的最简单事物非常有限。通常的，人们认识的对象都是极其复杂的，如果单纯依靠“直观–演绎法”，由简入繁，这样的认识秩序相当缓慢，效率不高。对于这一点，笛卡儿说：“必须把混乱暧昧的命题逐级简化为其他较为单纯的命题，然后从直观一切命题中最单纯的那些出发，试行同样逐级上升到认识其他一切命题。”当认识对象不是能够清楚直观到的最简单事物，又不能通过演绎，从某个自明公理推理得到，那么认识的过程就要改变。这个改变就是“把混乱暧昧的命题逐级简化为其他较为单纯的命题”。由繁入简，获得单纯命题；再由简入繁，“逐级上升到认识其他一切命题”。在这个过程中，“分析”至关重要。

笛卡儿指出：“我们要透彻领悟一个问题，就必须把它从任何多余的观念中抽象出来，把它归结为一个十分简单的问题，并且把它分割成尽可能细小的部分，同时却不忽略把这些部分一一列举。”这段论述说明了哲学的一般思考方法，即是抽象。而“分析”的方法实际上就是把分析与归纳同时使用。在研究中，“分析”的过程实际上就是由具体到抽象，由个别到一般的认识过程。这一方法已经被广泛应用在今天的科学研究中，而在笛卡儿的时代，却并不是一种被普遍掌握的方法。

回到数学，笛卡儿又探讨了“经验”的问题。笛卡儿认为，人们认识与形体有关的东西离不开感觉经验的帮助，比如几何学研究就离不开经验，因为几何学的对象、命题都与几何图形有关，一旦离开经验，几何学研究的对象和命题就难以把握。如果借助几何图形，对认识的经验进行分析和归纳，就能够弥补“直观-演绎法”的不足。

笛卡儿指出，归纳“仅仅指比属于单纯直观范围之内的任何其他种类的证明，更能确定无疑地达到真理的那一种；每逢我们不能够把某一个认识归结为单纯直观，例如在放弃了三段论式的一切联系的时候，那么，可以完全信赖的就只剩下这一条道路了”。这条“只剩下”的路就是“分析和归纳”，它是需要借助经验的。

经验是对理性的一个补充，同样地，经验的分析、归纳也是对“直观–演绎法”的一个补充。也就是说，经验的作用是有限的。究其原因，一方面是分析和归纳的确定性不如“直观–演绎法”的确定性高，只有当直观和演绎行不通的时候，才会使用分析和归纳。另一方面，面对复杂事物首先做分析和归纳，是为了寻找一个适合“直观–演绎法”进行推理的对象的秩序。这两方面都决定了经验不是决定性的。就好比在数学计算中，固然可以用经验预估结果，但这种经验预估往往是可疑的，远远没有借助分析和归纳，通过“直观–演绎法”获得的结果准确。

正是因为笛卡儿对“直观–演绎法”的高度推崇，才导致他把感性和理性的辩证关系割断开来，甚至将两者对立，让感性从属于理性。由此也发展出笛卡儿身心二元的哲学特征。可以说，笛卡儿的数学方法论带有明显的理性主义气质。

笛卡儿开启了数学的新思路和新方法。恩格斯在《自然辩证法》中对笛卡儿在数学尤其是解析几何方面的贡献做出了客观的评价。恩格斯说：“数学上的转折点是笛卡儿的变数。有了变数，运动就进入了数学，有了变数，辩证法就进入了数学，有了变数，微分和积分也就立刻成为必要的了。”

三、光学与磁的旋涡

在笛卡儿所处的时代，物理学取得了长足的发展。而对于笛卡儿来说，他的主要贡献在于光学和磁学。

关于光学，西方最早的研究可以追溯到古希腊时代。欧几里得在他的著作《光学》中，总结了各种关于光的现象与知识，同时记录了一些猜想。在古代的理论看来，视觉是由眼睛发出，落在所看到的物体之上。伊壁鸠鲁派认为视觉是物体表面连续发出薄膜，进入眼睛，从而让我们产生连续的印象。而亚里士多德则认为光才是视觉过程中眼睛和物体之间的媒介。这种由来已久的争论以及争论者哲学家的身份，都吸引了笛卡儿去思考和研究光学。

笛卡儿曾在1637年写了一本叫《屈光学》的书，在卷首，他把视觉比作盲人的手杖，可以借助它来感知周围的物体。在他看来，光是一种作用或压力，它从发光体发出，经过某种媒质，传到我们的眼睛。而关于颜色，当时有一种普遍的看法是，光明和黑暗经过不同比例的混合，从而产生不同的颜色。而笛卡儿反对这种观点，他认为颜色是因为发光媒介物质的微粒会转动，当转动的速率不同，则颜色也不同。总之，笛卡儿坚信光是“即时”传播的。

在笛卡儿另外两本书《论人》和《哲学原理》中，他更完整地阐释了光的本性。笛卡儿认为，炽烈的旋涡核心才是最重要的光源。比如太阳和恒星，它们都具有这样的核心。通过外向的压力，一方面可以照耀行星，另一方面可以抵御邻近恒星的外向压力。

对于光学来说，折射和反射定律是非常关键的。折射定律由荷兰数学家斯涅尔发现，描述了光的折射现象。当折射光线位于入射光线和界面法线所决定的平面内，折射线和入射线分别在法线的两侧，则入射角i的正弦和折射角i′的正弦的比值，对折射率一定的两种媒质来说是一个常数。也就是说，光从光速大的介质进入光速小的介质中时，折射角小于入射角；从光速小的介质进入光速大的介质中时，折射角大于入射角。这条定律是几何光学的基本实验定律。笛卡儿在《屈光学》一书中首次公布了具有现代形式正弦之比的这一规律。

因为笛卡儿认为光是一种作用或压力，这让他试图从力学上证明折射和反射定律。

笛卡儿假定，如果光的本性是一种推力或者运动，那么它会如同网球拍打出的一个网球一样，遵循相同的力学定律。当一个球从一个坚硬而又平滑的表面反射或反弹时，入射角必定等于反射角。为了解释从较密的媒质到较疏媒质的折射现象，笛卡儿假想小球击穿了一层薄布，从而造成变化。但是，笛卡儿论证说，光由媒质中的运动构成，如同小球，在碰撞柔软的、联系松散的空气微粒时，比碰撞较为坚硬、联系较为紧密的水或玻璃微粒，更容易使光减弱，正如小球在地毯上不如在光滑的桌子上容易滚动那样。这个论述引起了很大争议，不能令人信服。所以他关于光在进入较密媒质时速度增加的假设，遭到同时代物理学家们的极力反对。

同样是光学的内容，笛卡儿在《气象学》一书中对霓虹理论做出了贡献。笛卡儿发现水滴大小不会影响光线与折射，他编制了一个表格，记录两个变量的对应关系，这两个变量分别是指一条光线通过一个水滴时的偏移角度与光线入射到水滴表面的角度。这两者的关系证明，对于某个入射角，这种偏移会达到最小。所以，对于这个入射角来说，当光线射入水滴，这些光束就形成了大致平行的光束。它们会对眼睛产生明显的效应。正是通过这条原理，笛卡儿解释了霓虹的自然现象，包括霓虹为什么是圆形？为什么有固定的角半径？为什么霓虹总是正好对着太阳？

笛卡儿的贡献同样影响了磁学的发展。在17世纪上半期，磁现象仍然充满了神秘感，而对于这种现象的解释也是多种多样，含混不清。笛卡儿是第一个对磁学理论进行科学解释的人。

在笛卡儿的《哲学原理》一书中，他提出磁的旋涡理论，这个理论也是他总的旋涡理论体系的一部分。首先需要说明的是笛卡儿的“宇宙旋涡”。

在他看来，宇宙旋涡有两极，每一极必定有大量的粒子流向中心，这个形状就好像螺杆一样。而它们的螺纹则有两个相反的方向，这要看粒子来自旋涡的哪一极。如果从某一极出来的粒子进入旋涡，就会经由微孔，穿过这个恒星。

这些微孔的形状就好像螺母一样，它们向着一定方向转动着，最终让粒子随着旋涡转动，自由向前通过恒星。当这些粒子以“流”的形态到达恒星的对面，就会与来自相反另一极的粒子流交汇，从而，这些粒子流就在外面环绕这个恒星运行。粒子流不断循环运动，重新进入恒星，如此重复以前的环行。当然也有一些逸出，变成残余部分，散落在外。

恒星两个极的粒子，它们的行为是相似的。这就使得恒星成了一个中心，由两股相向运行的粒子流环绕着。在内部的能量燃尽之后，恒星就会退化成行星。即使退化了，粒子环绕的情况仍然存在。在笛卡儿看来，在行星的内层，微孔才能保持开放，这个内层基本上是天然的磁石或者铁矿石。天然磁石会容许这些粒子通过，而其他物质几乎不能干扰到这些粒子。而且，每块磁石都可以成为一个小小的环流中心，让微小的粒子环绕它来运动。这种现象通过磁石对铁屑的吸引就可以直观地看到。

磁的旋涡理论在当时是相当完善的，几乎成功解释了各种当时已知的磁现象。虽然笛卡儿的这一理论基于假设，而且有相当的任意性，缺乏完善的论证，但在力学上却是可以理解的，甚至这一解释启发了现代磁感应的概念。因为磁现象与电现象有很多相似之处，这一解释影响了后来科学家对于电学的研究。在17世纪和18世纪的大部分时间里，笛卡儿的旋涡理论一直影响着电磁学领域，是一个权威的理论。

四、地球起源

在天文学领域，笛卡儿并没有特别的建树，但他提出的地球形成理论，是他思想中关于宇宙论或者世界起源问题的一部分，所以值得了解和研究。

在笛卡儿《哲学原理》的第四章，他主要讲解了对于地球的认识。在笛卡儿看来，地球在早期阶段也是一个发光体，如同太阳一般。伴随着时间推移，地球不断退化，变成今天的样子，但地球的中心仍然有发光物质，这构成了地核。地壳的形成是一个逐步冷却的过程。在开始，有一些像太阳黑子似的斑点聚集在地球表面上，伴随着地球逐渐冷却，它们就转变成坚实的地壳。地球绕着太阳转动，当它接近太阳，地壳就会分化，并且按照相对密度不同，形成不同的层次。空气因为密度低而在最上面，接着是水，水之下还有黏土、沙子和岩石等固体。在地壳之内，尤其是最里层，则是由金属等非常致密的物质组成的。

这一描述与当代地理学的描述很接近。按照笛卡儿的说法，地球外部壳层（地壳）和其中心的火或者说发光物质（地核）之间有一个中间区。这个中间区开始充满液体，然后这种液体冷却，变成了不透明的固体。关于陆地和海洋，笛卡儿认为，是太阳的光和热渗透到了地核，从而致使地壳发生破裂，一些中间的液体因此升出水面，形成了陆地。

至于地震或者火山喷发，笛卡儿认为是地球的发光物质和其他物质引起的喷气现象。在喷发之后，喷发物有时变成油，有时变成浓烟，也有可能变成火焰。

对于天文学来说，望远镜无疑是非常重要的。在巴黎居住的日子，笛卡儿与一位透镜和仪器制造专家成为好友，甚至一度希望研究和制作更为精良的望远镜用于观测。虽然笛卡儿并没有在仪器上对于天文学作出贡献，但他的猜想还是有一定的可取之处。

五、认知与情感

认知与心理学关系密切。如果笛卡儿可以被归入“认知科学家”的行列，那么至少有两个方面的成就我们必须承认。一个是他启发了计算机科学家们，提供了一种以“心灵”为主导的计算机模型。另一方面，笛卡儿关于心灵的论述跨越了学院内部学科和训练模式之间的鸿沟，源源不断地为心理学家提供思想上的滋养。

在当代语境中，认知科学家关注的是心灵的本质与运作方式，由此拓展出众多学科，包括信息学、心理学、生物学、语言学或者分析哲学。如果从今天的视角观察，笛卡儿算是一个典型的认知科学家，因为他关心人，尤其是关心与人有关的那些知识，有数学的、神学的、心理学的、伦理学的、物理学的、哲学的、医学的和认识论的，而这些知识都隐含了一个中心，那就是人的心灵。一旦人们探索笛卡儿对于心理学的贡献，那就离不开对于心灵以及对于身心二元论的探讨。

在笛卡儿的哲学中，身心是二元的，他把心灵和肉体看作是两个对立的实体。为了认识人及人的精神，把身心对立起来在当时是颇有意义的，具有非常大的推动和进步作用。身心二元论摆脱了神学对科学的绝对控制，把人们的思想引导至理性思维和具体研究上。这种引导也开辟了很多今天心理学思考的命题，所以笛卡儿对于心理学有巨大的贡献。

笛卡儿把肉体归入物质一类，这样他就可以把人体当作一架机器来看待。那么笛卡儿是怎样阐释心灵的呢？

基于身心的二元对立，笛卡儿说，心灵或理性的灵魂能够“独立于头脑地活动，因为头脑在纯粹思维中肯定是没有用的”。心灵具有某种特质或者天赋，它可以适用于外部的客体事物，但并不源自它们。心灵并不起源于经验，经验只是引起心灵的活动，或者说是为回忆等心理活动提供机会。这种说法在柏拉图的回忆说中可以找到一些端倪。

心灵的最大特征是它在意志活动中可以表现自己。在笛卡儿那里，“意志”这个术语不仅包括自愿的决定，还包括注意、回忆以及审慎的判断或思想等等心理活动。这些心理活动都与哲学概念“观念”关系紧密。在阐释心灵的时候，“观念”是一个很重要的概念。笛卡儿的天赋观念包括了上帝的观念、作为思维实体的自我的观念、数学公理的观念，以及空间、时间、运动等等。

如果说运用观念演绎是心灵的一种主动行为，那么不是完全自我能动的、会受到肉体影响的经验则被笛卡儿称为“情感”。情感一定程度上是被动的。在他的《论情感》中，笛卡儿试图用自己的哲学思想来解释情感。因为那个时代的哲学具有高度综合的特点，笛卡儿所说的“情感”包括了感觉、知觉、记忆、想象和一切偶然的观念以及感情和情绪。

“情感”是一个内涵丰富的概念，笛卡儿用了很大力气去解释它。在中世纪，一种普遍的观点是，灵魂束缚在肉体之中。笛卡儿无意否定这样的观点，但为了摆脱思想的束缚，他于是按照自己二元论哲学的思路来解释。他在肉体和灵魂之间引入了一个古老的媒介——“活力精气”或“动物精气”。这种东西似乎是“物质”的，非常精细，成为他解释心理现象的概念之一。笛卡儿把灵魂放在位于头脑中央的“松果腺”里，灵魂可以在那里接收来自肉体的信息。这种生理学上的组织，可以灵巧地引导动物的精气从头脑沿神经到达肌肉，从而控制肉体的运动。他甚至描述了“动物精气”，据说由血液最精细的成分组成，“有如微风，或者更确切地有如非常纯粹而又非常鲜明的火焰”。

“动物精气”成为阐释心理活动的理论基础，当笛卡儿把狭义的“情感”定义为“灵魂的专门与此有关的感情或情绪，它们由精气的某种运动引起、维持和加强”，这就为他观察的心理活动带来了物质性的解释。在笛卡儿那里，精神是与肉体对立的另一个实体。在这个定义里，“专门与此有关”并不包括气味、声音、颜色等与外部对象有关的情感或心理活动，也不包括饥饿、口渴、痛苦等与肉体有关的情感或心理活动。狭义的“情感”是“动物精气的某种运动”。需要特别注意的是，笛卡儿认为“引起感觉的客体之所以激起我们不同的情感，并不是因为它们中存在种种差异，而只是因为它们以不同的方式损害或帮助我们，或者一般地对我们具有某种重要意义”。

对于情感，笛卡儿给予一个归类，认为只有六种基本的形式，其余的情感都是这些基本情感的变种或者组合。这六种基本情感是惊奇、喜爱、憎恨、欲望、快乐和悲哀。

“惊奇是灵魂的突然惊异，它使灵魂努力注意地考虑灵魂感到稀奇古怪的客体。”这个定义让人不禁联想到柏拉图。在《泰阿泰德篇》里，柏拉图说：“惊讶，这尤其是哲学家的一种情绪。除此之外，哲学没有别的开端。”众多当代哲学家都认为，笛卡儿继承了柏拉图哲学而开创了近代哲学。对于喜爱，笛卡儿说“喜爱是精神运动所引起的灵魂的一种情绪，它促使灵魂自愿地和灵魂感到合意的客体相结合。而憎恨也是精神引起的一种情绪，它促使灵魂想脱离灵魂认为有害的客体”。“快乐是灵魂的一种愉快的情绪，它构成灵魂在善中找到的欢乐，而头脑的印象把这种善向头脑描绘成属于头脑自己的。”“悲哀是一种不愉快的消沉，构成灵魂从邪恶或瑕疵中感受到的不舒服和不安，而头脑的印象把这邪恶或瑕疵作为附属于头脑的东西放在头脑前面。”以上基本情感的作用是“促使灵魂同意采取和贡献于能够利于维护肉体或使肉体以某种方式更臻完善的活动”。对于作用的描述显然把灵魂（精神）与肉体联系起来，有了相互的关系。现实中最简单的例子就是情绪对健康的影响。痛苦引起了悲哀的“情感”，这种“情感”警告我们肉体遇到了某种有害于它的东西；相反，当快乐的“情感”出现，就标志着肉体遇到了让我们愉快的事物。

在今天看来，这些“情感”似乎都可以理解为情绪。事实上，笛卡儿却将“情感”严格定义。笛卡儿指出，纯粹理智形式的喜爱、憎恨、快乐和悲哀，它们不是情感，因为它们都完全发源于灵魂，也就是说，纯粹理性的情感超越了一般的各种情绪。同时，笛卡儿说，只要灵魂同肉体相联结，理智情绪一般就总是伴随有相应的情感。如此一来，借助理智情绪，理性就能够驾驭情感。

笛卡儿的“情感”存在一个等级制，在那些源于灵魂的纯粹理智形式的情感之外，还有次级的或者说引发的情感。比如，根据客体相对于我们的状态，是不如、相近抑或胜于，笛卡儿把喜爱分成了三类，单纯的感情、友好和热爱。再比如，希望是一种善的信心，是为了满足欲求的。恐惧是一种自信的缺乏，也是相对欲求而言的。信心是希望的最高形式，而绝望是极端的恐惧。勇敢是一种希望，相对于某个欲求的目标，它可以让我们尽最大的努力。“轻蔑是一种和憎恨交并的欢乐，它发端于我们在某人身上觉察到某种轻度邪恶，而我们又认为他确有此恶。”妒忌“是一种和憎恨交并的悲哀，它发端于我们看到有人良善降身，而我们又认为他们不配享受这善”。怜悯“是一种和对人的钟爱或善意交并的悲哀，我们看到这些人蒙受了某种邪恶，而我们又认为他们不应如此”。如此等等。总之，笛卡儿极其强调情感所涉及的身体因素，这种思想影响了后人，可以说詹姆斯-兰格的情绪理论就构建在其论述之上。

我们可以从笛卡儿对于“情感”的阐释中，找到他明显的人类中心主义思想。他关注人的心灵，宣称理性的灵魂是人所独有的，而且它完全独立于肉体，与肉体二元对立。他花费大量篇幅去描述各种情绪在身体上的表现，甚至他认同将情绪与“血液流动”或者“动物精气”联系起来。笛卡儿进行这些描述或者阐释的目的，是极力想把肉体和灵魂区分开来。

笛卡儿发现，如果人这架“机器”单纯靠“动物精气”来解释其情感现象，就很难解释清楚精神对于人的肉体如何发挥现实的作用。比如当人产生移动身体的意念，他是如何指挥身体的各个器官运动起来的呢？笛卡儿于是接受和借用了一个他人的理论。

在哈维的血液循环理论中，血液的循环运动对于人体、大脑和感觉、情绪都有影响。血液是物质性的东西，虽然不能说明意识对于肉体的作用，但血液的广泛运动让笛卡儿认为其有相当的解释力。笛卡儿在《哲学原理》的第四部分，从人的生理机制出发，解释了人的感觉、知觉和欲望等。对于人的心灵和人的肉体之间的作用，笛卡儿引用了“刺激说”，他认为：“按人心的本性讲，只有物体的各种运动才能在人心中刺激起各种思想来，而这些思想并不一定在任何方面和产生它们的运动相似；而且，这些运动还能在人心中刺激起所谓感觉的那些纷乱的思想来。”这是一个非常早期的“反射理论”。

笛卡儿这里并没说清物质性的感觉器官如何刺激人的精神。按笛卡儿理解的物体运动，只有两个物体间的互相碰撞才可能运动，感觉器官这种物质性的东西，它的运动如何与精神发生碰撞呢？这是一个悬而未决的命题，甚至与笛卡儿自己的论述抵牾。如果说笛卡儿的“刺激说”可以把身心结合，那么，他的先验论思想就会受到质疑。因为由刺激所引发的思想不是理性的，笛卡儿一直认为，由感觉引发的思想是“纷乱的”，一个不会很清晰的思想，显然不符合笛卡儿“非常清晰明白、确实可靠”的真理标准。但是“反射和反射弧”概念确实是一个重大的发现。

在笛卡儿那里，“反射和反射弧”不仅有助于解释“动物是机器”，还为他的其他观点比如本能说等提供了支持。笛卡儿强调人和动物的区别：动物是没有心灵的，而人有心灵。与心灵相对比，笛卡儿把动物甚至人的肉体看作仅仅是机器或者自动机，其过程完全可以用力学原理来解释。笛卡儿一直试图维护人的心灵或灵魂的至高无上，他坚决反对当时把人和低等动物的差别减至最小的倾向。这种反对在他的其他理论中可以发现端倪。

除了与“情感”相关的理论，笛卡儿对于心理学的另一个贡献是本能理论。

在13世纪，经院哲学家、神学家托马斯·阿奎纳提出了本能的概念，并相信动物具有本能，但是人类不具有本能。在他的理论里，人类具有双重本性，是物质的和非物质的，也是肉体的和精神的。但是，支配人类物质本性的规律与动物不同，这是因为“人是上帝创造的特殊产物”。近代的很多科学家认为动物和人类的本性相似，从而取消其差别，这引起了广泛争论。笛卡儿提出了一种具有调和作用的学说。他主张在意志行动水平之下的身体行为，能够被机械地解释为本能发挥作用，但是与道德品行等有关的行为，就在意志的控制之下。笛卡儿甚至为这个解释找到了一个生理学的证据，当身体和精神（意志、灵魂）相互作用，其作用发生的位置就在“松果腺”。这种双重的观点调和了科学家和天主教会之间的力量冲突，在当时具有积极的意义。

第三讲

怀疑就是方法

一、从《第一哲学沉思集》看怀疑

二、普遍怀疑

三、怀疑外部世界

四、怀疑自身存在

笛卡儿的《第一哲学沉思集》是呈现其早期思想的经典著作。如果研读其中的核心话语，就可以了解“怀疑”在笛卡儿哲学中的重要意义。笛卡儿一直在为自己的思想寻找一个最稳定的起点，而寻找这个起点的方法就是“普遍怀疑”。“普遍怀疑”是一种哲学和科学的方法论。通过“普遍怀疑”的方式，“我思故我在”得以成立，但同时也产生了“物质世界是否存在”的巨大疑问。笛卡儿通过证明上帝的存在，从而解决了对于外部世界的怀疑。在《第一哲学沉思集》中，笛卡儿又怀疑自身的存在，通过论证，他解决了这个问题。

一、从《第一哲学沉思集》看怀疑

哲学原著对于理解哲学家的思想非常重要。如果笛卡儿的思想是一座大山，当人们探索它的时候，面临的第一个问题就是怎样去理解笛卡儿的“怀疑”，而登山的阶梯就是他的原著。阅读原著的挑战在于，如果不经过思考，那么不管是接受还是拒绝笛卡儿的怀疑，都不能为我们带来什么利益。相反，我们需要阅读和分析笛卡儿自己是怎样提出这些怀疑，并且如何回答的。对于他提出的问题，我们可以深入地思考；对于他解决问题的方法，我们则可以进行反思和批判。为了让反思和批判更彻底，我们甚至需要阅读其他哲学家对于笛卡儿的批判，从而更深刻地理解笛卡儿的思想。

从哲学原著开始，我们阅读最重要的哲学文献之一《第一哲学沉思集》。这本出版于1641年的著作，包含了六个沉思以及霍布斯、阿尔诺、伽森狄等人对笛卡儿的诘难及相关论辩。同样在这一著作中，笛卡儿提出了“普遍怀疑”的方法，力图使心灵摆脱感官，通过一种纯粹的理智来获得确定的知识。

笛卡儿采用“怀疑”作为方法，其最终目的是要发现确定性。这种确定性是非常重要的。在那个时代，新的知识正在积累，而一个确定又可靠的命题，就能够推动知识的重新积累和建构，甚至成为新知识的基础。“怀疑”就是这样一个命题。笛卡儿用怀疑来建立其物理学和哲学的基础。

为什么笛卡儿选择了“怀疑”这一方法？回到那个历史时代，神权依然强大，经院哲学影响深远，虽然有很多启蒙思想家已经开始了创建性的思考，但思考的深度仍然有限。笛卡儿认识到，自己的许多观念受到了中世纪神学的影响，大多是靠不住的。为了区分和确定哪些是可信的，哪些是不可信的，他不得不怀疑。

虽然笛卡儿接受了严格的古典教育，但他勇于质疑并发现，经院哲学提供的只是一种具有或然性的三段论，这种亚里士多德时代的思想和方法论并不可靠。为了寻求确定性，笛卡儿把“普遍怀疑”作为思想的工具，把那些旧有的思想统统清理一遍。

在《第一哲学沉思集》的提要中，笛卡儿对于怀疑做出了解释：尽管怀疑的作用笼统地看并不十分明显，但它仍然是非常重要的，表现在（这种怀疑）使我们远离各种偏见，并提供了一种使我们的心灵习惯于将自己从各种感觉中分离出来的简单方式。最终，表现在它导致这样的结果，就是使我们不再对以后发现的事实产生任何怀疑。

可见笛卡儿的“怀疑”是一种理性的思考行为，其目的是“将自己从各种感觉中分离出来”。这里就隐含了一个“自我”，也成为其以后思考的重要命题。

在今天看来，笛卡儿的“怀疑”仍然具有非凡的意义。作为一种心理行为，“怀疑”有助于人们从自己感觉的牢笼中走出来，用理性抽离出新的“自我”，重新去思考世界。如果没有怀疑，人们就会习惯性地认为，世界就是我们所感知的那个样子。在笛卡儿看来，这是一种存在错误的偏见。为了达到最终的目的，去寻找“一个确定又可靠的命题”，笛卡儿不得不更深刻更系统地怀疑，乃至“怀疑一切”。因为他没有时间和精力去逐条怀疑自己的每一个观念，所以，他希望用“怀疑一切”来摧毁所有错误观念赖以存在的根基。

在具体的论证上，笛卡儿采用了什么样的方法来展开“怀疑”这一主题?

首先，进行怀疑之前需要把各种观念的真实性放到一边，悬搁起来，既不相信也不否认。所谓“相信”，就是认为人们心灵中具有某一特定的观念，同时，判断这一观念是真实的。而所谓“否认”，则是不相信这一观念。在笛卡儿看来，当人们怀疑某个观念时，不管怎样，他需要对这一观念的真实性或谬误暂时不做判断。

对于这种悬搁，带来了一种更为详细的区分。如果不对外部世界任何事物与内心观念进行联系，或者对导致内心观念产生的原因进行判断，就会把观念变成观察与认知的直接对象。在笛卡儿“怀疑”的方法中，隐含了这样一个事实，那就是“观念”成为认知的直接对象与客体。而外部世界之所以能被心灵认知，是因为观念是一个中介，可以把外部世界和心灵区分开来。当“观念”成为认知的对象，就为笛卡儿的论证做好了准备。

接着，笛卡儿用三个阶段来阐释和论证他的“怀疑方法”。在这三个阶段中，每一个阶段的论证都比前一个阶段更为根本。从逻辑上说，笛卡儿的论证相当严谨，因为他希望阐明，怀疑作为一种方法，从逻辑上说是可行的。同时，他认为怀疑有着明确的根据，并非空穴来风。让我们从《第一哲学沉思集》出发，一步一步了解他的三个阶段论证。

第一阶段，不能相信那些建立在感觉基础上的观念。

在《第一哲学沉思集》中，笛卡儿首先提到他的许多观念是来自感性知觉的。在过去，感性知觉曾经欺骗了他，特别是对于那些微小或者远距离的客体，因为难以观察，常常让他产生错误的认识。对于那些“凡是我早先信以为真的见解，没有一个是我现在不能怀疑的”。他甚至声称，如果已经知道某种东西欺骗了我们，但我们仍然选择相信，那这就是一种愚昧无知。在分析了感性知觉以后，他得出结论，我们不能相信那些建立在感觉基础上的信念。对于他的论证，我们可以在这里做一个简单的归纳：

1.我的大多数信念是建立在感觉基础上的；2.这些感觉过去曾欺骗了我；3.我对曾经欺骗自己的某种东西产生怀疑，这是合乎理性的；4.基于此，我的大多数信念受到了理性的怀疑。以上四点成为他第一阶段论证的四个前提。

但这些前提并不能证明“普遍怀疑”的合理性，因为很多感觉似乎是正确的，不可置疑的。比如他说：“至少那些一般的东西，比如眼睛、脑袋、手，以及身体的其余部分并不是想象出来的东西，而是真的、存在的东西。”仅仅通过以上的四个前提，并不能对“他有肉体”“他正坐在火的前面”做出合理的怀疑。因为这类怀疑需要一种更为根本的，凭借直觉得到的论证。笛卡儿并不是否认所有感性的知觉，而是表明有时感性知觉不会欺骗我们。那些对于感觉不加区别地进行谴责，也是一种非理性的表现。

在以上的四个前提中，有一点需要注意，笛卡儿并没有说任何感觉经验都可能是幻觉，也没有把这一条作为前提，去论证“凡感觉的经验都有可能是错觉”。虽然笛卡儿是从“我”出发去论证的，他的论证中也含有大量来自个人的证据，但是，这些并没有成为论证“普遍幻觉”的证据。

第二阶段，关于梦与真实的论证。

经过对感性知觉的怀疑，笛卡儿继续追问，他是如何确定自己并不是在做梦呢？为此，他回忆过去那些曾经做过的清晰的梦，清晰的梦与醒着的经历实在很难区分。

例如，他曾经梦见自己是醒着的，他坐在火边，就像现实一样。在类似这样的梦中，人们很可能相信自己事实上是醒着的。虽然梦境中的情景常常很混沌，不像醒着的时候一样清晰，但要在梦与醒之间做出区分，似乎是不可能的。这种区分并没有一个内在的标准，也很难找到确切的证据。甚至可以说，任何标准和证据都可能只是一种幻觉，或者可能是一场梦。对于这一点，笛卡儿通过下面的逻辑推理来论证：

1.不存在一个内在的标准，让人们将梦从醒着的感觉经验中区分出来；2.梦中的经验通常是虚假的；3.因为梦与醒无法区分，所以我的任何感觉经验都有可能是虚假的；4.我的所有信念都建立在感觉经验的基础上；5.所以，我的所有信念都可能是虚假的。

这一论证在笛卡儿看来，仍然不足以证明“普遍怀疑”的合理性。梦与现实息息相关，梦里出现的种种元素，同样具有形状、大小等空间特性，甚至具有时间特性，所以说梦具有一定的真实性。这种真实性在于，梦里的经历并非完全虚假，因为它们有现实的基础，包含现实元素。笛卡儿用数学计算作为例子，他说：“不管我醒着还是睡着，二和三加在一起总是形成五的数目，正方形总不会有四条以上的边。”也就是说，他否认了第四个前提，就是否认所有信念都建立在感觉经验的基础上。

笛卡儿之所以用梦的例子来分析，并不是为了证明我们有可能一直在梦中，而是说明并没有一个确凿的证据或者内在的标准，可以把梦中的经历与醒着的经历区别开来。正是因为这种区别的困难，才让人们产生一种观点：任何特殊的经历都可能只是一场梦，任何感觉经验也都有可能是虚假的。

第三阶段，对于外部客体存在的普遍怀疑。

正如上面所介绍的，第一与第二阶段的论证仅仅让人们获得一种认识，建立在感觉经验上的信念并不牢靠。接着，在更为根本的第三阶段论证中，笛卡儿成功地引出了对于外部客体存在的普遍怀疑。这一普遍怀疑对于科学方法论的建立意义重大。

在此论证中，笛卡儿假定，可能存在着一个恶魔，它不是上帝，但非常狡诈，又竭尽全力地欺骗自己。笛卡儿认为，在这个假定中，恶魔的出现可能让人们的信念丧失，即使这些信念来自合理的怀疑。为了对付这个恶魔，在“怀疑方法”论证的第三阶段，怀疑必须具有根本性和普遍性。只有不受这种根本与普遍怀疑影响的信念，才是确定性的。

正是因为在第三阶段，笛卡儿提出了根本的怀疑，所以才造成一种误解——当我在思考我的感觉经验与外部客体的联系或者原因时，物质客体是否存在呢？因为有一个狡诈恶魔的存在，所以这个怀疑是很有道理的。关于第三阶段的确切论证，我们可以整理为以下的表述：

1.有可能存在一个欺骗我的狡诈的恶魔；2.如果存在这样一个恶魔，那么我的所有信念都有可能是错误的；3.因此，我过去的信念都有可能是错误的。

对于第一个前提，可能存在一个狡诈的具有上帝一般本领的恶魔，人们无法给出否定的证据。当证据不充分的时候，人们不得不用假设来解释经验性的材料。经验本身不具备绝对的普遍性，也就不能通过一种经验性的理论来支持另一种理论。在笛卡儿的第三阶段论证中，有两种理论值得注意，一个是人们的经验来自外部空间的有形客体；另一个是狡诈又全能的恶魔会导致人们具有某种经验。这两个理论都能够解释人们的感觉问题，至少没有高下之分。也就是说，在关于怀疑的第三阶段的论证中，有两个具有同等解释力的假设。这两个假设——即欺人的恶魔和物质客体的存在，它们都能够解释感觉的问题。

以上关于怀疑的三个阶段论证非常巧妙，也说明了普遍怀疑的意义。但这里存在一个问题，经验材料是不是仅仅存在于观念之中？在笛卡儿看来，感觉材料是心灵中的观念，并不是对于外部客体的信息反馈。比如著名的蜡的例子，如果“把凡是不属于蜡的东西都去掉”，“我所具有的蜡的概念是不能用想象的功能来做到的”。我们可以感知我们的观念，而不是感知外部世界的客体。比如蜡，你所知觉到的是一种观念，但人们常常认为这一观念是由“蜡”这个物质引起的。对于笛卡儿的这一论点，我们能否认为经验材料存在于观念之中呢？

这是一个非常有争议的话题。正如开始所说，我们并不需要不加思考地接受或拒绝笛卡儿的结论，而要反思和批判他解决问题的方法。笛卡儿把“怀疑”作为策略或者工具，把人们的心灵从感觉的影响下解放出来。这就让《第一哲学沉思集》展示了一套训练方法，用来治疗人们童年时代的偏见。

虽然“怀疑”对于笛卡儿的论证非常重要，但他绝不是一个怀疑主义者。相反的，怀疑只是笛卡儿的一个工具，一种哲学思考或者心理学意义上的方法。作为一部自传体的哲学著作，《第一哲学沉思集》带领读者进入作者自己的思想世界，并且使读者受到巨大的鼓励，去理性地思考和探索。这种基于理性的怀疑，恰恰是中世纪神权主导下的社会所没有的。正如笛卡儿所说：“如果读者们愿意遵循这个方法并且仔细注视它所包含的一切东西，他们就会把这样证明了的东西理解得同样完满，就跟他们自己发现了它一样成为他们自己的东西。”这个方法就是基于怀疑的演绎和分析。那么笛卡儿的“怀疑”具有什么特点呢？让我们结合他的其他著作，稍做一些阐释。

首先，笛卡儿的怀疑如同一种心灵的艺术，把人们的思想从感觉的影响下解放出来。作为一名深刻影响了物理学的哲学家，笛卡儿希望他的读者能摆脱感觉的束缚。借助对《第一哲学沉思集》的阅读，第一人称的讲述有强烈的代入感，于是这种“怀疑艺术”就变成了一种心灵的培育。人们需要养成一种习惯，去赞成清晰而明确的观念，拒绝那些来自感觉的似是而非的观念。也只有摆脱感觉的束缚，用理性去发现新的知识，那些诸如物理、天文等等的自然科学才能够建立，才能够源源不断地产生新的确定的知识。

其次，我们可以说《第一哲学沉思集》里包含了一套思维的训练方法，这种怀疑的方法让我们可以治疗童年时期的偏见。在笛卡儿的时代，由宗教力量主导的教育对人们施加影响，这从童年时期就开始了。这种宗教教育带来了众多似是而非的知识，甚至完全虚假的观念。对于这种从童年时代就获得的偏见，笛卡儿描述为那是“心灵深深陷入对什么都一无所知的身体之中”。在《哲学原理》中，他提到一位四岁的儿童约翰·埃德加，以此作为例子，说明如果不做出纠正，童年时认为“感觉能够给予我们关于世界如何存在的知识”，会持续影响人们至成年时期。如果人们依附于感觉，认为存在于心灵之外的事物与感觉是相似的，那就是草率地轻信童年时代的错误观点，这样就无法获得真正的知识，更不能接受笛卡儿在物理学、天文学中所描述的宇宙观。

最后，怀疑也是一个必要的哲学工具。《第一哲学沉思集》是一部哲学著作，这本著作为笛卡儿自然科学的探索建立了一个形而上学的哲学基础。笛卡儿不是怀疑主义者，因为传统的怀疑主义者都和理性对立。他的“普遍怀疑”过滤了怀疑主义中的非理性，从而开创了主体形而上学。主体形而上学与古希腊哲学和经院哲学的客体形而上学相对立，它把形而上学的思考对象由客体转移到了主体。主体形而上学影响深远，在笛卡儿所开辟的哲学道路上，分别出现了以后的康德及其先验论体系、胡塞尔及其现象学。基于理性的普遍怀疑，孕育了一种量化的、机械论的、统一的科学观，这对于近代科学思想的兴起至关重要。所以说，怀疑是笛卡儿建立物理学和形而上学的垫脚石。

笛卡儿的怀疑给我们带来的不仅仅是哲学的工具，还有一个特别的挑战。这个挑战是关于认知的难题，它甚至影响了今天的心理学、计算机科学和心灵哲学。当我们讨论身心的问题时，这个挑战就无法忽视。让我们来了解一下这个与怀疑有关的挑战。

对于笛卡儿来说，怀疑主义并非不可战胜。传统的怀疑主义者比如高尔吉亚，他提出了三个著名的怀疑论命题：1.无物存在；2.如果有物存在，也无法认识它；3.即使可以认识它，也无法把它说出来告诉别人。这种怀疑论是对独断论的逆反，但陷入了相对主义和不可知论的陷阱。笛卡儿借助理性，在存在的问题上提出了“我思故我在”，将怀疑主义的缺陷从自己的哲学中驱逐了。笛卡儿哲学中的“怀疑”带来一个新的要求：当我们思想时，必须在感知到的观念与造成这种知觉的外部原因之间做出明确的区分。

这种区分该如何理解？在笛卡儿的《论世界》中，他说：“假如用一根羽毛在一个熟睡着的孩子的嘴唇上轻轻拂过，他自己会感觉发痒……而这种感觉与那些外在的物体并没有什么相似之处。”也就是说，人们所看到的与客体，两者之间并无相似之处。甚至可以说，视觉是被光线所轻触，而听觉是被气流所轻触。笛卡儿进而推论，人们所有的感觉都不需要灵魂感知到的观念与导致这些观念产生的运动之间有任何相似性。

这是一个非常深刻的观点，因为如果这一观点成立，那么有两个问题就必须回应。第一个问题是，想象羽毛轻触嘴唇，事实上并没有轻触，你能否想象出与你现在所具有的经验恰好相同的经验？如果除了这种不是由外部客体造成的相同经验，你仍然能够想象，那么我们就可以说，导致知觉产生的原因存在于知觉本身之外。

第二个问题是，想象羽毛轻触嘴唇，你有没有证据证明你现在体验的不是那种相同的经验？如果你给出了否定的答案，那么悖论就出现了。只有在相同的经验恰恰与另一个经验相同的情况下，我们才能说“我没有证据”。也就是说，不存在任何对想象中的经验进行区分的可能证据。

为了区分人们所感知到的东西（观念本身）和导致其产生的外部原因，笛卡儿在《论世界》中进行了论证。他所讲述的著名例子是，当我们得了黄疸病时，看起来一切似乎都是黄色的，但是世界本身仍然维持着原貌。对于他的论证，简单地说包括三个方面。

第一，如果外部客体本身不发生变化，那么外部客体的属性就不会发生变化；第二，在客体本身没有发生任何变化的情况下，人们所感知到的内容也可能发生变化；第三，因此，我所感知的并非外部客体的真实属性。这个论证能够得出一个显然的结论，即我们并没有感知到世界上的事物，相反，我们仅仅能知觉到自己的观念。

如果回到《第一哲学沉思集》，在其关于怀疑的第二和第三阶段论证中，隐含了这样一条原则，即使根本没有外部客体，我们也能保持原有的知觉，因此两者不可能是相同的。如同想象羽毛轻触嘴唇的例子，它隐含了一种可能，我们根本没有知觉到外部客体。

这个结论带来的挑战在当代仍然存在，比如“缸中之脑”的假设。虽然笛卡儿的结论有明显地陷入怀疑主义的可能，但我们必须承认，我们只能知觉到我们自己的观念。

二、普遍怀疑

在笛卡儿的哲学家生涯中，他一直在寻找一个最稳定的起点作为其整个思想的开端。如果从整个近代哲学史来看，他的这个开端具有开创性的意义。关于探寻，他在《第一哲学沉思集》中说：“阿基米德只要求一个固定的靠得住的点，好把地球从它原来的位置上挪到另外一个地方去。同样，如果我有幸找到哪管是一件确切无疑的事，那么我就有权抱远大的希望了……那么有什么东西可以认为是真实的呢？”这是一个关于世界本体的问题，也就是说，笛卡儿希望找到那个无可置疑的存在，所以他的问题就是，“什么才是真实存在的？”这个绝对的起点实在太重要了，重要到只需要“获得一件真实的东西”就可以了。同时，这个绝对的起点又非常有力，它可以像“阿基米德支点”那样，借助杠杆，撬动整个地球，或者借助理性和演绎，从而获得关于宇宙的全部真理。

为什么笛卡儿会如此迫切地需要这样一个稳定的支点呢？让我们来看看他提出问题的过程，那绝不是一个简单的疑问。

首先，笛卡儿提出了关于梦的怀疑。他说：“我还考虑到，我们醒时心里的各种思想在睡着时也照样可以跑到心里来，而那时却没有一样是真的。既然如此，我也就下决心认定那些曾经跑到我心里来的东西也统统跟梦里的幻影一样不是真的。”在醒的时候人有思维，在睡着的时候，梦中也会出现同样的景象。如果我们把梦里的景象理解为幻影，认为梦是虚假的，那么醒的时候心中的景象肯定也是虚假的。因为心中的景象没有差别，所以怎样才能证明自己不是在此时此刻做梦呢？

接着，笛卡儿做出一个重大的决定，那就是把所有心中的图像，乃至一切事物都看作是假的，在这些假的事物中，去寻找一个真实的东西。

最后，笛卡儿反观自身。在一个人思考的时候，或者当他面对自己心灵的时候，如果一切都是假的，那什么是真实可靠的呢？他找到了答案，笛卡儿说："我马上就注意到，既然我因此宁愿认为一切都是假的，那么，我那样想的时候，那个在想的我就必然应当是个东西。我发现，'我思故我在'这条真理是十分确实的、十分可靠的，怀疑派的任何一条最狂妄的假定都不能使它发生动摇，所以我毫不犹豫地予以采纳，作为我所寻求的那种哲学的第一原理。"也就是说，当思想者把一切都认为是假的、不真实的，但至少有一样是可靠的，那就是"我正在思考"这一事实。我可以怀疑一切，但不能怀疑"我正在怀疑"这个事实。这就是著名的"我思故我在"。

只有找到这个稳定的开端，才能展开笛卡儿所有的哲学思考。怀疑是前提，怀疑也是双向的，既要对外部世界怀疑，怀疑梦与醒之时心中景象的真实性；也要向内怀疑。"我思故我在"是一个非常清晰的命题，它基于对于普遍怀疑的深度思考。

这是一个相当牢固的开端，但显然不能解释一切，怀疑论仍然不断带来新的问题。笛卡儿对于世界的真假给出了自己的结论："我认为可以一般地规定——凡是我十分清楚、极其分明地理解的，都是真的。"显然，这样独断性的陈述让笛卡儿觉得不妥，他继续说："不过，要确切地指出哪些东西是我们清楚地理解的，我认为多少有点困难。"正在怀疑的"我"似乎只能确定"怀疑"。困难在于我们能清楚地理解什么样的东西？笛卡儿的"我思故我在"并没有一劳永逸地解决所有困惑，他进入新的怀疑之中。

理解就是认知，清楚地理解发生在知性范畴以内，它不是一个理念，也不是一个理想。怀疑论尤其是普遍的怀疑，怀疑一切，它的困境在于无法确认绝对正确的认知。因为这个困境，笛卡儿依赖自己的信仰，试图借助上帝的力量从这个困境中解脱出来。笛卡儿继续说道："下了这个结论之后，我接着考虑到，我既然在怀疑，我就不是十分完满的，因为我清清楚楚地见到，认识与怀疑相比是一种更大的完满。因此我想研究一下，我既然想到一样东西比我自己更完满，那么，我的这个思想是从哪里来的呢？我觉得很明显，应当来自某个实际上比我更完满的自然。"

当笛卡儿用"比我更完满的自然"来克服怀疑论，就不得不回到中世纪经院哲学的模式中去。因为"比我更完满的自然"也就是"上帝"。上帝并不是一个知性范畴的概念，它不是知识，也不能得到知性的证明。一旦笛卡儿混淆了知性范畴和理性理念，即使他耗尽精力去证明"上帝存在"，也必然会遭遇失败。

可以说，怀疑一切或者普遍怀疑让笛卡儿把“我思故我在”作为思考的起点，这个重要的哲学思想为近代哲学开辟了新的道路。我们不禁要问，为什么笛卡儿会产生如此强烈的怀疑精神？而他又力图证明“上帝存在”，这与他的怀疑精神是不是很矛盾呢？如果我们对当时的宗教改革进行梳理，就可以发现笛卡儿怀疑精神的确立，根植于对“自我”的探索。

讲到宗教改革，就需要分析宗教改革家马丁·路德的思想。马丁·路德是16世纪欧洲宗教改革倡导者，他生活的年代比笛卡儿稍早数年。这位宗教改革家的主要贡献是把“自我”从中世纪被压抑和囚禁的状态中拯救出来，使得人的自我意识得到发展，并且开启了自我反思的潮流。对于该拯救与解放，需要一个强有力的工具，而“怀疑”正是最好的选择。我们可以发现从这位宗教改革家到哲学家笛卡儿思想之间的隐秘线索，他们都是怀疑者，而怀疑恰恰是那个时代思想者相当普遍的特征。

马丁·路德首先对当时广为接受的思想传统进行怀疑。正如我们前面所讲到的，基督教的教士控制了思想和知识的生产，大学里充斥着亚里士多德主义以及经院哲学那一套烦琐的陈词滥调。马丁·路德旗帜鲜明地怀疑亚里士多德主义，也就是对基督教神学的正统进行怀疑，并怀疑当时流行的偏见和陋习，反对“赎罪券”，他认为教皇除了自己规定的惩罚之外，并没有无上的权力代替上帝，免除对任何人的判罪，或者减少他们的罪行。这种怀疑显然触动了教皇的权力与利益。

当我们梳理马丁·路德与笛卡儿思想之间的关联，就不可避免地需要了解西方哲学悠久的怀疑论传统。在中世纪，因为神权或者教会的强大，怀疑的思想受到压制。到了宗教改革时期，因为马丁·路德不屈不挠的抗争，这种怀疑精神的力量才得以重新体现。基于宗教改革带来的力量，自由的精神沿着怀疑所开辟的道路前进，而那些真正的思想者都会出现在这条路上。笛卡儿虽然受到了严格的经院哲学训练，但是他没有放弃怀疑，反而受益于由宗教改革所带来的思想与人格解放，拓展出自己的哲学思想。马丁·路德与笛卡儿分享了“怀疑”带来的新思想的可能。

“怀疑”带来了什么？相对于中世纪神权主导的时代，个体的差异性在信仰中被泯灭了。而在近代启蒙时期，“自我”成为众多思想者思考的起点。“怀疑”带来了对自我的重视。宗教信仰在笛卡儿的时代依然有强大的力量，它带来了种种外在的形式化的东西，不管是经院哲学还是赎罪券，都严重地压抑了人性，将个体的“自我”囚禁在各种教条之中。然而，伴随着宗教改革的深入，一个主体性的自我觉醒了。这个“自我”日益占据各种思想家探索对象的中心地位，而上帝逐渐淡化，成为那个时代的一种文化背景。

以上关于宗教改革的描述，可以提供一个大致的思想背景，而笛卡儿怀疑精神的确立，正是在这种思潮之下。他和众多伟大的思想家一样，进入对“自我”的追问。比如重要的启蒙思想家蒙田，稍早于笛卡儿诞生，就清晰地以“我能知道什么”作为出发点，彰显了怀疑主义的立场。

在蒙田的思想中，人被理解为一个相当复杂的存在物，不能单纯地将其简化为精神或者肉体。人是由身与心共同组成的整体，二者都不可忽略。心灵要照看、理解、珍视和指引身体。人不仅有理性、能思维，而且还有着各种感受，而这些都是我们所要注视和探求的。在蒙田那里，他不求普遍性，而追求人的个性，尤其是对自我进行全面的审视。通过审视，他发现自己的内心有无限的广度和深度。正是因为内心有这样的特点，所以自我意识也在这里得到充分发挥。正是因为蒙田对于内在自我的研究，让自我成为现代西方社会的一个根本性命题，这同时影响了笛卡儿。

在近代关于怀疑精神发展的探索中，如果说蒙田的思想更多的是从素朴的自我意识出发而展开的，那么笛卡儿对于自我的反省就是清晰明确、理性化并且秩序化的。蒙田的思想带有早期启蒙时代的特征，对于纷繁多样的日常生活，这种素朴的自我意识对于精神生活显然没有足够的解释力，完善理论的缺乏很容易让人们再次回到传统和习俗之中，并且依赖它们。当人们更加细致深入地观察自我，一种理性化的反思就成为必然的选择。很幸运的是，伴随着启蒙的深入，在17世纪，理性主义和自然科学都获得了发展，这就对笛卡儿“普遍怀疑”的思想产生了强有力的推动作用。

笛卡儿的怀疑精神更为彻底，他不仅质疑中世纪的经院哲学传统和权威，而且对于自己研究的不同学科，不管是数学还是物理，他都提出了新的观点。比如在当时，有不少早已流行的数学公理，如果演绎不是那么清晰明确，他就不会轻易肯定和接受。

在《第一哲学沉思集》中，笛卡儿在开始就明确提出了普遍怀疑的原则。他说：“由于很久以来，我就感觉到我自从幼年时期起就把一大堆错误的见解当作真实的接受了下来，而从那时以后我根据一些非常靠不住的原则建立起来的东西都不能不是十分可疑的、十分靠不住的，因此，我认为，如果我想要在科学上建立起某种坚定可靠、经久不变的东西的话，我就非在有生之时认真地把我历来信以为真的一切见解统统清除出去。”另外，他还说道：“理性告诉我说，和我认为显然是错误的东西一样，对于那些不是完全确定无疑的东西也应该不要轻易相信，因此只要我在那些东西里找到哪怕是一点点可疑的东西就可以使我把它们全部都抛弃掉。”正是这种普遍怀疑的思想，笛卡儿必须扭转以往的哲学传统，颠覆由亚里士多德、阿奎那等形成的经院哲学，甚至将众多从未被怀疑的权威放入怀疑之中。

“怀疑一切”成为笛卡儿哲学的第一原则。这似乎有些奇怪，因为怀疑会带来动摇和不确定性，可恰恰是怀疑重新检视一切假设为真的东西，真理的大厦才能获得它最坚实的基础。那些想当然的、似是而非的教条被驱逐了，理性带来了曙光，主体性的思维从怀疑的精神中找到了自己的位置。“自我”越来越重要，借助于“怀疑一切”，作为“他者”的上帝成为思想的一种背景，而作为思考者的“自我”成为探寻与发现真理的主体。

怀疑的精神与自我的探究紧密相关。回顾整个近代思想的发展过程，怀疑精神是一条主线。虽然作为神学家的马丁·路德把上帝作为信仰追求的终极目标，但他同样具有怀疑精神，这种精神的意义在于，个体的信心受到众多外在的冲击时，通过对信仰对象的坚持，信心仍然可以保存和确立。由此，他的怀疑可以让人摆脱外在的限制，回归个体内心。这是一种面向自我的思想进路。蒙田的怀疑精神发生了新的变化，他把怀疑从外部世界推进到对于人的自身状态的思考，追求一种源自于内心的独特个性。身为哲学家和自然科学家的笛卡儿从更加理性的角度来阐释自己的怀疑精神——怀疑成为思考的起点。在对于外部世界和心灵的探索中，怀疑和自我都是非常重要的。为了在混乱繁杂的世界中确立某种可靠的秩序，而这种秩序又必须是牢固的，可以被人的精神活动所遵从，那么怀疑就是这样一种工作——为寻求一种普遍而必然的规则做准备。怀疑是方法也是道路，永恒的真理才是目标。在近代，历史舞台上的主角从宗教转移到人文，最后又把聚光灯放在科学上，这种转移，始终有怀疑精神的推动作用。从早期自我意识的觉醒到后来笛卡儿对于自我的反省，怀疑是最为重要的推动力。

可以说，马丁·路德的神学与笛卡儿的哲学思想之间有着密切的内在关联，通过宗教改革，一种不同于中世纪哲学的"主观性自我"得以确立，这成为笛卡儿哲学的重要基础。"我思故我在"，笛卡儿哲学的思考和理论建构都是从主体出发，而主体需要通过一种激进的怀疑态度来凸显。只有解放了自我，才能摆脱外在的权威和束缚。

通过怀疑，笛卡儿哲学在宗教改革的基础上进一步发展。虽然马丁·路德的思想与笛卡儿的主体性哲学之间有一定的距离，但两者内在的怀疑精神是一致的。通过怀疑，宗教改革让具有内在深度的反省式自我产生了，这为后者的发端开辟了道路。

在探索宗教改革与笛卡儿哲学的关联之后，我们明白了普遍怀疑的来源。而普遍怀疑又是笛卡儿方法论的起点。

什么是普遍怀疑？让我们用一个有趣的比喻来说明这一点。笛卡儿把“普遍怀疑”看作是挑选苹果：“如果一个人有一篮子苹果，他担心其中有一些烂苹果，想把它们挑选出来，以免其他苹果也发生腐烂。那么，他该如何着手呢？其实方法很简单，他应该先将篮子倒空，而后把苹果一个一个地检查一遍，将那些没有腐烂的苹果挑出来，重新装回篮子里，而将那些烂苹果扔掉。”

可见，“普遍怀疑”是对全部或者一切的怀疑，对一切“存在怀疑”。就好像把整个篮子的苹果倒空，并不是说不需要苹果了，也不是对一切的绝对否定，而是为了获得“没有腐烂的苹果”，通过怀疑，得到确实的知识，找到无可置疑的真理。

为了确立哲学的基本原理，笛卡儿把“普遍怀疑”作为推演整个科学体系的基石，同时作为其最重要的方法论。笛卡儿认为，“方法论”本身就应该是一门具体的科学，同时为其他科学研究服务。他说：“如果我想要在科学上建立起某种坚定可靠、经久不变的东西的话，我就非在我有生之日认真地把我历来信以为真的一切见解统统清除出去，再从根本上重新开始不可。”这种清除就是“普遍怀疑”。

根据他的观点，在人们的孩提时代，有许多错误的见解被当作真理接受下来，而这些知识或者见解都是非常可疑的。因为这些知识和见解都是从后天习得的，所以他认为虚假的知识并没有让人们获得进步，反而会加重烦恼。从对于真理认知的角度看，我们原先所接受的所有知识中，有些是真理，有些却是虚假的知识。正是因为真理和虚假知识紧密地缠绕着，才让人们的头脑之中形成了众多的偏见。偏见会阻碍人们对于真理的认知。

对于这种情况，笛卡儿认为应该“认真地、自由地来对我的全部旧见解进行一次总的清算”。这种“总的清算”就是“普遍怀疑”，也是一种方法论意义上的怀疑，因为它是以发现真理、得到确实的知识为目的的。这同时说明了“普遍怀疑”的重要性，笛卡儿甚至说，任何一个想要发现真理的人，在其一生中至少要进行一次“普遍怀疑”。他解释道：“这就如同一些人的情况是一样的，他们从来没有很好地研究过哲学，他们的头脑中保留着他们从孩童时就开始积累的各种各样的看法。当他们很有道理地确信这些看法大多数不符合真理时，他们便试图把一些看法同别的看法区别开来，因为他们害怕把这两类看法混淆在一起，使得全部看法都不可靠。为了不犯错误，最好是一下子把它们全部抛掉，不管它们当中哪些是真理，哪些是谬误，而后再对它们逐一加以研究，只保留其中那些被认为是真理的和毋庸置疑的东西。”

为了寻找一个确切无疑的起点来展开自己的思想，笛卡儿选择了“普遍怀疑”。他把所有心中的图像，乃至一切事物都看作是假的。在启蒙时代，怀疑与自我是两个相互关联的概念，而笛卡儿“普遍怀疑”的思想也来自宗教改革所带来的思想解放。当笛卡儿把“普遍怀疑”作为一种发现真理的方法，它就影响了哲学，也影响了科学。

三、怀疑外部世界

笛卡儿指出："我们是通过'普遍怀疑'的方式来确定'我思'的，虽然这种怀疑的方法非常有效，但也因此产生了'物质世界是否存在'这一极大的疑问。但是，当我们证明了上帝的存在以后，我们之前所产生的这一疑问也就迎刃而解了。"对于外部世界的怀疑也就是物质世界是否存在的问题，这个问题如果不能很好解决，笛卡儿就会进入怀疑主义的陷阱。在怀疑主义那里，本体被彻底质疑，甚至无物存在。笛卡儿以"普遍怀疑"作为自己思想的方法论和起点，由此出发，他提出了"我思故我在"的著名命题。在那个神权依旧强大的时代，笛卡儿并没有对抗教会的坚定决心。因为自己的信仰，又让他从"我思故我在"这个基本命题出发，想方设法证明了上帝的存在。

正是因为两个论证的关系密切，所以为了探索笛卡儿对于外部世界存在与否的怀疑，我们需要了解他如何证明上帝存在。

简单地说，为了获得一个像"阿基米德点"那样可以撬动整个地球的可靠真理，笛卡儿采用"普遍怀疑"的方法，提出了“关于梦的怀疑”，一切心里的东西都如梦中的幻影一样不是真的。为了证明“我”在此时此刻是否正在做梦，笛卡儿“宁愿认为一切都是假的”。在这种情况下，那个在想的我就必然应当是确定的。最终，“我思故我在”成为一条真理，即使怀疑派采用任何一条最狂妄的假定，都不能动摇它。“我思故我在”成为笛卡儿哲学的第一原理。

“我思故我在”并不能解决怀疑论带来的所有问题，因为要“确切地指出哪些东西是我们清楚地理解的”，这有些困难。笛卡儿的论证是，“我既然在怀疑，我就不是十分完满的”，而“某个实际上比我更完满的自然”，也就是上帝，才能让他从怀疑论的困境中解脱出来。

为什么要证明上帝是存在的？其真正的原因是，人们需要上帝，笛卡儿的论证也需要上帝。笛卡儿首先把“比我更完满的自然”称为“神”。他说，“把这个观念放到我心里来的是一个实际上比我更完满的东西，它本身具有我所能想到的一切完满，也就是说，干脆一句话：它就是神。”然后他指出自己需要上帝的原因，“既然我知道自己并不完满，那我就不是单独存在的是者，必定要有另外一个更完满的是者作为我的靠山，作为我所具有的一切的来源。”

在笛卡儿看来，上帝是“靠山”，是不完满的人所需要的。笛卡儿说，“我就把这个思想的是或存在当成最初的本原，并且十分清楚地从其中推演出下列结论，即：有一个神是世界上一切的创造者，他既然是全部真理的来源，就并没有把我们的理智创造得具有那样的本性，以致我们在判断自己非常清楚、非常分明地觉察到的事物时会弄错。”也就是在上帝的担保之下，人们的心中才会清晰地呈现真实的思想或者观念。

证明上帝的存在是笛卡儿回答“物质世界是否存在”的前提，而关于上帝存在的证明，至少为笛卡儿的哲学带来了三个重大的积极影响。

第一方面，笛卡儿在其哲学中引入上帝观念，使得理性有可能取代信仰，成为新的权威。

笛卡儿对于上帝存在的证明，主要采用了传统的本体论证明方法，即首先说明心中清楚明白地存在上帝观念，并由此推论出上帝存在。这种证明方法似乎与中世纪神学中的证明是一样的，事实上大为不同。中世纪的情况可以用《圣经》中的名言说明，即“敬畏上帝乃智慧的开端”，所有知识和理解都是以信仰上帝为前提的。如果不信仰上帝，则无法获得真正的知识。而笛卡儿则相反，他认为理性应该优先于信仰。笛卡儿说：“如果人们能够有信仰，那仅仅是精神领会得清楚、明白的东西。”也就是说，基于模糊不清的观念，人们是不会有什么信仰的。正是因为推崇“清楚明白的观念”，所以也就推崇了理性。这样，理性的权威就会高于上帝的权威。为了彰显理性的权威，笛卡儿在《探求真理的指导原则》一书中做了更加明确的论述。只有“直观以达明证和进行必要的演绎”，除此之外，没有其他办法可以获得“确实可靠的知识”。这样一来，那些原本通过信仰获得的知识就会因为理性而变得可疑。

为了说明真正知识的获取不应以信仰为基础，笛卡儿又说，“我们可以肯定说：随着予以考察的方式各异，获知这些命题，有些是通过直观，有些则通过演绎……信仰本身总是涉及晦涩不明的问题的，并不是心灵的作用，而是意志的作用；

如果说信仰的根据在悟性，那么这些根据必须而且能够主要通过上述两条途径之一来找到”。可以说，笛卡儿在对于上帝存在的证明中将“理性”与“信仰”的位置予以颠倒，也就动摇了中世纪以来神权的基础，反而将理性确立为一个新的权威。但是，当时的社会现实并不允许笛卡儿走得太远，教会的力量仍然非常强大。笛卡儿的妥协在于，他认为人的理性是上帝所赋予的。他明确地说：“我由自己的经验而知道，我有一种判断的能力，或分辨真和假的能力，这种能力毫无疑问是从上帝得来的，正同其余的一切在我之中、为我所有的东西一样。”这一妥协某种意义上承认了上帝的神圣性和至高无上性。

第二方面，通过将上帝确立为确实可靠的存在，笛卡儿就摆脱了怀疑论的陷阱。

虽然笛卡儿以“普遍怀疑”作为整个哲学的开端，但笛卡儿不是怀疑主义者，他并不否认本体的存在。他所怀疑的，正是人们早先信以为真的见解。笛卡儿式的怀疑不是否定独断论的极端怀疑，也不是为了怀疑而怀疑，而是一种哲学的方法论，借以去发现确实可靠的东西。正如他所说，自己“并不是模仿那些为怀疑而怀疑并且装作永远犹豫不决的怀疑派，因为正好相反，我的整个计划只是为自己寻求确信的理由，把浮土和沙子排除，以便找出岩石或黏土来”。为了克服和摆脱怀疑主义中相对主义和虚无主义的陷阱，他把上帝引入自己的哲学，用来服务他的哲学论证、支撑他的理论。这样就避免了落入极端可能的怀疑论陷阱。早在古希腊哲学时代，怀疑主义已经出现。比如公元前5世纪的古希腊哲学家高尔吉亚，他为了反对巴门尼德独断式的“存在论”，提出了三个著名的怀疑论命题。这三个命题是：无物存在；如果有物存在，人们也无法认识它；即使人们可以认识它，也无法把它说出来告诉别人。如果将这三个命题阐释，则是三个与存在有关的命题。它们是：我们的意识以外是否有客观的存在？如果有，我们的意识能否认识它？如果能认识，我们能否用语言把它表达出来？这三个命题与笛卡儿哲学有一定的相关性。笛卡儿与高尔吉亚不同的是，前者持有的是理性的可知论的怀疑主义，而传统的怀疑论则容易落入不可知论的陷阱。在笛卡儿看来，上帝是存在的，于是他说："如果他不承认一个上帝，他就永远不能摆脱有怀疑的危险。"

第三方面，上帝观念对于笛卡儿哲学来说，可以为其认识论中的知识提供一种可靠性的保证。

笛卡儿"上帝存在"的结论成为前提。笛卡儿在确定"我思"这一实体之后，曾经提出一条基本规则，"凡是我们十分明白、十分清楚地设想到的东西，都是真的"。对于那个时代的人们来说，上帝显然"十分明白、十分清楚"，所以一旦我们获得"上帝存在，并且他不是欺骗者"这个前提，就可以提出一整套系统性的知识。所以在笛卡儿那里，上帝被用来作为"清楚明白的观点或命题"的真理性的保证。用笛卡儿的话来说，上帝之所以是可靠的，"是因为有上帝的存在，因为上帝是一个完满的实体，并且由于我们所有的一切都是从上帝而来的。由此可见，我们的观念和概念，就其清楚明白来说，是从上帝而来的实在的东西，因此只能是真的。"

"一种清楚明白的实在"就是笛卡儿所认为的真理。事实上，认识的清楚明白性和认识的真理性不是一样东西，很多情况下，即使人们的认识清楚明白了，也不能保证该认识必定为真。笛卡儿的这一观点具有主观唯心主义的倾向。如果笛卡儿所说的“清楚明白”指向的是演绎推理的过程，那么推理过程的“清楚明白”并不能保证结论的正确性。如果他所说的“清楚明白”是一种理性的先验的认知，那必定是一种主观的观念，这就会变成“主观唯心主义”的真理观。并非所有清楚明白的认识都是真理。在马克思主义看来，“人应该在实践中证明自己思维的真理性”。

如前所述，之所以要了解笛卡儿对于“上帝存在”的证明，是因为他关于“物质世界存在”的证明采用了相同的方法。对于“物质世界是否存在”这一极大的疑问，笛卡儿是从“普遍怀疑”出发的。关于上帝，笛卡儿指出，因为上帝是一个最完满的实体，所以，“我也就深信上帝是绝不会骗我的，绝不会将我引入歧途，也绝不会使我陷入谬误。”因为欺骗、谬误这些非实在的东西与上帝这一绝对实在的完满属性是不相符的。倘若上帝赋予我们的认识是一种谬误，那么，即使上帝使我们确信为真，他也还是一个实实在在的骗子。如今，我们知道上帝是完满的，因此，他就不可能欺骗我们，所以，关于“物质世界是否存在”这一疑问也就解决了。也就是说，由于确定上帝的实在性和完满性，我们也就确信物质世界的存在。

这个关于“上帝存在”的论证难以让人信服。至少在康德看来，这个“我思之我”只是一种先验的笼统感觉，而这种先验统觉也是一种思。在笛卡儿的论证中有一个循环的怪圈。通过普遍怀疑，一个“我思之我”被确定成为存在的牢固起点，于是“我思故我在”的真实性就确定了。而“我思之我”

不完美，上帝才是完美的，于是推出“上帝存在”。这一个被推导出的“上帝”又反过来担保“我思之我”的存在——因为如果没有上帝的担保，不完美的“我”心中就没有清晰至极的存在。

这个论证的怪圈为笛卡儿的结论带来了困境。如果上帝是第一存在，那么“我思之我”可以独立于上帝或恶魔而存在，并且让“我思故我在”成为牢固的起点吗？

笛卡儿说：“可是有一个我不知道是什么的非常强大、非常狡猾的骗子，他总是用尽一切伎俩来骗我。因此，如果他骗我，那么毫无疑问我是存在的；而且他想怎么骗我就怎么骗我，只要我想到我是一个什么东西，他就总不会使我成为什么都不是。所以，在对上面这些很好地加以思考，同时对一切事物仔细地加以检查之后，最后必须做出这样的结论，而且必须把它当成确定无疑的，即‘有我，我存在’这个命题，每次当我说出它来，或者在我心里想到它的时候，这个命题必然是真的。”在这里，笛卡儿的“我思之我”独立于上帝或恶魔而存在，他承认“我思”这种经验是实在的。

康德对于笛卡儿的思想进行了批判。笛卡儿宣称：“实际上，神的观念和灵魂观念在感官中是根本没有的。”一旦神不是经验的对象，那么笛卡儿所说的上帝，其“实际”就不是经验的，而是观念的。康德认为在笛卡儿“我思故我在”的第一哲学原理中，“我思”这种经验实在性得到承认，所以是一种“经验实在论”。而笛卡儿在论证中又求助于超验的上帝来保证“我思故我在”的真实性，这就成为“先验实在论”。在笛卡儿和康德那里，上帝都不存在于经验世界中，而存在于某种先验或超验世界中。于是，上帝被纳入一种“内部世界”，成为心灵范畴的思考对象。

为什么笛卡儿要绕这么大的一个圈子，通过证明上帝的存在，从而证明物质世界的存在呢？这是因为他持有一种将身心对立起来的“二元论”的立场。

在笛卡儿看来，“我”只是思想实体，因此“我”并不能证明物质实体的存在。对于思想实体，谁可以保证我们“心中清楚明白的观念”呢？在笛卡儿看来，这些“真实的清楚明白的观念”才是真正的知识。他找到了上帝，而上帝存在又保证了外部世界的实在性，这样心灵与物体就获得了统一性。这一解释在笛卡儿的著作中有明确说明。他说：“我们的确有关于物质世界的清楚明白的观念，问题在于，这些观念究竟是从哪里来的？由于心灵和物体是不同的实体，它们之间不可能相互过渡，所以，这些观念不可能是‘我’产生的。既然我们的观念就其清楚明白而言，都是从上帝而来的实在的东西，那么，我们关于物质世界的概念也必然来自上帝，它们必然是真实可靠的。这就是说，上帝保证了我们的观念的实在性，保证了物质世界的真实存在，因而也保证了我们关于物质世界的客观有效性。”

关于外部的物质世界，笛卡儿认为，广延是物质实体的根本属性。

广延是理解笛卡儿哲学和物理学的重要概念。什么是广延？广延指的就是具有长、宽、高三个向量的形体。如果考察17世纪流行的“物体两重性质”的学说，可以发现笛卡儿是最早提出这种观点的哲学家之一。在笛卡儿看来，物体的广延性是其存在的前提，反之，如果没有广延性，物体就不会存在。可以说，广延是物质实体的根本属性。即使从物体中排除颜色、轻重、软硬等性质，因为广延，物质仍然存在。如果我们将物体中的长、宽、高三个向量排除，失去了广延性，那么物质就不存在了。所以，物质实体的本质是广延，而不是物质的物理性状。

在笛卡儿看来，物质世界是客观存在的。广延性让物质变成占据空间的实体，从而也带来一个特性，即广延与空间是同一的。因为空间的本质包括了长、宽、高三个向量的广延。对于物体和广延，两者的区别在于观察的角度不同。如果我们从个别特殊的方面去观察物体，那么它们有不同或相同的长、宽、高三个向量，这些向量会随着物体的不同而变化。对于空间，我们则是从一般方面去观察，认为广延具有概括的统一性。由此，笛卡儿认为，物体和广延不可分割，有物体必有广延，而虚空是不存在的。

什么是虚空？我们通常所说的虚空并不是指一个绝对没有任何事物的场所或空间，而是指在一个空间中没有我们假设应该有的东西。打一个比方，如果房间里没有人，我们会说房间是空的；两个星球之间没有其他天体，我们就说那是虚空的。事实上，即使真空也是相对的，星球之间的真空里也会充满尘埃。如果假定物体的本性就是广延性，那么长、宽、高三个向量的广延性就与物体密不可分。只要长、宽、高三个向量具有一个确定的值，那么就一定有比这个值更小的值。于是可以推断，不可分割的物质如原子是不可能存在的。

笛卡儿说："宇宙中并不能有天然不可分的原子或物质部

分存在。因为我们不论假设这些部分如何之小，它们既然一定是有广延的，我们就永远能在思想中把任何一部分分为两相或较多的更小部分，并可因此承认它们的可分割性……确实地说来，最小的有广延的分子永远是可分的，因为它的本性原来就是如此。”在笛卡儿看来，不仅微观世界无限可分，而且宏观世界也是无限延伸的。假如我们在某个地方设立了一个界限，可以想象的是，在这个界限之外还有广延未定的许多空间。如果有无限的空间，那就意味着存在无限的物质实体。既然物质可以无穷细分，空间可以无限广延，那么物质世界的本质是一样的。即使宇宙有无数的世界，它们也都是由一种根本的物质构成。如果这是成立的，那么多重的异质的世界就是不可能的。笛卡儿的论证必然会得出一个结论，世界是统一的。任何世界、任何空间、任何物体的本性只有一个，那就是它们是有广延的实体。

基于广延的概念，笛卡儿对身心进行了深入的思考。他说：“我确实有把握断言我的本质就在于我是一个在思维的东西，或者就在于我是一个实体，这个实体的全部本质或本性就是思维……一方面我对我自己有一个清楚、分明的观念，即我只是一个在思维的东西而没有广延，而另一方面，我对于肉体有一个分明的观念，即它只是一个有广延的东西而不能思维，所以肯定的是——这个我，也就是说我的灵魂，也就是说我之所以为我的那个东西，是完全的、真正跟我的肉体有分别的，灵魂可以没有肉体而存在。”

这就是笛卡儿著名的“身心二元论”，灵魂和肉体被看作是两种根本不同的实体。灵魂或者心灵的本质是思维，没有广延；肉体是有广延的，但不能思维。根据“身心二元论”，完全不同的灵魂与肉体自然可以相互分离。肉体最终会毁灭，但灵魂不会。在笛卡儿“灵魂不灭”的论题中，灵魂可以与肉体分离开来，这就带来一个结果——不灭的灵魂并非经验的实在，而是一种超验或者先验的实在。

对于这一点，笛卡儿如是说：“我们只能把一切形体理解为可分的；与此相反，人的心灵只能理解为不可分的，因为事实上我们并不能理解任何灵魂的一半，却可以理解任何一个再小不过的形体的一半，所以我只能承认它们的本性不仅不同，甚至多半是相反的。……一般来说，所有的本体，即一切不经神创造就不能存在的东西，是凭它们的本性不会朽坏的，而且它们不能不再是（它们不能停止存在——引者），除非神亲自撤回对它们的维持，让它们化为乌有；……由此可见，人的形体很容易消灭，人的心灵凭着它的本性是不会死的。”简单地说，笛卡儿为了论证“灵魂不灭”，提出的论据主要有两个，一个是灵魂不可分，只能以整体出现；另一个是灵魂是由上帝创造的。

如果说灵魂是上帝所创造的，那么“自我”将不得不再次进入神权的阴影。中世纪的灵魂和笛卡儿的灵魂并不相同，他需要做一个区分。于是，中世纪神权时代的灵魂是一个寄居在肉体中的灵魂，而笛卡儿的灵魂是上帝创造的，单纯作为思维的灵魂。为了区分，笛卡儿干脆把这个灵魂叫作“心灵”。他说：“那有思想直接寄托于其中的本体，就叫心灵。我在这里宁愿叫它心灵，而不想叫它灵魂，因为灵魂这个名称有歧义，而且常常用来指一个有形体的东西。”

为了解决“物质世界是否存在”的疑问，笛卡儿首先证明了上帝存在。同时，他使用广延这个概念，对物质世界进行了阐释。基于身心二元论，笛卡儿把肉体和灵魂看作是两个不同的实体，他甚至把有思想寄托其中的本体叫作心灵。当笛卡儿把上帝创造的灵魂和感知外部世界的灵魂等同起来，称它们是实体，在康德看来，这就混淆了“经验的自我”和“超验的自我”。因为只有经验到的才是“实体”，上帝属于超验的范畴。笛卡儿那个可以同肉体相分离的纯思维的自我，其实是一种“超验幻象”。

四、怀疑自身存在

在《第一哲学沉思集》中，笛卡儿怀疑他自身的存在。在“我思故我在”的论证之后，如果笛卡儿仍然对自身的存在产生怀疑，那么就会出现一种明显的矛盾。人们不禁要问，这是不是一种循环论证呢？既然“我思故我在”，那么自身的存在还需要怀疑吗？

让我们参考本讲第一节的内容。在第三阶段沉思的开端，笛卡儿提出一种想法，他问道，对他而言，是不是确信的东西都确实为真？如果回顾第二阶段沉思，我们发现笛卡儿通过“普遍怀疑”，得到了第一个确信性，也就是关于他自身存在的确信性。“我存在”或者“我思之我是存在的”，这是不可怀疑的。在第二阶段沉思中，紧随上述的观点，笛卡儿又指出这一确信性在某种意义上是不完美的。“我”究竟是何物？或者“我”这个词到底代表了什么？不管答案如何，他仍然确信他自己的存在。如此看来，第一个确信性并不是完美的，因为笛卡儿并没有完全理解这个确信的意义，哪怕他是完全地确信。于是，笛卡儿开始了怀疑。

在这里，让我们通过三个问题的追问，去探索笛卡儿哲学中关于自身存在怀疑的旨趣。这三个问题是：第一，“我存在”是自明的，不需要论证的吗？或者，自身的存在是可怀疑的吗？第二，是不是所有我最强烈确信的事物就一定为真？第三，怎样理解笛卡儿的“我存在”，其相应的阐释有哪些？

对于第一个问题，“我存在”是自明的，不需要论证的吗？似乎“我就是我”，根本不需要证明，但问题的本质是，关于“我存在”，真的如我们想象那样是确切的吗？

对于很多事物，我们并不能完全理解，但这并不妨碍我们去称呼它，或者去辨认它。比如蜡，去理解并定义它不是一件容易的事，但我们都知道那是什么，知道蜡就是蜡。似乎“蜡就是蜡”这一结论是不可怀疑的。对于“我”，情形是一样的。我们不知道怎样定义“我”，不知道“我”是什么，但“我就是我”，我们知道自己存在。这似乎是不言自明的。

事实上，就自身存在的确信性而言，在第二阶段的沉思中，笛卡儿的表述看起来非常简单明确。他声称，自身的存在是所有知识中最具确信性、最明显的。这个强烈的表述在第三阶段的沉思中出现了问题。在第三阶段，突然出现一个很微弱的声音——怀疑，而且这个怀疑很明显地把“我存在”也包括在其中了。

这种情况我们应该如何理解？是不是应该认为，笛卡儿的论证已经进入了自相矛盾的境地？显然，这种认定应该排除。并不是因为笛卡儿是一位谨慎而且思想敏锐的哲学家，而是因为其他的原因——当他把一个似乎有矛盾的论证呈现给不同学科最敏锐的批评者，这就是让我们不得不思考其中的原因。

是不是因为笛卡儿作为沉思者，在第二阶段沉思中犯了错误？他过早地推出一个不确定的结论，把“我存在”当成一个不可怀疑的结论。而到了第三阶段的沉思的时候，他才发现以前的那个关于自身存在的思想并不可靠，仍然是可以被怀疑的。

当然会有这种可能，沉思者哪怕是笛卡儿也会因为急躁，过早地声明自己的发现——为了尽快地找到可以确信之物，把“我存在”当作一种想当然的基础。甚至还有一个有力的事实，《第一哲学沉思集》是一本带有自传色彩的哲学论著，当笛卡儿以第一人称的方式展开论述，更多的是描述自己的论证思路，而不是给出大量独断式的结论。也就是说，只要笛卡儿愿意，他完全可以在提出一个观点之后，通过反思，把自己的这个观点推翻重来。这似乎很明白了，基于这种观点，笛卡儿先是匆匆忙忙地用“我存在”消灭所有怀疑，然后在后来的沉思中不得不纠正这个错误。

但是，笛卡儿并没有犯这样的错误。这并不是因为他是一个伟大的哲学家，基于对他的尊敬与情感，我们需要毫不犹豫地将他的错误一笔勾销，而是笛卡儿根本没有谈及这个“错误”。至少有一点是必须的，如果笛卡儿认为自己是错的，那么他至少应该告诉读者自己纠正错误的思考过程。因为对于那些跟随笛卡儿思考的读者来说，他们必须明确了解沉思者曾经犯错，而且是一个不小的重大错误。笛卡儿没有这样做，就说明“我存在”同样需要怀疑。

自身的存在是可疑的，笛卡儿说：“我没有理由认为有一个欺骗人的上帝存在。在这种意义上，以下的怀疑是非常微弱的或者可以称得上是形而上学的，‘或许，即使在我想到我存在并且对我自身的存在极端确信的时候，那个全能的、狡猾的欺骗者也欺骗了我？’”接着，他又说：“因此，我必须尽快考察有没有上帝存在或者——如果他存在——他有没有可能是个欺骗者。”也就是说，在笛卡儿的论证中，“我存在”有一个明确的前提，那就是上帝的存在。如果没有对于上帝存在的确信，“我存在”就会变得非常可疑。或者说，关于自身存在的怀疑会因为缺乏“上帝存在”这个前提而变得更加强烈。在笛卡儿那里，“我存在”依然需要论证。“自身的存在”之所以变得可疑，是因为一种“形而上学的理由”——存在一个可能的“全能的、狡猾的欺骗者”，这个“欺骗者”让笛卡儿在“对我自身的存在极端确信的时候”仍然产生了怀疑。

“确信”的程度有强有弱。这让人对于笛卡儿的文本产生误读——似乎沉思者的观点是相互抵牾的。真的是这样一种瑕疵吗？沉思者过早推出了不确定结论？焦点仍然在于“确信”的程度有强有弱——弱让人产生了“瑕疵”的误解。笛卡儿并没有错，因为问题的根本在于：是不是所有我最强烈确信的事物就一定为真？

关于“确信”，有着不同的概念，或者有不同的解读路径。首先是心理学意义的确信。确信，或者确定地相信，在心理学上是一种反复认定后的不怀疑状态。在任何不怀疑之前，都需要有一个思考辨别的过程——认为确定本身意味着认定，而认定之前肯定有预设。确信是一个由预设而发展出的不怀疑的心理状态。

如果“最强烈确信”只是一种最强烈的心理状态，那么这种确信仍然是可疑的。虽然心理学保证了确信的强度——

"最"，它牢牢抓住了这种极端的心理现象，但对于确信之前的预设，或者这些预设的内涵，心理学却无法探讨。当确信进入形而上学的领域，情况就发生了变化。

形而上学的探讨从"确信性"开始，"确信"变成了可以描述其程度的名词，而"我确信自己的存在"意味着"我的存在具有确信性"。

在笛卡儿的《第一哲学沉思集》中，人们对于"我存在"至少有两种不同的解读，一种理解是"我存在"具有不可怀疑的确信性，这对应了第二阶段沉思中的论证。一种理解是"我存在"是可以被怀疑的，并且是不确信的。这对应了第三阶段沉思中那种"微弱的动摇"。

第一种理解显然具有形而上学的特征。如果"确信性"是一种心理学意义上的多义词，那么"不可怀疑的确信性"就避免了这种多义性带来的自相矛盾。事实上，在笛卡儿的《第一哲学沉思集》中，确信性具有明确而单一的意义，并无歧义。这就是说，确信性是一种形而上学的心灵状态。当我们说某事物具有确信性，可以认定为真，那么一旦否定这个事物，就会显得很荒谬——这与心理学意义的确信性完全不同。"最强的确信性"意味着极端明确和最大的确定性，可以从认知上把一切怀疑都排除。正是因为作为心灵状态的"确信性"具有如此巨大的力量，所以笛卡儿可以把它作为构建理论的起点。"最强的确信性"似乎有一种魔力，可以克服一切怀疑。

这是一个诱惑。对于这一点，笛卡儿说："一旦我们认为我们正确地观察了某物，我们就自然地相信它是真的。而如果后一个信念如此牢固，以至于我们没有任何怀疑它的理由，那么，我们就没有什么可以再注意的了。我们就有了我们从理性的角度出发可以期待的一切……因为，我们在此设定，那个信念是如此牢固，以至于它不能以任何方式被动摇。这样一个信念因而明显就是完全的确信性。”

通过一种明确而清晰的观察，从而获得确信性，将一切怀疑都克服，乃至获得一切期待的东西，这对于哲学家来说太具有诱惑力了。似乎，除了“确信性”之外没有什么可以获取了。但是，笛卡儿仍然很清醒，他继续追问，这种“我最强烈地确信的事物就一定为真”吗？他自己的回答是：不能。只要那个欺骗人的上帝或者恶魔仍然存在，就不能保证。

为什么说一个事物已经具有了最高的确信性，却仍然可以受到我们的怀疑？在回答这个问题的时候，我们需要回到笛卡儿哲学中去，在他的论著里找答案。

那个“具有最高确信性的事物”是什么？似乎显然是“我”——“我思故我在”，正在思考的我具有“最高的确信性”。但是，在第三阶段沉思的开头，笛卡儿不仅说最确信的事物也有可能被证伪，同时还说，只要那个欺骗人的上帝或者恶魔仍然存在，就会留下怀疑的空间。可见，“我”最强烈确信的事物不一定为真。

笛卡儿是这么论证的。他说：“只要在我的脑海中出现那个先入为主的、关于全能的上帝的观点，我就必须承认，对他而言，在那些我认为有最充分的证据加以相信的事物上欺骗我是十分容易的。但当我转而考察这些我非常明确地认识到的事物本身的时候，我又如此地相信它们，以至于我不由自主地说出：让能够欺骗我的人都来欺骗我吧。他任何时候都不能成就一点，即当我想到我是某物的时候，我却什么都不是。他也不能使得以下情况在任何时候为真，即我现在真实地存在着，但却从来就没有存在过。他也不能使得2+3大于或者小于5。并且，他也不能使得另外一些类似的情况出现——那些在我看来包含明确矛盾的情况。”

笛卡儿的描述展示了一个困境，那些貌似不可怀疑的事物，真的是不可怀疑的吗？一方面，某些事物确实不能怀疑，比如“上帝存在”，如果否定，就会显得非常荒谬；另一方面，我们之所以不能怀疑，是因为我们被制造得不能怀疑，人类缺乏相应的怀疑能力。笛卡儿用自己的怀疑和沉思作为证据，可能“我”的感官知觉有缺陷，也可能“我”一直在做梦，或者“我”被一个恶魔误导。总之，笛卡儿用尽全力思索各种可能，去找到怀疑的理由，即使“我”最强烈确信的事物，也需要经过怀疑和追问——乃至于对于自身的存在，他也产生了怀疑。于是第三个问题出现了，应该怎样理解笛卡儿的“我存在”，其相应的阐释有哪些？

首先，“我存在”与上帝有关。正如前面所讲，在笛卡儿那里，自身也是可以被怀疑的，那么“我存在”就必然会被放入形而上学的范畴，遭到怀疑。要理解笛卡儿的“我存在”，就需要倾听笛卡儿自己的声音：他在《第一哲学沉思集》中多次强调，只有当认识到上帝的存在之后，才能具有完善的知识和确信性。而自身的存在正是这样一个事物，一个有最充分的证据加以相信的事物。他说：“我必须承认，对于全能的上帝而言，在那些我认为有最充分的证据加以相信的事物上欺骗我是十分容易的。”对于这个“全能的上帝”，笛卡儿说：“他永远不能成就一点，即当我想到我是某物的时候，我却什么都不是。”这也就是说，当我在进行指向自身的思考时，我是存在的。于是，笛卡儿的这句话可以理解为：“他永远不能成就一点，即当我想到我存在的时候，我却不存在。”即使“全能的上帝”也不能否认那个正在思考自身存在的“我”是存在的。

然后，在对于“我存在”的怀疑上，笛卡儿进行了什么样的思考？或者，他的怀疑是怎么展开的？至少有两种怀疑值得我们注意，一种是直接怀疑，一种是间接怀疑。

所谓直接怀疑，就是直接推翻结论的怀疑。在“我存在”的问题上，直接怀疑就是发现“我存在”是不可能的。如果“我存在”是不可能的，那就意味着我必须否定自己的一切思想，这显然很荒谬。笛卡儿否定了直接怀疑。而所谓的“间接怀疑”，是通过认定与怀疑对象不相容的、对立的或者另外的事物，从而思考怀疑对象。笛卡儿采用了这种策略。为了展开对于“我存在”的怀疑，笛卡儿提出了“最高的怀疑”。

基于一种认识论，笛卡儿“最高的怀疑”指的是：即使是最明确清晰的观察，也有可能出错。这个“最高的怀疑”让“我存在”显得很可疑——因为“我存在”恰恰是一种“最明确清晰的观察”。当一个人思考某个思想的时候，他并不是在思考自身的存在，而是在思考确信性和真理之间的关系。于是，所有与怀疑和确信性有关的意识活动都是思考行为。有意识的思考在笛卡儿看来，是序列性的，这就将思考分成了过去、当下和未来三个阶段。因为哲学思考是一种排除感觉、只有理性意识发挥作用的思维过程，所以寻求最强确定性的动机，会要求思考者在当下排除其他想法。

这正是奥秘的所在。只要“我存在”还在被思考，这思考就如同黑暗中的灯光一样，它非常明亮，不允许怀疑存在。在同一个意识状态中，人不可能既确信“我存在”又同时怀疑它。虽然在不同的意识状态中，这是可以做到的，但是在思考的当下，这无法完成。到这里，笛卡儿关于“我存在”就有了一个非常强有力的论证，其确信性是非常强的。但是，如果没有对上帝存在的证明，这个确信性仍然是不稳定的。如果任何思想的确信性只有在它被思考的当下是成立的，那么巨大的怀疑仍然会环绕思想者。

关于自身的怀疑并不是终点，甚至只是一个起点。相对于笛卡儿最重要的哲学观点：我思故我在，这些怀疑清除了大量障碍，让自身或者“我”的概念变成更加清晰的了。如同在走向青山的道路上，那绿色越来越近了。而作为怀疑者的“我”，对心灵展开了理性的探索。

第四讲 灵魂抑或心灵

一、古希腊的灵魂说

二、自然祛魅后的灵魂

三、灵魂、身体与上帝

对于哲学家来说，灵魂观的首要问题就是回应灵魂与肉体的关系。这个问题可以包括两个方面，灵魂是否必须依存于肉体，以及灵魂与肉体哪个更为重要。在古希腊哲学中，柏拉图和亚里士多德的灵魂说不仅具有代表性，也深刻影响了笛卡儿哲学。虽然笛卡儿开启了自然的“祛魅”之路，但其哲学中同样存在许多“非理性”和“非思辨”的东西，这使得他的灵魂说又具有了某种自然主义的色彩。在笛卡儿的身心二元论中，他不再用“灵魂”来称呼那个“思维着的东西”，这与两千年以来的灵魂说传统大相径庭。这种将心灵视为实体的思想对于后来的科学有着极其深刻的影响。

一、古希腊的灵魂说

灵魂是一个非常古老的概念，早在古希腊早期的自然哲学中，就已经有关于灵魂观念的论述。对于那些哲学家来说，灵魂观的首要问题是回应灵魂与肉体的关系。这个问题可以包括两个方面，一是灵魂是否必须依存于肉体，二是灵魂与肉体哪个更为重要。在早期古希腊自然哲学的视野内，不同的哲学家有不同的表述，这让灵魂逐渐从观点演进为学说。到了柏拉图和亚里士多德的时代，他们的思想更加完善。

如果确定到哲学家，那么从泰勒斯开始，经过阿那克萨戈拉等人，直到德谟克利特，他们都对灵魂问题进行了回应。在这些不同的定义、解释和说明中，灵魂被赋予了不同的内涵。古希腊早期哲学是自然哲学，而灵魂作为一个重要的基本问题，奠定了这一古典哲学的基础。灵魂问题也是一个切入点，开启了人类认识世界的历史。

如果以笛卡儿开辟近代哲学为分界，那么在前现代的传统中，一个主要的观点就是关于灵魂的功能。在以苏格拉底、柏拉图等开辟的古典哲学中，灵魂的功能主要有两个，一个是实现生命或者运动，一个是实现意识或思维。这似乎是一个显著的分歧，但是在一些哲学家看来，这些都是属于自然主义哲学的表述。

灵魂作为古希腊哲学思想中一个重要的概念，是理解西方哲学的重要基础。在今天，灵魂只有精神、心灵和思想的意义，这显然是与古希腊哲学不同的。如果对古希腊早期自然哲学中的灵魂观进行分析，可以发现它深刻地影响了笛卡儿。

灵魂一词的原意是指呼吸、生命。在远古时代，人类需要战胜自然，他们借助原始的观察和思考，认为人在活着的时候有呼吸，死亡后呼吸停止，于是认为灵魂可能是气息或和呼吸有关的东西。同时，古希腊人认为灵魂居住在身体里，并且控制着身体的活动乃至人的一切。在原始的思想中，人的感觉和意识并没有成为独立认知的对象，这些都被理解为灵魂。甚至在古希腊的思想中，人在睡眠时，灵魂可以暂时离开身体，当人醒的时候，灵魂就回来了。一种普遍的观点是，梦是人在睡眠时灵魂的外出活动，当人死亡之后，灵魂就会永远地离开人体。

这种灵魂的思想在文学作品中也有体现。在古希腊的荷马史诗《伊利亚特》和《奥德赛》中，灵魂被描述成一种苍白的影像。这种影像和人的肉身形象接近，但是它因为没有精华物质的支持，所以不是真正的生命。

早期的哲学家常常用唯物论的观点来解释灵魂，比如泰勒斯，他就是第一位运用了灵魂概念的哲学家。他和众多古希腊人观点一致，认为“万物有灵”。对于灵魂来说，这是一种具有活动能力的物质，可以弥漫在整个宇宙中。灵魂不仅仅是人具有的，而且某些物质比如磁石也具有。“万物有灵”就意味着万物充满了神性，灵魂是神秘的，也是一种精华之气，是变动的。

这种朴素的自然哲学思想在后来获得发展，在宗教的影响下，毕达哥拉斯提出了具有宗教和哲学双重意义的灵魂观。他认为，一方面灵魂是万物的本原，另一方面灵魂是可以轮回的。毕达哥拉斯用一种表象化和含混不清的表述描述了自己的灵魂理论，简单地说是对创世的解释。他猜测，宇宙存在本身具有灵魂性，而灵魂本身也在做自我运动。这种灵魂的自我运动，会带动其他事物的生成。宇宙就是一种灵魂运动的产物。作为一个实例，他认为灵魂是太阳中微尘的推动者。同时，他又利用灵魂说对人的个体性和独立性做出解释。毕达哥拉斯认为，同一个灵魂可以流动于不同的身体。可以说，毕达哥拉斯是运用灵魂原则的第一位哲学家。与原始的自然哲学不同，灵魂已经与思维联系起来。基于思维的不同，毕达哥拉斯的灵魂说就可以解释自然和精神事件。这是一个重大的进步，灵魂的概念丰富了，并且对以后的哲学造成了影响。

如果说毕达哥拉斯的灵魂说混合了宗教和哲学两种来源，那么阿那克萨戈拉的灵魂观念则是一种哲学原则，用来构建人类对于自然的认知。毕达哥拉斯的灵魂说有两个重要的特点：一个是关于灵魂是一种“单一体”的说法，一个是他把理智的灵魂看作是高居于物体之上的精神实体。这些都对笛卡儿的思想造成一定的影响，尤其毕达哥拉斯首先把灵魂引入哲学，并且确定灵魂是单一、纯粹的。这种观念影响深远。

毕达哥拉斯之后的哲学家德谟克利特依据他的原子理论，对灵魂的本质和构成进行了描述。他持有一种唯物主义的观点，认为灵魂是由精细的球形原子构成的，是一种火或热的东西。球形原子非常精细微小，所以可以穿过一切事物，自己运动并且引发其他物体运动。这种理论的价值在于用“物质说”的灵魂统一了人的物质身体和精神，同时，它也是对于早期古希腊哲学关于灵魂观点的总结和概括。因为“物质说”的特点，就否定了灵魂不死等神秘主义的说法，为以后“人脑作为思维器官”的观点开辟了道路。受限于当时的历史情境，德谟克利特只是坚持了朴素的唯物主义原子论，并没有深入地阐述灵魂问题中关于认知的部分。

他认为，原子会从事物中不断流溢出来，最终形成了“影像”，而人的感觉和思想就是这种“影像”作用于感官和心灵而产生的。他还区分了感性认识和理性认识。他认为感性认识是认识的初级阶段，是一种“暧昧的认识”。人的感官并不能感知一切事物。当感性认识在最微小的领域内不能发挥作用的时候，就需要借助理性认识，因为理性具有一种更精致的工具，一种“真理的认识”。在他看来，原子本身之间没有什么性质的不同，人们之所以会有不同的感觉，以及感知到各种事物的颜色、味道，这都是习惯和主观想法造成的。德谟克利特的原子唯物论思想是古希腊唯物主义发展的最重要成果。正是因为德谟克利特在认识论上持有朴素的直观反映论，所以他并没有区分物质和精神，而是从物质去说明精神，并没有从精神本身去说明精神的规律。这种思想具有一定的缺陷，因为在否定灵魂不死的学说时，其合理的因素也被否定。

虽然古希腊早期有各种关于灵魂看法的学说，但总体上是在自然哲学的范畴之内。哲学家们通过对人与自然的探索，形成思想，构建了古典希腊哲学的繁荣。这些都为哲学家柏拉图和亚里士多德的思想提供了精神资源，让他们能够总结这些灵魂学说，最终形成新的思想。

为了更好地理解笛卡儿，这里有必要首先探索柏拉图的灵魂说。柏拉图的灵魂说讨论了灵魂的特点。柏拉图主张，灵魂和肉体是相互分离，各自独立存在的。作为一个实体，灵魂是永恒不朽的。笛卡儿沿用了这个观点。

柏拉图认为，理念和具体事物是相互分离而且独立存在的。同时，理念也是永恒的。如果把他的理念理论和灵魂说对比，那么就会发现后者是前者的延伸。关于灵魂与肉体的关系，他指出人的灵魂先于肉体而存在，而且对于理念是早已有所认识的。那么柏拉图关于灵魂与认识或者认知，有什么特有的论述呢？

首先，他把“学习”的概念引入，丰富了灵魂的内涵。

柏拉图认为，灵魂需要投生到人体，但是肉体是不洁的，会干扰或玷污灵魂，这就导致原有的理念或者知识会暂时遗忘。如果想重新获得那些原来的知识，就必须经过一个“学习”的过程。在他的《斐多篇》里，他说学习就是那些生前已经知道而现在忘记了的知识重新“回忆”起来。因为灵魂与肉体是相互分离的，灵魂不朽，所以回忆是可能的，这同时也证明了灵魂的不朽。

柏拉图把灵魂看作独立自存的实体，这个实体中包含了理智，而且理智是最重要的，是灵魂的本质、本性之所在。按照这样的观点，所谓灵魂不朽实际上就是理性的不朽，那么作为认识功能的灵魂，其主要功能也是理智的作用。“回忆”作为一种学习，是理智的具体应用，也是运用理智，获得先天得到的知识。这种具有宗教和神秘主义色彩的说法，背后是柏拉图对于理性的崇尚，这深刻地影响了笛卡儿。

其次，柏拉图又从灵魂“自身运动”的角度论证和阐述灵魂不朽。

柏拉图断言：“一切灵魂都是不朽的，因为凡是永远处在运动之中的事物都是不朽的。”这包括了两种事物，一种是永恒运动的事物，一种是被其他事物推动的事物。对于永恒运动的事物来说，只要不失去自身的性质，那么运动就不会停止。但是对于第二种事物，一旦推动力消失，运动就会停止，生命也会因此而停止。可见，那些永恒运动的事物是其他一切被推动事物运动的源泉。这也就是自身运动者，它们是其他一切被推动事物运动的源泉和第一原理。根据柏拉图在《斐德罗篇》里的说法，“自身运动者是灵魂”，那么灵魂一定是不生不灭的。

为了阐释这个概念，柏拉图用神话故事的方式描述了灵魂在整个宇宙中的运行。灵魂有两种，一种是完善的，对应的就是高高在上，主宰世界，有着丰满的羽翼自由飞翔。一种是有缺陷的，对应的就是失去羽翼，从天空坠落地面，与肉体结合，成为可以朽坏的生命。可以朽坏的生命需要其他力量的推动，所以这些生命会追随神灵。

灵魂是不朽的，可以凭借理智看到正义本身，获得真正的知识。这些知识是完美的真正的知识，而灵魂正是靠这些知识来滋养自身。理智是灵魂完善的保障，如果出现非理智的东西干扰灵魂，就会导致这种完善性出现缺失，最终带来灵魂的坠落。在这里，柏拉图描述了灵魂的升降，有的灵魂无法追随神而高飞，所以就会落下，投生为人。有的灵魂依靠理智和完美的知识，最终飞升。

在描述灵魂不朽和灵魂投生的过程中，柏拉图还论述了灵魂轮回的思想。他认为，正义对于轮回和投生意义重大。那些依照正义的准则去生活的人，最终会获得好运。而不依照正义生活的人，会获得坏的命运。对正义原则的遵守与否影响了灵魂投生肉体的过程。他甚至引入了更具有神秘色彩和宗教意味的说法，每个灵魂要用一万年才能回到原来的出发地，也就是高高的天上，但是，智慧的哲学生活会改变命运。如果灵魂在千年一度的运行中连续三次选择了真诚地追求智慧的哲学生活，那么在三千年结束时，这样的灵魂就可恢复羽翼，高飞而去。对于那些没有真诚追求智慧生活的人，在第一生终结的时候就会接受审判，要么下地狱受罚，要么因正义而飞升。千年终了，所有灵魂都要回来选择下一辈子的生活。这个时候，人与动物的角色选择就出现了。那些见过真理、热爱智慧的灵魂将会投生为人。而在这整个过程中，“回忆”和理智起到了决定性的作用。

可见柏拉图所谓的灵魂是一种关于“生命”和“运动”的原则，是一种自身具有的主动性和能动力量。

再次，柏拉图的灵魂学说强调理智与知识，并视之为灵魂的重要部分。

在柏拉图那里，虽然世界充满了变化，但一定有不灭的永恒实体，而灵魂和理念正是这样的实体。灵魂不朽，精神常存，理念也是永恒的。这些永恒的东西会影响人的知识。当人来到这个世界，从出生起，他的生命就受到灵魂的左右，而灵魂又是被理念左右的。那些关于理念的知识，只要运用理性，就可以转变为现实的知识。理念不仅仅是可知的，而且可以通过理性，与灵魂最终相通。也就是说，在柏拉图的灵魂说中，灵魂是超越感知的，它不仅仅和可以感知的事物相关，也与理性相关。

这也带来了关于感觉和思维的讨论。在柏拉图看来，感觉应该归之于肉体，并不包含在灵魂之内。

柏拉图甚至轻视或者贬低感觉。在《斐多篇》中，他认为，感觉只是在求知过程中的一个启发或者诱因，是一种促进"回忆"或者学习的因素，其重要性不能和理念相提并论。感觉也可以达到事物，但与通过理智和回忆达到事物"本身"相比是完全不同的。感觉所能认知的事物是相对的、变化的，而理性认知的事物是绝对的、永恒的。因为理性，也就区分了感觉和回忆。对感觉的贬低带来了更进一步的压制，因为感觉与肉体联系在一起。如果要净化灵魂，就必须摆脱感觉和肉体的干扰。因为那些抽象的理念，都不是感觉所能达到的，比如事物的概念、共性、相似与差别、荣耀与耻辱、存在和有限等等。因为柏拉图把思想、知识、智慧、真理等等都归之于灵魂，这就确立了灵魂的优先地位。那些感觉生成的知识并不是真正的知识，只有理性的"回忆"才能认识真理和实在。

最后，柏拉图的灵魂学说虽然贬低感性，但没有否认感性的意义。

关于心灵，在《泰阿泰德篇》中，柏拉图把它比作"蜡板"和"鸟笼"。所谓蜡板，意思就是我们的心灵是一块蜡板，可以把看到、听到、感觉到、意识到的东西印在上面，留下印记。

这种留下印记的过程，也就是一个将记忆引进认知的过程。柏拉图并没有否认感觉，也没有把感觉从认知过程中彻底排除，而是通过分析包括记忆在内的各种认知和感觉情况，尝试解释错误判断的来源。错误既有可能来自知识和感觉的配合错误，也可能来自知识本身——因为有不完善的知识。

仍然是在《泰阿泰德篇》中，柏拉图用“鸟笼”的比喻说明每个人的心灵都包含了知识。鸟在这里代表知识，而鸟笼是心灵。在婴儿时期，人的“鸟笼”是空的，后来他得到知识，就好像把一只一只不同的鸟装进笼子。如果把鸟从鸟笼中取出，就是一个“教”的过程。反之，如果从别人那里获得知识，就像放鸟进入鸟笼一样，是一个“学”的过程。在这个过程中，如果放错了鸟，就代表出现了错误的判断。

不管是蜡板的比喻还是鸟笼的比喻，都说明了在柏拉图的思想中，灵魂中的知识可以来自外界，知识可以后天学习，也可以传授。知识包括了理念的真正知识和感觉提供的有瑕疵的知识。

以上柏拉图关于灵魂的学说对笛卡儿的思想形成影响至深，同时，亚里士多德的灵魂说也滋养了笛卡儿的思想。亚里士多德的灵魂说与他的生命、潜能与现实等学说紧密相关。在他的《论灵魂》里，亚里士多德建立了以本体为中心的形而上学思想，其中“灵魂说”又是整个亚里士多德哲学的重要部分。

亚里士多德是柏拉图理念论的批评者，同时，他也反对柏拉图关于灵魂的论述。柏拉图认为，灵魂与躯体是相互分离而独立存在的两个实体，而亚里士多德主张，灵魂和躯体不能分离。在他的《论灵魂》中，灵魂依存于躯体，就像居住在躯体之中一样。每一灵魂都对应一个属于自己的特有躯体，而所有躯体的形状或形式都是独特的。亚里士多德反对灵魂转世和轮回的说法。具体地说，亚里士多德关于灵魂主要有以下说法：

其一是关于灵魂的本体论。

亚里士多德认为灵魂是本体，但属于不能脱离躯体的本体。关于本体，亚里士多德给出解释，其意义有三种，分别是作为质料、作为形式、作为质料与形式的结合。所谓质料，指的是一种潜在的能力，而形式是现实的。在《论灵魂》中，他指出“灵魂就是潜在地具有生命的自然躯体的头等现实性”，意思就是有生命的自然躯体必定是本体，而这种本体是形式与质料的结合体。“现实”是亚里士多德提出的专有名词，其意义是为实现了其所是者的一个具体“是者”，即实现了其最充分的状态的这个或者那个具体事物，相对于仅仅“能够”“是那样”但还没有实现的潜在事物。因为躯体是一种潜在的能力，是质料，而它的形式是灵魂，是“实现了其最充分的状态的这个或者那个具体事物”，所以灵魂本身是本体，是一种“作为潜在的有生命的自然躯体的形式”意义上的本体。这一思想影响了笛卡儿关于物质的理论。

“有生命的躯体”的本质是什么？显然是灵魂。因为灵魂使“有生命的躯体”之所以是之。正如躯体不是灵魂的现实，相反，灵魂才是有生命的躯体的现实。在此，灵魂作为本体的意义十分明确。关于这个本体意义，一个例子可以说明。如果说眼睛是生命体，那么视觉就是眼睛的灵魂。因为视觉是眼睛之为眼睛的本质，如果视觉没有了，那么眼睛就不成其为眼睛了。灵魂亦然。

其二是灵魂与生命。

亚里士多德认为，“灵魂是有生命躯体的原因和本原”。具体地说，这一原理可以展开三项阐释，那就是灵魂是躯体运动的来源，是躯体的目的，是整个生命躯体的本质或者本体。

首先，灵魂是躯体运动的来源。因为灵魂是躯体位移运动的原因。其状态变化和数量变化，都是由于灵魂导致的。比如感觉就属于灵魂状态的变化，如果没有灵魂，那就不可能产生感觉。比如生灭也是灵魂的变化导致的，没有营养就不可能有生灭，如果没有灵魂就无所谓营养。接着，灵魂是躯体的目的。因为灵魂是生命体存在和生命体生命的原因或本原。人的一切自然活动，比如理智，都是为了某种目的。灵魂合乎自然地为生物提供了目的，这样一来，所有自然的躯体都是灵魂的工具。因为灵魂是生命的原因，那么动植物的躯体都是为灵魂而存在的。以上都可以证明灵魂是整个生命躯体的本质或者本体。

正是因为亚里士多德把灵魂看作生命躯体的形式意义或定义意义上的本体，所以他与柏拉图的灵魂说是不同的。亚里士多德认为灵魂并没有和躯体对立，但是具有高于躯体的地位和作用。这也从某种意义上印证了他的本体论，即强调形式高于质料。在《论灵魂》中，他说：“灵魂在最首要的意义上乃是我们赖以生存、感觉和思维的东西，所以，灵魂是定义或形式，而非质料或基质。”

其三是关于感觉和经验。

亚里士多德对于感觉和经验的命题十分重视，不仅深入阐释，而且充分肯定了感觉的意义和作用。他指出，没有感觉动物就无法生存，离开感觉灵魂就无法思维。

在《论感觉及其对象》中，他把人与动物进行类比。动物所具有的最重要属性中包括了感觉、记忆、情感、欲念、欲望等等。这些属性既属于灵魂又属于肉体，同时都与感觉有关系。它们要么是和感觉一起出现，要么由感觉所引起。所以说，感觉是一切动物所必定具有的属性。感觉的功能包括了预测性的感知，这样就可以让动物避开伤害，追求食物。

对于人来说，亚里士多德重视个体以及对于个体的特殊认识。人之所以具有求知的本性，在于人具有感觉。拥有感觉，人的灵魂和肉体都会因此而变得更好。如果没有感觉，灵魂就会因此而无法更好地思维，肉体的存在也会出现问题。甚至可以说，感觉是灵魂和心灵进行判断的基础。感觉能让有理智的动物或者人变得更加完善，而灵魂中的思辨知识和实践知识正是基于感觉而产生。

总体上，亚里士多德认为感觉器官在接受感觉对象时侧重于对象的形式而非质料。也就是说：“感觉是指这样一种能力，它撇开感觉对象的质料而接受其形式，正如蜡块，它接受戒指的印迹而撇开铁或金，它所把握的是金或铜的印迹，而不是金或铜本身。”这种关于感觉的理论对于心理学和生理学都具有积极的意义和深远的影响，乃至于影响后世的认识论。

二、自然祛魅后的灵魂

笛卡儿哲学的建立开辟了自然祛魅之路。如果从哲学的角度探索自然，就需要梳理一下自然主义的内涵。围绕着哲学中的自然主义展开讨论，我们可以更深刻地理解笛卡儿的心灵内涵。

自然主义（naturalism）在今天仍然是一个含混的概念，虽然它经常出现在各种哲学论著里。如果追溯哲学的过去，历史上的自然主义思想可谓源远流长。古希腊时代的哲学家可以视为其萌芽，而近代以英国哲学家休谟为代表的自然主义哲学颇具影响，乃至于对形而上学传统构成强烈挑战的奎因等分析哲学家都对自然主义做出了自己的阐释。可以说，在当今的哲学界，自然主义已经占据了非常显要的位置。如果必须要给予自然主义恰当的描述，那么至少有两个特点需要强调：一个是对超自然之物的否定；一个是对科学的尊重。

而自然主义的兴起和繁荣，最为重要的原因就是传统的第一哲学的某种解释缺憾和近代自然科学的巨大成功。而笛卡儿恰恰是第一哲学的创建者，《第一哲学沉思集》的标题说明了其“第一哲学”的内涵，也说明这是一本关于实体的思辨形而上学著作。

一个值得注意的问题是，如果我们无法说明心灵与外部世界的关系，那么就不能为知识的成立提供合法性的依据。在心灵哲学中，如何认知？知识是如何构成的？对于这两个问题的回应可以追溯到笛卡儿的哲学传统中。正如笛卡儿的追问，“我思”与世界如何联系？似乎分析哲学扬弃了笛卡儿、康德以来的形而上学传统，但当哲学家思考知识构成的经验基础，以及对此做出合理性说明的时候，他们不得不汲取心灵哲学的思想资源。由此所开启的知识论与心灵哲学的融合，恰恰打开了一个视角，让我们去思考隐含在笛卡儿哲学中的东西，问题由此而生——笛卡儿所提“自然”的内涵是什么？这与他的灵魂关系如何？让我们先来看看笛卡儿思辨的自然。

作为现代哲学的奠基人，笛卡儿身后是日益丧失神秘的自然。笛卡儿的自然具有强烈的思辨色彩，这种思辨沿着感性与理性的对立和统一而展开。作为早期现代哲学的奠基人，笛卡儿开启了自然的祛魅之路。如果说这是正确的，一切哲学实际上都面临着两个世界，即感性的可感的世界与理性的可知的世界，那么处理两者之间的关系就是重要的哲学命题。在早期的现代哲学里，比如笛卡儿，对理性的重视和抬高让其贬低感性，这导致了现代哲学对此的反思与批判。

笛卡儿提供了一个思辨的自然，或者说，在对于自然的思考中，思辨是最为重要的方法。

首先，他利用数学严格理性的特点，企图在一种明确的秩序中去探讨自然问题。

自然是一种教诲，同时也影响了笛卡儿的哲学思考。如果我们探索自然的概念，以及自然对于存在论的意义，那么就必须重视笛卡儿的思想。笛卡儿的自然观影响深远，不管它是错误的还是有道理的，对于当今的自然观念，它都有着极为重大的影响。那些在笛卡儿之前出现的种种命题，在笛卡儿之后仍然不停地出现。

在笛卡儿那里，他根据数学的方法来确定事物的性质。笛卡儿认为事物的基本属性是广延。什么是广延？这是一个“抽象的概念”，也是需要理性去把握的概念。至于事物中那些与感觉有关的特性，比如气味、颜色、滋味等等，这些“感性的特性”则属于第二位的，是可以通过思维去掉的。这种划分让笛卡儿用抽象的规定性否定了物质世界的感性丰富性。也就是说，在笛卡儿那里，事物被简单化了，事物与事物之间只有机械的相互作用，那些可以被感觉的特性被忽略或者删除了。通过这种抽象，自然这个丰富多彩的对象丧失了它的感性、生机乃至神秘——世界开始了祛魅。在这种数学思想指导的自然观之下，笛卡儿甚至把动物看作是机器。人稍微好点，只有身体是机器。虽然他并没有说人是机器，但这似乎隐含着一种可能。因为两者只有一步之差。笛卡儿拒绝把人看作机器，在于他想用理性的尺度，把人与自然、人与动物严格地区别开来。这种区别是一种对于严格理性的秩序的探讨。笛卡儿的科学理想是，通过数学工具有序地安置纯粹事物。一个普遍数学化的自然由此诞生，这也是笛卡儿重要的精神遗产，甚至他的上帝，也和人一样被数学化了。

当笛卡儿利用具有严格理性特点的数学来探讨自然，那么就会体现出一种科学精神。这种精神与笛卡儿之前的基督教的自然思想是有冲突的。在关于物质的思辨中，笛卡儿采用了抽象的方法，那么对于主体的认知又是如何？

第二，笛卡儿思辨的自然观可以说是一种基督教神圣自然观的变形，因为在笛卡儿那里，上帝是一切认知的最后保证。主体的认知与客体的存在，两者具有一种辩证的关系。笛卡儿将主客二分，以主体的认知为中心，从而思考客体的存在，这是对中世界神学哲学的纠正。

笛卡儿的自然是一种普遍数学化的自然。在这个自然里，世界、上帝和人都被数学化了。而对于前科学来说，这显然是用理性的偏好战胜了感性的取向。柏拉图显然是笛卡儿的前行者，在柏拉图那里，理性和感性获得了区分，甚至理性被赋予首要的地位，而感性是被贬低的。这并不是终点，被贬低的感性需要理性来阐释，感性变成一种观念的附属品。

笛卡儿属于本质上的柏拉图主义，或者，他就是这个传统中的一员。他分离理性和感性，赋予理性首要地位，贬低感性，在主体和客体二分的范围内讨论客体的存在。主体以及理性的地位被提高了，从而形成一种关于认识的哲学。

通常说中世纪神学的范式是从存在到认识，首先是上帝的存在，然后才是关于世界的知识。相反，笛卡儿主张以认识为目标的存在论，也就是从认识到存在——我思故我在。在这种存在论之下，认识主体的认识论地位就决定了认识客体的性质。这是一种巨大的改变。

在从存在到认识的过程中，存在或者上帝的性质是单一的。但是从认识到存在，认知者有可能持有不同的偏好，有的偏好感性，有的偏好理性，从而带来对于存在的不同认识。存在有两种，一种是经验的可感知的存在，一种是自在的先验的存在。当笛卡儿强调理性的时候，一切认知的对象都在理性的思辨观察之下，甚至某个物体，比如蜡，也“只有知性或精神才能领会”。笛卡儿说：“单凭我心里的判断能力我就了解我以为是由我眼睛看见的东西。”这正是一种理性对于感性的强制。

第三，理性认知的能力是笛卡儿的自然之光（the light of nature），这种“光”让自然不再神秘。

如果从哲学史的角度来看，笛卡儿关于自然（nature）的哲学思想是一种机械论的自然理论。他的自然之光主要出现在《第一哲学沉思集》和《哲学原理》中，基本的含义是“与生俱来的光明”。在笛卡儿看来，自然之光代表了人与生俱来的理性认识能力。

似乎笛卡儿哲学抛弃了古希腊哲学中强调自然内在性的目的论。所谓“自然目的论”，指的是自然界是有目的的，而生物有机体也是有目的的。这种目的论蕴含在古希腊哲学中。事实上，笛卡儿并没有拒绝目的性。在笛卡儿那里，自然的目的性被升华和转化为上帝。上帝变成了自然和运动的推动者。这是一种改造后的基督教神圣自然观。在神圣自然观中，自然被分为两个部分，一个是源生者（naturant），一是顺生者（nature），也就是，一个是自然的来源，一个是自然。在笛卡儿看来，意义藏身在自然的来源那里，而自然是一种产物，是纯粹外在的。当上帝确立之后，笛卡儿就可以借助于上帝的无限力量，否定世界的内在。上帝成为最后的保证，在理性思辨的过程中，他让人的内在性（我思）取代了上帝的内在性。

在笛卡儿那里，事物是外在的，彼此虽然联系，但它们和自然一样，都是外在部分构成的，是人所面对的纯粹的客体。笛卡儿的自然是一种外在的存在，没有指向，没有内在，需要无限的上帝赋予或者派生出某些法则，甚至可能是整个世界的法则。自然的运作只是这种法则或者规律的运作。

在笛卡儿的自然观念中，隐含的是一个毫不神秘的、充实的、没有缝隙和掩盖的存在。自然变得敞开而不会包含任何奥秘，因为依据理性，这些都可以被充分认知。自然变成了一部机器、一个产物、一个纯粹的产品、一个绝对的外在。笛卡儿强调观察，强调实证主义，这些科学的思想和他的理性至上带来了一个后果，那就是“一切都是思维，思维就是一切”。对于那些“自然概念还没有触及”的，尤其是基于思维诞生的东西，笛卡儿哲学会毫不犹豫将它们引入人工主义。

总体而言，笛卡儿的自然实际上是一种理性的构造。是理性带来了这样一个自然，一个祛魅的、纯粹的、外在自在的自然。同时，这种思想中还包含一些含混与非思辨的因素，从而开启了笛卡儿非思辨的自然。

虽然笛卡儿是一个理性主义者，但是作为近代哲学的奠基者，笛卡儿深受中世纪神学的影响，其哲学中存在着许多“非理性”“非思辨”的思想，这也呈现了笛卡儿思想的丰富性，呈现了一个“非思辨的自然”。

之所以笛卡儿哲学中存在不统一或者含混之处，也许是因为立场的变化，或者是因为笛卡儿有意无意留下了探索空间。

其一，由笛卡儿认识论所指向的，出于思维构造的自然并没有掩饰现存的真实自然，为理性认知对象与感性对象的区分带来了新的可能。

之所以说笛卡儿哲学中存在着许多“非理性”和“非思辨”的东西，实际上指的是他的思想存在着或此或彼的不统一，某些含混之处揭示了一些思想变化，甚至是一种立场上的变化。这些变化不仅仅出现在早期和后期作品的对比之中，有时候也出现在同一时期的同一作品里。作为一种启发，如果仅仅从传统的“主流”的角度去看笛卡儿，成为其哲学的辩护者，那么这种基于含混而透露出的颇具意味的自然观就很难呈现。真正的灵感在于，笛卡儿思想给出了一个关于自然的观念，即使出于理性而构造一个抽象的自然，这个自然也没有掩饰现存的自然。

在笛卡儿那里，“我特有的自然”中有一个区分。为了理解人这个身心的复合体，首先必须区分“只属于心灵”的东西和“只属于身体”的东西。对于如何认识“只属于心灵”的东西，则需要通过自然之光，它包括了思维着的东西的确定性。

自然作为一个对象，当它提供给纯粹理性认知的时候，一个新的形象出现了。自然不再是神秘的，而是可以理解的。理性的自然之光发挥了作用，它所构想的自然是清晰的。那是不是说，在笛卡儿那里，一个通过理性认知的自然完全取代甚至掩盖了真实的自然？或者说，可以被感觉的自然消失了？不是的。恰恰相反的是，当笛卡儿通过可知的广延性进入可能的世界之外，一种实际上真实的世界呈现了。那个认识论所指向的，基于思维而构造的自然并没有掩饰现存的自然。一旦我们区分了理性认知的对象和感觉的对象，那么在面对现实的广延（感觉的对象）的时候，主体将看到一种完全有别于可知的广延（理性认识的对象）的关系。感官在认知的过程中没有缺席，笛卡儿也没有否认它们，由此，当我们进入一个被感官所认识的世界中时，我们的自然哲学就出现了新的可能。

是对理性对象与感性对象的区分带来了新的可能。理性思想的对象是开创性的，这与可能性相关；而感官的对象是接受性的，则与现实性联系在一起。这两种不同的对象带来了两种不同的存在论，或者是“自然”的两种不同意味。一种是客体的存在论，一种是存在者或者主体的存在论。当笛卡儿以上帝的存在作为其整个知识的保证，这就出现了一个先验的上帝观念，于是，一个对立出现了。“先验的观念性”与“经验的实在性”是对立的，而让这种对立得到统一的是精神，笛卡儿认为精神可以统一这种对立。理性所涉及的是观念与观念之间的一致，而感觉涉及的则是物质与物质之间的机械作用。笛卡儿的机械论表达了一种对于世界观念化的抵制，世界并不是纯粹观念的，在实在物的关系之中，感觉具有巨大的价值。

笛卡儿并没有停留在理性和感性的任何一端。如果从存在论的角度去探讨感性和理性的关系，两者分别位于不同的秩序之中。理性认知是对虚无的否定，世界是可知的。感性是对充实的肯定。对于“我思”来说，笛卡儿强调它与身体、物质相分离，是一种纯粹思维。对于现存的世界来说，笛卡儿则强调身体和心灵的统一，以及精神和物质的统一。

当现存的真实自然没有被掩盖，那么“我思”的主体就可以超然地面对世界，甚至是构造世界。当然，这个“我思”的主体也可以凭借感性，融入世界之中，成为有形而非虚无的存在。在笛卡儿的哲学中，自然之光与感觉，不可见者（比如上帝）与可见者（人）的关系并不是被严格限定的，而是呈现出一种富有生机的含混性。理性的秩序并没有强大到取代或者中断与理性关联的物质秩序。这不仅仅是因为感性没有被否定，更是因为一种“人为”的含混，在上帝和人都被数学化了之后，笛卡儿哲学仍然是开放的。

这种开放性正是构建“新的可能”的基础。如果要寻找一座桥梁，去连接理性思维的秩序和物质世界的秩序，那么我们一定可以找到笛卡儿的经验，是经验让两者联系起来。遵循理性的秩序无疑是优先的，但是笛卡儿同时强调应该“把一切与经验相对照”。经验如何进入笛卡儿哲学？或者经验在笛卡儿思想中是以什么形式呈现？这些都指向了隐喻，它在笛卡儿哲学中一直存在。存在着的精神性的东西通过可见的东西的象征化，让真理的火花迸发出来。

隐喻是一个思维问题，而不是语言问题。如果我们企图孤立地从笛卡儿使用的词语中找到确凿无疑的内涵，乃至理解笛卡儿的整体思想，那肯定是非常困难的。作为一种思维方式和认知手段，隐喻让概念更加深刻了。因为隐喻是从一个具体的概念域向另一个抽象的概念域进行系统性的映射，这种跨概念域的系统映射让内涵呈现出多义的景观。“风”“光明”等词语的真实内涵在笛卡儿哲学中是丰富的。

比如自然之光，这不仅是一种借助视觉（感觉）来理解的概念，眼睛固然可以看到光，更多的是一种理性的光明，是一种精神的“看”。在笛卡儿那里，隐喻又出现了一种含混，因为经验被使用了，经验变为表述的重点，这让“知性之光、自然之光”成为像是和“感性之光”一致的东西。在柏拉图那里，感性世界经过加工，变形为理性认知的世界。笛卡儿也一样，借助经验，让他的种种表述带来新的可能。

其二，笛卡儿崇尚理性，本应该排斥感性和想象，但是在其哲学文本中，又“理所当然”地借助于感性和想象，这种含混不清引来了一种对于身体经验的思考。

笛卡儿的“自然之光”有一种基本的内涵，那就是体现人的与生俱来的理性认识能力。借助自然之光，笛卡儿界定各种问题，目的是消除感性和理性之间的鸿沟。这个从柏拉图那里继承的思想，同时受到基督教的影响，并没有将鸿沟消弭。

笛卡儿的哲学思想与经院哲学和古希腊哲学都有非常紧密的关系。在西方哲学史上，“光”是一个重要的比喻，在柏拉图的《理想国》里，光是眼睛和可见事物之间的纽带，而太阳的光“使我们的视觉以最佳的方式观看，使可见之物以最佳的方式被观看”。柏拉图又把善的理念比喻成太阳，“善的光照”成为知识的原因。这种思想在中世纪经院哲学中得到了保存和发展。笛卡儿的创新之处在于，他的“自然之光”强调人的理性认识能力。即使这种能力是上帝赋予的，但是神学色彩已经淡化。

在笛卡儿所举的例子中，有一个著名的蜡的比喻。“蜡是为了证明我通过精神的目光看到了我认为用眼睛看到的东西。”“精神的目光”正是自然之光，是人的理性认识能力。这个比喻中的含混在于，蜡是真实的存在，对于笛卡儿来说，这既是一种感性的存在也是理性的存在。“看”的视觉本身属于感觉，而“精神的目光”又是抽象理性的。当被看到的蜡成为蜡，感性就被否定了，是理性的存在否定了它。笛卡儿把思维尤其是纯粹思维当作一切，这导致了一种把复杂事物简单化、抽象化的倾向。

在这个隐喻里，笛卡儿借助眼睛的“看”来说明心灵的“看”，不仅没有让感性在认识过程中缺席，还导致了笛卡儿思想的复杂化。诸如视觉、听觉等感觉，它们带来的身体经验让理性和感性统一了。而自然之光，那种偏颇的对于理性的推崇，反而无法做到这一点。也就是说，是身体经验让笛卡儿非思辨的自然呈现出来。

在探析了笛卡儿的思辨与非思辨的自然之后，我们就可以探索笛卡儿的灵魂说，尤其是面对当今这个祛魅的自然。

正是因为笛卡儿对于自然的态度具有思辨和非思辨的两种形态，这也引起了人们对于他的灵魂学说的争议。有两种几乎截然不同的看法，一种认为笛卡儿持有对于基督教辩护的灵魂说，主要体现在《第一哲学沉思集》中，其灵魂具有独立的、不朽的特性。而另一种则认为他持有一种世俗化的灵魂说，比如在《第一哲学沉思集》以外，在《论灵魂的激情》中，表述的是一种世俗的灵魂，体现人的整体性质。如果说第一个灵魂说中的灵魂是独立的实体，那么第二个灵魂说则是说明心灵和身体的相互作用。于是，问题由此而来。笛卡儿是不是真的在人生晚期的论著中，比如《论灵魂的激情》，抛弃了自己早期的思想呢？

为了回答这个问题，在此有必要做一个简单的回顾。从苏格拉底到中世纪，一个显著的传统思想认为灵魂有两个功能：一个是生命或运动的功能；另一个是意识和分辨、认识和思维。对于笛卡儿来说，灵魂淡化了其宗教意味的第一功能，就是“生命或者运动的功能”，而是发挥另一种功能，就是一个“思维着的东西”，心灵或者一种“意识”。

在《第一哲学沉思集》中，笛卡儿的科学思想得以呈现。如果主体不依赖对身体的认识而去接近心灵的现象，这样就会带来一个必然结果，那就是对身体的认识也会独立于心灵的现象。身心变成了独立的二元。在笛卡儿那里，尽管他怀疑物体的存在，但是“我思”则是确定无疑的。所以他从这个确定无疑的点出发去论证物体的存在，如果思维着的东西是物体运动的原因，那么从传统意义上说，这个东西就是“灵魂”。是灵魂的存在让物体必然存在。在《第一哲学沉思集》中，笛卡儿使用一系列的术语来称呼“思维着的东西”，有心灵、精神、理智、理性等等。值得注意的是，当笛卡儿不再用传统的“灵魂”二字来称呼“思维着的东西”，也就做出了一个界限的划分，两千多年来关于“灵魂”的传统终结了。

传统上，灵魂是生命和运动、意识和辨别乃至思维的唯一原理，也是人的存在和活动的唯一原理，但是在笛卡儿这里得到了转向。事实上，无论是后期的《论灵魂的激情》还是早期的《谈谈方法》，笛卡儿的灵魂的思想都不是一种“革命”。这个“转向”有着双重的意义，一方面是笛卡儿回应了灵魂问题的古老传统，让灵魂兼具生存和认识的两个向度；另一方面是他以灵魂为契合点，让生存真理与认知真理得到统一。也就是说，我们不能认为笛卡儿在后期抛弃了自己早期的思想，而是他不再用传统的“灵魂”来称呼“思维着的东西”，正是因此而开辟了新的灵魂观，将一种科学的思想引入灵魂的概念。

让我们从三个方面去深入理解笛卡儿的灵魂的内涵。

其一，虽然笛卡儿使用了经院哲学的术语，但本质上其哲学是一种实践的智慧，或者说是实践本身，这让其灵魂的内涵不同于经院哲学。作为那个时代思想者的一员，笛卡儿深受经院哲学的影响，并且不得不发表“护教”的言论。他试图确立或者重申灵魂的不朽，至少在他那里，灵魂是一个单独存在的实体。似乎这样的论述可以让他得到教会的赦免甚至保护，但事实上，他的论证因此而隐藏了众多困难。为了“护教”，他不得不大量使用经院哲学术语，由此造成的困难是表述后意图的模糊。人们的普遍误解是：笛卡儿希望建立一个关于实体的思辨的形而上学，这和传统的经院哲学目标毫无二致。事实上，这种形而上学的思辨特性与笛卡儿哲学的目标截然对立。笛卡儿重视实践，甚至他的思考就是实践本身。由此，笛卡儿的灵魂说更多的是支持其科学的思想，乃至成为其科学实践的理论来源。

其二，在传统哲学中，灵魂负责运动，这是笛卡儿所反对的。笛卡儿之所以否认灵魂负责运动，是因为这个观点会损害科学的完整性。如果灵魂作为“自发运动”的原理出现，那么人们就不得不接受类似这样的解释，物体的运动是由心灵推动的。这种主观唯心的论述会伤害新科学。当灵魂只是一个实体，这个实体不再负责运动，那么对于物理学现象及其阐释的损害就没有了。可以说，基于一种关于身体的科学需要，笛卡儿确定了这样一种灵魂观，灵魂就是心灵，心灵可以产生内在的经验和自由意志。笛卡儿说：“因为，如果我们怀疑我们内在感知到的东西，怀疑我们通过经验而认识到的内在于我们自身的东西，那我们就做错了。”这种内在的经验是不可怀疑的，如果怀疑，那就会带来一种不良的后果，就不能与上帝的全能一致，或者导致理解的困境，“因为我们并不理解自己明知其性质不可理解的另一种事物”。

其三，在笛卡儿关于灵魂独立存在的论述中，我们可以重新理解心灵和身体的关系。

在《第一哲学沉思集》中，笛卡儿说：“而且，虽然也许（或者不如说确实，像我将要说的那样）我有一个身体，我和它非常紧密地结合在一起，但因为一方面我对我自己有一个清楚和分明的观念，即我只是一个思维着的东西而没有广延，而另一方面，我对于身体有一个分明的观念，即它只是一个有广延的东西而不能思维，所以肯定的是，这个我，也就是说我之所以是我的那个灵魂，完全地、真正地与我的身体相分别，而且可以没有身体而存在。”

灵魂是独立存在的，在这段话里，笛卡儿第一次断言。如果对这个断言进行分析，则包括以下两个部分，一个是关于身体的观念——身体的观念是分明的，那就是身体有广延但不能思维。另一个是关于“我”自己的观念——我的观念也是清楚而分明的，那就是“我”是思维着的实体，但没有广延。这两个观念是否得到了明确的论证呢？没有，至少到目前为止没有。笛卡儿说，哪怕说身体和灵魂的观念都是“分明的”，但是困难仍然存在，因为它们都是分开领会的，而且是独立存在的事物。那什么可以让“我”理解这两个已经“分明的”实体？这里需要借助什么创造性的力量？笛卡儿指出，那就是上帝。

三、灵魂、身体与上帝

在笛卡儿哲学中，“身心二元论”或者“心物二元论”具有重要的地位。灵魂和身体被看作是两个根本不同的实体，由此也带来众多思想的分歧和争议。在笛卡儿那里，灵魂或者心灵的本质是思维，没有广延；而肉体是有广延的，但不能思维。根据这种“身心二元”的思想，性质完全不同的灵魂与肉体自然是可以相互分离的。肉体最终会毁灭，但灵魂不会。在笛卡儿“灵魂不灭”的论题中，灵魂可以与肉体分离开来。这种分离带来了分裂的结果，受到了包括康德等人的批评，因为那个不灭的灵魂并非经验的实在，而是一种超验或者先验的实在。

为了探索笛卡儿思想中的“灵魂”概念，我们应首先了解笛卡儿哲学中的三大实体。在《第一哲学沉思集》中，笛卡儿完成了对于上帝存在的论证。由此，他的三大实体观就形成了。这三大实体是：自我（心灵）、物体（客观物质世界）与上帝。这三大实体并不是平行的，在笛卡儿看来，上帝是最高的实体，而其他两个实体都必须依赖上帝而存在。心灵和物体两种实体，它们是相互独立的。在属性方面，心灵的根本属性是思维；物体的根本属性是广延。有广延的物体不能思维，能思维的心灵没有广延。物体和心灵如同对抗的两个方面，泾渭分明。

在讨论三大实体的关系时，需要对西方哲学的传统进行回顾。在早期的古希腊哲学中，即使没有上帝，身心关系已经是一个基本的哲学问题。关于灵魂，我们前文已经有详细的介绍，从苏格拉底到亚里士多德，他们在思考身心关系这个命题的时候，视角是不同的。

在柏拉图那里，身体对于灵魂具有一种承载的作用。基于身体之上的灵魂，人可以区分理性世界和感性世界。相应的，理性世界的延伸就是灵魂，而感性世界的延伸就是身体。柏拉图的灵魂和身体是一种理性和激情的关系。柏拉图贬低身体，又把灵魂放在高高在上的地位。肉体是世俗的，这种特性让肉体不具有包含神性的部分，所以肉体最终要走向死亡的结局。那么灵魂就一定是完美的吗？柏拉图并不这样认为。

在《国家篇》中，柏拉图将灵魂分成三个部分，它包括了理性、激情、欲念。这三个部分与肉体的关系是不同的，其中激情和欲念是与肉体关系最为紧密的部分。这三个部分中，理性最为高贵，展示出灵魂光彩中神圣的部分，而后者则相对卑劣，甚至会带来放任的不良后果。灵魂的好坏关系到超脱今生的永存和生命的终极意义。在柏拉图那里，身体和灵魂在一个等级之中，道德是判断善恶的核心要素。

到了中世纪，奥古斯丁持有不同的观点，他更加贬低身体的地位，甚至认为身体是“灵魂”的坟墓。在肉体灭亡之后，灵魂才能回到天国，获得真正的知识。

笛卡儿的“身”“心”“上帝”都是独立的实体，其中的“灵魂”是整体性的、不可切分的。笛卡儿的论证从普遍怀疑开始，这种怀疑可以是世界上的任何事物，甚至上帝。在普遍怀疑中，有一种东西是不能怀疑的，那就是正在怀疑的“我”，这个“我思”的“我”是不能怀疑的，是一定存在的。

身体和心灵在笛卡儿那里是二元的，这就带来认识论上的新变化，出现了物质实体（包括身体）和精神实体（包括心灵）两种观念。广延性指的是一种可以占用空间的特性，这是物质实体的本性。人的身体是物质的，所以必然处在一定的时间和空间之中。思维作为精神实体的本质，又是具有能动性的，笛卡儿并没有否认感性。在笛卡儿哲学中，物质和精神就分属于两个不同的领域，世界也由此划分为物质世界和精神世界。

笛卡儿的核心命题是“我思故我在”，为了证明这个命题，他论证了“上帝存在”。基于信仰，他把上帝看得更重，这就让康德对他的思想进行了批判。在康德看来，笛卡儿的命题属于“先验实在论”，因为上帝是一个先于经验的观念。这在笛卡儿的论述中就有表现。笛卡儿宣称：“实际上，神的观念和灵魂观念在感官中是根本没有的。”由此可见，笛卡儿的上帝并不是“经验”的，而是“观念”的。

如果笛卡儿的论证是完全成立的，灵魂和肉体是完全独立的实体，那么二者自然是可以相互分离的。相对于那个正在思考的“我”来说，这两者又是不平等的。笛卡儿遵循柏拉图的理论，对肉体持一种贬低的态度。在他看来，灵魂才是自我的本质，而肉体只是一种载体而已。肉体终究会毁灭，但是灵魂是不灭的。

在笛卡儿“灵魂不灭”论题中，那种从肉体中分离灵魂的情况太过于神秘，是不可能被经验的。所以，“灵魂不灭”和上帝存在一样，都属于超验或先验的命题。

关于“灵魂不灭”这个命题，笛卡儿如是说：“我们只能把一切形体理解为可分的；与此相反，人的心灵只能理解为不可分的；因为事实上我们并不能理解任何灵魂的一半，却可以理解任何一个再小不过的形体的一半，所以我只能承认它们的本性不仅不同，甚至多半是相反的。……一般来说，所有的本体，即一切不经神创造就不能存在的东西，是凭它们的本性不会朽坏的，而且它们不能不再是（它们不能停止存在——引者），除非神亲自撤回对它们的维持，让它们化为乌有；……由此可见，人的形体很容易消灭，人的心灵是凭着它的本性不会死的。”简单地说，笛卡儿为了论证“灵魂不灭”，提出了两个重要的论据，一个是灵魂不可分，只能以整体的形式出现；另一个是灵魂是由上帝创造的。

如果灵魂是由上帝创造的，那么灵魂对应的自我也离不开上帝的创造。这似乎又回到中世纪的经院哲学中，笛卡儿的思想和经院哲学是本质不同的。于是，为了做一个区别，笛卡儿把上帝创造的单纯的作为思维的灵魂称为“心灵”，这个心灵有别于那个传统上的寄于肉体中的灵魂。笛卡儿说：“那有思想直接寄托于其中的本体，就叫心灵。我在这里宁愿叫它心灵，而不想叫它灵魂，因为灵魂这个名称有歧义，而且常常用来指一个有形体的东西。”

笛卡儿的心灵概念不同于中世纪经院哲学的灵魂概念。在对灵魂概念进行新的拓展之后，他又将它与人生的不同时期联系起来。他认为如果想要完美地掌握理性，就需要明白我们不是“一生下来就能完全运用理性”的，这是一个基本的事实，也是一个约束条件。人的成长过程具有一定的独特性，所以对于人灵魂的探讨也要追溯到幼儿时期。在《哲学原理》中，笛卡儿解释说：“我们犯错的主要原因，就在于我们儿童时所持的偏见。”在那个时期，儿童还不会把自己的感觉与“自身以外存在的任何事物”联系起来，自我的概念也没有完善，这样，他们就不会思考关于“存在的论题”。对于儿童来说，一切行为都是不假思虑的，受到感觉支配的。身体就是一个具体的感受器，“身体受了伤，便感到痛苦；身体得到了某些好处，便感到快乐”。儿童面对不同的感觉和刺激，比如经历看、听、闻等五种感觉，他们会把感觉等于对外部事物的认识。如同笛卡儿所说的：“这些感官实际上代表的只是存在于我们内心的东西。”基于理性思考能力的欠缺，儿童还不能把“心灵”与“体积、形状、运动等等”抽象的概念区分开来。伴随着成长，这个“理性”的心灵继续成长。

当儿童的身体获得自主运动的能力之后，其感知世界的方法就增多了，范围也变大了。一旦儿童可以把自己的感觉与身体外部的事物关联起来，他就具有充分的空间感，可以直观地理解“广延”这个命题，从而接受“存在”的论题。

对于理性的心灵或者灵魂，笛卡儿认为“存在”的论题非常重要。对于儿童来说，他们把自己所有的感觉与那些与之对应的事物关联起来，往往是不加区分的。也就是说，儿童很难区分对事物的感觉（这是作为第一手的认知来源）和理性思考的纯粹思维的心灵。原因很多，一方面是儿童的理性思维并不成熟；另一方面是他们更多地依赖情绪的引导，比如痛苦与快乐。在情绪的引导下，印象就很重要。笛卡儿认为，“各个物体的实在性之或多或少，视它们对身体所产生的印象之强弱而定”，这正是儿童做出判断的特点。

儿童之所以会有各种关于自然世界的错误观点，那是因为自然世界的真相需要理性来把握，而体积、形状和广延等等对于事物的描述，不是天生就可以掌握的，而是需要理性思维的练习。通过练习和成长，儿童最终可以理解“存在”的命题。

与物质世界不同的是，人的心灵是不可分的，因为任何灵魂的一半都难以理解，但是理解物体分为若干部分却相当容易。既然笛卡儿认为心灵是神创的，那么心灵就会不朽。人的形体具有物体的属性，这会导致其最终消灭；而人的心灵本性是神创的，就不会死去。

心灵不是肉体，心灵是不会死去的，通过论证，笛卡儿最终走向了一种肯定，那就是排除一切怀疑，获得一个确信的哲学基础。笛卡儿绝对地相信三大实体的存在，心灵（自我）、物质和上帝的存在。其中心灵是“思维着的东西”，物质是有广延、有维度的东西，上帝是前述两者的保证。这个时候，问题出现了，对于一个有心灵也有身体的正常人来说，这两个独立的二元是如何相互联系的呢？

这里隐含了一种分裂。如果自然中有两种不同种类的实体，而且其属性完全不同，那么分裂就是显而易见的。笛卡儿对于实体的定义本身就强化了这种分裂。他把实体称为“一个除了自身存在之外什么也不需要的存在之物”，也就是说，每个实体都是完全独立于另一个实体的。于是，思维和广延不同，精神和物质不同，心灵和身体不同，这种分裂带来了明显的好处和坏处。好处在于，神学和科学形成分野。原来囚禁人思想的神权被框定在“心灵”这一实体范畴之内，这样科学就可以专心地研究外部实体。甚至，生理学、生物学等等科学都可以发展，因为肉体是独立的，它不涉及心灵。当神学和科学分离，似乎它们之间就不必有什么冲突了。在科学那里，人类对于物理、化学乃至自然的研究将不再受到来自心灵的干扰，物质规律因此被大量总结出来。

但是，这种分裂也带来了一个巨大的问题。它的缺点是，如果思维和广延是本质不同的两个属性，那么作为又能思维又具有肉体的生命之物，到底是怎样统一的呢？

笛卡儿推论道，生命体比如一般的生物都具有广延性，所以它们就是物质世界的一部分。生命体可以借助数学规律来认识，而支配生命体的秩序和支配其他物质的秩序是一样的。比如说动物，笛卡儿认为“动物是机器”。

如果“动物是机器”，那么动物就是不能思维的。笛卡儿说：“我们从幼年时代保留下来的一切成见中最大的成见就是相信兽类能思维。”那么，如何解释动物会做出类似人的行为呢？笛卡儿认为，我们之所以认为动物可以思维，那因为动物会偶尔做出类似人类行为的动作，这让我们产生了误解。比如狗可以短时间直立行走，还会表演杂技，这些都和人的行为类似，于是人就误解为狗可以思维。事实上，狗的这些行为都不是其精神能力导致的。笛卡儿认为动物的一切活动或行为都是符合“机械论”原理的，这也是自然的一个基本特性。他说：“自然在它们中按照它们器官的特性而活动，正如一只仅仅由齿轮和钟摆组成的钟一样。”于是，动物是一种自动的机器。那么对于人来说又是怎样一种情况呢？

笛卡儿同样使用了“机械论”来解释人体的各种现象。他认为人体的活动和动物活动一样，都是符合物理学规律的。身体有很多自动的行为，比如呼吸、血液循环、消化等等，这些活动都可以还原为物理现象，用机械原理来解释。当描述身体的自然过程时，并不需要考虑其目的。这样，心灵和肉体的分裂更深刻了。因为笛卡儿持有这样的观点：宇宙中运动的总量是保持不变的，这就带来了他必然的结论——人身体的运动不可能源自人的心灵或灵魂。

因为这种明显的分裂造成很多现象无法解释，所以笛卡儿尝试统一心灵和身体。他提出了“松果腺”的说法。笛卡儿认为，“灵魂的主要原则在大脑里”，也就是在“松果腺”中。灵魂首先与“动物精气”相接触，然后通过它们与肉体互相作用。这种作用又是有限的，因为灵魂只能影响或者改变身体中部分因素和运动方向。

这种解释仍然是缺乏解释力的。如果思维和广延或心灵和身体是相互分离的实体，一方面，人的身体可以用“机械论”解释，另一方面，灵魂又通过意志活动对人的行为发生影响，这显然难以用“机械论”解释。事实上，人既能够从事纯粹的思想活动，也可以让心灵感受身体的感觉。人既可以让心灵支配身体的各种活动，又必须同意人的身体活动符合“机械”或者物理的规律。作为一种“统一”，笛卡儿引入了“松果腺”

的作用和“生命的精气”，但都不能很好地解释两者的关联。

如果两者的统一如笛卡儿的比喻一样，心灵和肉体好比领港员坐在船里，那么这种统一具有运动的意味。在经院哲学中，人作为一个统一体，其中精神是形式，而肉体是质料，两者并没有独立。而笛卡儿却以“纯粹思维”为特征来定义心灵，那么这就让身体进入一个困境——身体感觉应该属于心灵吗？笛卡儿把身体的众多经验，包括感官获得的“身体感觉”都纳入了心灵尤其是思维的范畴。

笛卡儿说“我”是“一个进行思维的东西”，这时身体是缺席的，但是奇怪的是，一切想象和感觉的东西都被包括在“思维”中了。这个“我”是一个进行怀疑、肯定、否定、理解、拒绝的东西，甚至基于心灵的独立性，可以不需要身体而感觉到一些感受，比如热、嘴唇上的羽毛等等。在领港员的比喻中，笛卡儿对自己追求二元的统一作为辩解，他说：“自然也通过痛苦、饥饿、口渴等这些感觉来教导我说，我并没有像一艘船的领港员一样住在我的身体里，相反，我是非常紧密地联系在身体上的，并且可以说，是如此地与身体混为一体，以至于我似乎是与它组成了一个整体。”但是这种统一的努力并没有成功，“松果腺”没有能够解决关于身心相互作用的技术难题。广延必有长宽高的物理属性。心灵是有广延的吗？如果有，那么心灵就不是广延；如果没有，它如何与肉体接触？

这种分裂带来了一种张力，如果无法说明心灵与肉体乃至外部世界的关系，那么知识的来源就是可疑的。心灵是如何认知世界的？这个问题的答案不能离开身体。笛卡儿并没有把身体从认知中完全剔除，感性的经验被含混地塞进了“心灵”

里，虽然这些经验的地位不高，没有“纯粹思维”重要，但是身体仍然是重要的。

笛卡儿关于灵魂的思想影响了分析哲学，在语言与世界的二分之中，隐喻了笛卡儿心灵与肉体的二分，那个“心灵如何认知世界”的疑问又来了。似乎经验主义给了一个好的回答，可以统一心灵和肉体的二元，经验是知识前提，反思经验就可以带来确信的知识。但是，心灵该如何接纳经验？心灵在何种程度上接纳经验？于是，笛卡儿的“灵魂”依然是当代哲学的重要命题，由此而开创的心灵哲学与知识论之间也呈现出交叉融合的趋势。

第五讲 我之迷思

我是谁？我从哪里来？我要到哪里去？这个由柏拉图提出的哲学命题，其中的“我”是一个指向内在心灵的焦点。人们不禁追问，如何理解“我”？在哲学的语境中，我就是自我。伴随着近代的思想启蒙运动，自我成为思想家们关注的重点。在笛卡儿那里，自我成为思考的起点。如果厘清了关于自我的观念，就可以理解笛卡儿的名言“我思故我在”。同时，我思又存在一个悖论，当“我思”内在地包含了“我在”，于是就有了两个“我”，一个思维的我和一个现象的我。笛卡儿探索心灵的方式不同于形而上学的证明或规定，他开辟了一条精神现象学的新路径。

一、自我的观念

笛卡儿用第一人称的口吻展开哲学论述，在他的《第一哲学沉思集》中，“我”反复出现。笛卡儿的“我”指什么？如果指的是那位生活在17世纪的哲学家，那个法国人，他与我们如此不同——不管是生活的年代还是生活的经历，或者操持的语言，甚至身体的形态也是有差异的。这难道不应该让人感到迷惑吗？笛卡儿的“我”到底怎样变成了能被我们理解的“我”，并且借助语言，变成一座可以让读者理解作者的桥梁？

为了回答，我们的解析需要回到原著。在那里，有三种内涵不同的“自我”值得关注。在笛卡儿的《第一哲学沉思集》中，因为语境和意义不同，他所使用的“自我”概念具有不同的内涵。在这里，我们作出区分，也是为更好地理解笛卡儿哲学做好准备。这三种内涵分别是：“我”作为笛卡儿自我的指称，“我”作为哲学意义上的心灵，还有那个作为身体或者身心合成物的“我”。

首先需要注意的是，那种在日常生活口语中使用的“我”与哲学思辨中的“我”是不同的。如果“我”是一个日常意义上的指称，它就是一个代词，通常会作为主语，用来引出某种意愿。在这种情况下，“我”就是指个人，就是说话者。甚至在表达某种经验的时候，比如“我感觉”“我想”等等，这都不能让说话者离开日常生活这个场域，进入更抽象的思辨世界。“我”在经验世界里是具象的，是不言而喻的一个人，那个说话者。但是在抽象的概念里，或者在笛卡儿的《第一哲学沉思集》中，那个“我”还是一个日常意义上的“我”吗？或者说，笛卡儿哲学中的“自我”就是指笛卡儿本人吗？显然不是的。

让我们在笛卡儿的著作中进行探索。显然，《第一哲学沉思集》不是一本提供个人体验的文学作品，也不是一个将日常对话记录下来的录音文字稿，它从一开始就提出了怀疑，而怀疑的对象正是感觉——那些在日常生活中与“我”关系最紧密的东西。通过怀疑，“我”作为一个哲学概念被抽象出来，内涵得到了拓展，与经验世界产生了质的不同。

笛卡儿的“我”至少指向了三种不同的对象。第一是自己的灵魂，或者说是自己的心灵。第二是自己的身体，那个可以产生感觉的身体。第三是自己的心灵与身体的合成物。因为笛卡儿在著作中更多地谈到了自己的心灵，所以他就使用了一个名词化的“我”来指称这个心灵——我们称之为“自我”。

对于第一个对象，在笛卡儿那里，灵魂就是心灵。在心灵之中，自我只能被纯粹的思维所认识，连感觉都被排除了——因为感觉经过怀疑，已经被认为是不牢靠的。

对于第二个对象，作为身体的“我”如何被认知？在哲学家笛卡儿看来，身体包括了广延性、形状、运动，它也是可以被纯粹的思维所认识的。人们在认识物质的时候，只要物质有广延性、形状、运动，就会因想象力的支持而产生图像，这种图像在每个人的思维中会有不同的反映，从而带来对于其理解的不同。比如蜡，即使每个人都知道那是什么，但不同的人描述的结果是有差异的。同样地，对于指称身体的“我”，每个人的理解也会不同。这种理解的不同让物质属性的身体变得不确切了。

而对于第三个对象，那个身体与心灵的合成物，在笛卡儿看来，它既不能被纯粹的思维明确理解，也不能被想象力支持的思维明确理解。所谓“纯粹思维”，就是一种产生抽象认识的思维。在笛卡儿看来，既然感觉是一种不牢靠的东西，那么显然，超越感觉的“纯粹思维”更加可信。笛卡儿的追随者对于感觉做出了更深入的思考：基于感觉的感性认识并不是思维以外的东西，也不是和思维完全不同的东西，它们本身就是一种思维。只不过，感性认识并不纯粹。同样地，空间和时间也不是先天就存在于人的意识中的，而是人们经过后天理性思考，利用纯粹思维而获得的认知。

身体是产生感觉的地方。虽然身体包括了广延性、形状、运动等等，甚至它可以被“纯粹思维”所认识，但因为身体产生的感性认识不如“纯粹思维”可靠，那么身体自然不能成为一个可靠的起点来展开笛卡儿的哲学思考。在笛卡儿那里，心灵也是一个实体。当一个事物——我——由两个实体合成，而这两个实体的性质又是完全不同的，那么这个事物就很难理解。就好像在数学中，2永远不能等于1，所以身体与心灵合成之后的实体需要分别去认识。

对于那些不具有哲学思维或者未受训练的人来说，身体和心灵显然是一个无法分解的合成物。这不难理解，在日常的口语中，我既可以指自己的身体——我疼，我累；也可以指自己的心灵——我思考，我学习。这种含混让人们无法理解“纯粹思维”，遑论理解心灵的概念。而在笛卡儿那里，“我”就是一个心灵的实体。

可以说，作为笛卡儿自我指称的“我”是一个语法意义的代词，为了沉思者叙述和论证的需要而设立，作为哲学意义上的心灵的“我”才是我们需要认真探索的，虽然那个身心合成物的“我”也是实体，但理解起来却并不容易。

“自我”作为心灵的实体，让我们可以明确而清晰地把我们自己理解为一个物体，而这个物体与我们的身体不同。同样，自我可以被明确而清晰地理解为一个思想，而这个思想与某个时刻实际的思想不同。

自我的性质就是思想。自我的其他所有的性质都以“思想”这个特别的性质作为前提。试想，一个不会思想的物体可以是“我”吗？或者，人可以在失去思想之后继续被称为人吗？帕斯卡尔说，人是一棵会思想的芦苇。一旦思想成为“自我”的最重要属性，那么“纯粹思维”就可以把“我”从庸常世俗的生活中抽象出来，变成一个确切的、可以被理性充分把握的对象。那么笛卡儿是怎样论述“我”这个对象的呢？

笛卡儿回答说：“我是一个实体。”然而，什么是实体？

实体是一个先验的概念。在哲学中，先验是与经验相对应的，是先于经验的一种认知，也是构成经验不可或缺的要素。在笛卡儿看来，只要是实体，就必然具有属性或者性质。反过来看，如果属性或者性质可以被清晰地描述出来，那么其对应的实体就一定可以找到。但是，实体是一个抽象的概念，正是因为这种抽象，让实体的存在不能被感觉到。换句话说，实体存在本身并不能刺激我们，只有它的属性或者性质，诸如广延性、形状、颜色等等可以刺激我们，引起我们的注意。我们只有借助实体本身的属性或者性质，通过“纯粹思维”去推断，才能抓住它的存在。

比如蜡。蜡是一个物质实体，具有广延性、形状、颜色等等。我们即使通过触摸、观看，感觉到了蜡的性质，如果不经过“纯粹思维”的推断，仅凭一堆感觉的素材——光滑、重量等等，我们还是无法证明它的存在。如果利用“蜡”这种物质的属性或者性质，经过“纯粹思维”的推断，则可以证明它的存在。即使实体发生了变化，比如“蜡”经过燃烧体积变小，只要它的属性或者性质不变，蜡还是蜡，实体仍然不变。

对于感觉的可靠性怀疑越深，越是需要纯粹思维。借助纯粹思维，笛卡儿创作了两种实体，一个是心灵的，一个是物质的。作为心灵的实体，其最显著的属性就是思想。而对于物质实体，比如蜡等物质，其最显著的属性就是广延性。

那么“我”是一个物质实体吗？或者说，“我”是一个思考着的物体吗？笛卡儿否定了这个观点。自我是非常纯粹的，不能作为一个混合体来理解。如果一个人把自己看作是一个思考着的物体，那么，这个物体一定混合了物质和思想两种完全不同性质的东西。对于物质来说，物体显然具有一种可以分解的特征——当我们从某个物质性的物体上去掉一部分，它的形状就会改变，从而变成另外一样东西。但是对于那个身体和思想的合成物，即使我去掉思想，比如暂时地停止思考，我还是我，不会变成完全不同的另一种东西。

这种同一性对于确信性来说很重要。为了寻找那个确切的起点，笛卡儿认为，单个的物质并不是实体，物质性的物体只有经过抽象，作为种类的时候才是实体。实际上，根据物质实体的本质特性，只有作为整体的具有广延性的物体才是不可毁灭的。对于单个的物体来说，那都是可以毁灭的。自我是可以毁灭的吗？显然不能。即使单个的人，比如笛卡儿已经去世了，物质的身体也消失了，但“自我”作为一种延续的实体，仍然存在。

在否定了作为“物质实体”的“我”之后，对于那个“我思”的自我来说，它一定就是心灵性的实体，因为思想是其最显著的属性。当“我”观察和思考自身，一方面，自我是一个正在进行理解的自我；一方面，在没有图像化的想象、没有感觉支持的情况下，我仍然能够确定自我的本质。这在笛卡儿看来，纯粹思维具有这种能力。那么，感觉能力和想象能力对于自我而言，是不是一种本质的属性呢？或者说，如果离开了感觉和想象，自我还是不是自我呢？在笛卡儿思想的后期，比如在1641年写给梅塞的信里，他就指出思维能力的重要性。无论要理解什么，都必须存在一种理解的能力。思维能力（facultas intelligendi）是这样一种能力——即使没有图像化的想象力，没有感觉的支持，仍然可以准确地确定自我的本质。

笛卡儿说：“我们可以在图像化的想象力和感官知觉缺失的状态下理解思想着的物体。”也就是说，思想的概念并不蕴含图像化的想象力或者感官知觉的概念。

当图像化的想象力和感官知觉被从纯粹思维中驱逐出去，关于自我的本质就是一个进行理性思维的理解的实体。理性思维是这样一种能力，它仅仅用来观察观念。之所以我们说“自我是一个正在思想的实体”，因为思想本身就是对观念进行的观察。这个观察的主体是“我”，客体是观念。在纯粹思维中，其他的思想状态都可以缺失，唯独观察观念的这个思想不能缺失。自我就是这样一个实体，一个心灵的实体。

在笛卡儿那里，“我”是这样一个存在物，除了上帝之外，不需要任何其他的物体来保证它的存在。当沉思者用纯粹思维去思考这个“我”的时候，其实面对的是关于自我的观念。笛卡儿的自我有两个观念，自我本质上是一个进行理解的实体，这是笛卡儿的观点。这种理解，依赖于那种观察观念的能力。一方面，有一个严格意义上的纯粹心灵性的自我观念；另一方面，还有一个人格化的关于自我的观念。对于后者，人格化的自我包含了一个心灵和一个身体。笛卡儿在他的“第六沉思”中承认了这样一个人格化的自我观念，他解释道：“因为我是由身体和心灵合成的。”

这两种自我的观念显然是不同的。每个心灵都是实体，这些差异化的实体因为某些特定的思想事件而呈现出个体化。如果我们仅仅面对一个心灵，如何通过一个观念来把握所有个体化的差异呢？当一个思考着的实体，随着时间的流逝，其状态不断地变化着，那么一个观念怎样才能反映这个实体保持不变的成分呢？在笛卡儿看来，心灵性的自我必须是这样一个观念，它能够反映心灵在一个时间点上具有的所有的观念，包括反映它自身的观念。

如果我们希望以自我的观念为基础，从上面找到一个个体化的、独一无二的自我，比如特定的读者本人，那么“我思”就是一个非常好的选择，因为它可以在当下就把特定的人从所有人里区别出来。遗憾的是，这个“我思”反映的那个“自我”是非常非常贫乏的——因为这个独一无二的自我只有一个观念——我思。

只有基于同一的实体才能理解真正的自我。让我们尝试用纯粹的思维来展开对于自我的探索。当我思考我在思考，并且推出“我”就是那个正在思考的物体的时候，我就具有了一个关于我自己的观念。在这个观念中，我可以专注于考察一个思考着的物体，并不注意我就是这个物体这一事实。这样一来，我在想象一个思考着的人的时候，具有的观念就不仅仅可以表现我自己，它也可以表现其他思考着的人。这样，我们可以依靠纯粹心灵性的自我来交流沟通——这个自我具有同一性。

笛卡儿在他的《哲学原理》第六十二节写道：“同一个实体的两个属性之间存在理性上的区别，该实体在其中任意一个属性缺失的情况下都不能被理解。这种区别在于，当我们将两个属性分隔开来的时候，我们不能具有关于其中任意一个属性的明确的观念。”心灵正是这样一个实体，它具有两个属性，一个是思考，一个是作为我自己。那么在关于自我的观念中，心灵的这两个属性该如何理解？一个来自幼小儿童的例子可以说明，他并不是对自身（作为我自己的属性）没有认识，而是不能对自身进行思考。

自我在笛卡儿哲学中，是从个人的、单独的自我出发，经过一般化和抽象化，形成关于自我的观念。那个思想处于变化之中，本质上又是某种个体的，独一无二的自我，并不是笛卡儿的关于自我的观念。因为这种自我的观念即使加上了想象力的辅助，也不能被思维清晰地观察——每个人都觉得自己是独一无二的。如果观念的同一性因为个体的不同而四分五裂，那么这个观念就不是笛卡儿哲学所阐述的。事实上，关于自我的观念不涉及每个心灵的个体性——因为心灵是同一的。

如果从这个观念出发，那么我们并没有什么不同，并且可以凭借语言，真正地相互理解。

二、我思故我是

从哲学史来看，笛卡儿最重要的贡献之一就是把“思”的概念引入哲学。“思”开辟了认识论，同时对后来的认知科学造成巨大影响。而他的名言“Cogito，ergo sum”正是我们要讨论的。这句拉丁文的英译是“I think，therefore I am”，而汉译一般是“我思故我在”。对于英文翻译来说，这是一句公认的正确翻译，但是对于汉译，则有不少争议。如果按照直译，原文应该翻译为“我思故我是”，但是，现在通行的翻译是“我思故我在”。那么，这是不是一种错误的翻译呢？

为了回答这个问题，我们可以找到两种不同的解读路径。一条是解读“是”的含义，另一条则是解读“存在”的含义。

“是”的内涵是理解笛卡儿哲学核心命题的关键。正如前面探讨，笛卡儿从怀疑出发，最终找到了一个不能怀疑的东西，那就是正在思考的我，由此得出“我思故我是”的哲学第一原理。后人对于这条原理的解读，更多的是从“思”出发，视之为笛卡儿的最大贡献。然而，“思”固然重要，“是”同样重要。笛卡儿的《第一哲学沉思集》第二章主要探讨了“我是什么”的问题。有两段话值得关注。第一段话如下：

“可是我怎么知道除了我刚才断定为不可靠的那些东西而外，还有不能丝毫怀疑的什么别的东西呢……难道我不是什么东西吗？可是我已经否认了我有感官和身体……难道我就是那么非依靠身体和感官不可，没有它们就不行吗？可是我曾说服我自己相信世界上什么都没有，没有天，没有地，没有精神，也没有物体。难道我不是也曾说服我相信连我也不存在吗？绝不是这样。当我谈论这些事情的时候，我是可靠的。可是有一个我不知道是什么的非常强大的、非常狡猾的骗子，他总是用尽一切伎俩来骗我。因此，如果他骗我，那么毫无疑问我是；而且他想怎么骗我就怎么骗我，只要我思考我是某种东西，他就绝不会使我什么都不是。所以，在对上面这些很好地加以思考，同时对一切事物仔细地加以检查之后，最后必须作出这样的结论，而且必须把它当作确定无疑的，即我是（ego sum），我存在（ego existo），这个我常常说出或在心里想到的命题必然是真的。”

在这段话里，第一个重要的句子“难道我不是什么东西吗”，这显然是笛卡儿从怀疑出发，通过反问的形式，提出了一个能够得到肯定回答的问题。当然，这个问题的答案还不是非常确定，于是笛卡儿继续论证这个问题。在第二个值得关注的句子里，“只要我思考我是某种东西，他就绝不会使我什么都不是”，这就是对“难道我不是什么东西吗”的正面回答。这个回答是非常肯定的，因为即使有一个非常强大的骗子来骗我，也不能否定“我是某种东西”。对于最后的结论，也是第三个句子——“我是，我存在”，这是一个必然为真的命题，同时，它是从第二句得出来的。这里不考虑其论证的合理性，只是复述他的观点。

纵观这段引文中的三个重点句，可以看出“是”在整个论证中如同主轴一般。首先有“难道我不是什么东西吗”的发问，然后有“一定会使我是某种东西”，最后得出“我是”的结论，三者都包含了一个“是”。

从字面上看，前两句表达了“（不）是某种东西”，而最后一句则表达了一个“是”。那么问题就出现了，最后一句表达的到底是“是”还是“存在”？那么能不能说，第三句话就是前两句话的继续，同时也是前两句的抽象表达?

而这个问题的答案就在笛卡儿的著作中。引文如下：

“在我有上述这些想法之前，我先要重新考虑我以前认为我是什么……那么我以前认为我是什么呢？毫无疑问，我想过我是一个人。可是一个人是什么？我是说一个有理性的动物吗？当然不；因为在这以后，我必须追问什么是动物，什么是有理性的，这样一来我们就将要从仅仅一个问题上不知不觉地陷入无穷无尽的别的一些更困难、更麻烦的问题上去了，而我不愿意把我剩有的很少时间和闲暇浪费在纠缠这样的一些细节上。”

这一段引文回答了我们的问题。正是因为笛卡儿发现“是”会引出很多非常麻烦的问题，而这些麻烦的问题并不是笛卡儿探索的重点——“思”才是他的重点——于是他在回应“我是某种东西”的时候，直接把这一问题抽象为“我是”。

“我是”并不是终点，笛卡儿紧接着说“我存在”。因为两者并列出现在结论中，让人觉得在这里，“是”就是“存在”。这样理解对吗？应该说，这没有什么错，毕竟在当时西方的语境中，“是”常常就是“存在”。笛卡儿哲学受到中世纪神学的巨大影响，而神学家关于上帝的表述来自《圣经》。在《圣经》中，上帝告诉摩西的话“我是我之所是”，就是人们所知道的关于“上帝是”的唯一表述。在中世纪，“上帝存在”是不可怀疑的。那么笛卡儿在这里也遵循了这个传统，用“是”来表达“存在”。比如，笛卡儿在这里的“存在”是解释“是”的。作为一个例子，当我们说“某物是什么”的时候，也可以同时理解为“某物存在”。虽然“是”本身还有很多其他的含义，但是笛卡儿为了探索“思”，他并没有在此展开更多论证。

“我是，我存在”，在笛卡儿这个命题里，“存在”当然是对“是”的进一步说明和解释。即使后人把“思”作为阐释笛卡儿思想的重点，而且笛卡儿也确实强调“思”，我们也不能忽视，笛卡儿在最开始强调的是“是”。为此，我们需要对西方哲学传统中的关于“是”的思想进行探析。正如前面所讲，笛卡儿受到了中世纪神学的影响，所以他的哲学也不能离开这个背景而孤立讨论。同样地，为了理解笛卡儿的思想，我们也需要将他放入哲学史，甚至需要一点神学方面的知识去理解他所使用的概念。

亚里士多德深刻地影响了笛卡儿，而亚里士多德思想中对于“是”有专门的讨论。在著名的《形而上学》第五卷中，亚里士多德说，“是”本身是通过两种方式表达的。在第一种内，“是”被分为10种范畴。在第二种表达里，“是”表示命题的真。亚里士多德认为，本质是在“是”的第一种意义上理解的，或者说，对于范畴的理解需要借助“是”的概念。当一个事物的本质被表述出来，并不说明这个事物一定存在。表述本质与存在之间没有必然的关系。到了中世纪，情况发生了改变。因为神权的强大，上帝具有不可置疑的地位，所以来自《圣经》的“我是我之所是”被阐释为上帝的本质，也就是上帝的存在与本质是同一的。当时有一个普遍的观念，上帝的本质和上帝的存在之间没有区别。在中世纪，神学家同样受到亚里士多德哲学的影响，所以他们在阐释上帝的时候，上帝存在命题为真，上帝是与上帝存在是等同的。

一旦了解这些背景知识，我们就可以沿着对“存在”内涵的探析来理解翻译的问题。

笛卡儿提出“我是，我存在”的命题，在这里，“存在”是对“是”的进一步说明和解释。我们知道，笛卡儿哲学与中世纪神学不同，他的“是”与“存在”两者有别。那么在原著中，笛卡儿的“是”与“存在”有什么样的区别呢？是不是笛卡儿根本没有讨论过“存在”呢？不是的。至少在关于“上帝存在”的讨论中，“存在”是一个很重要的概念。

在《第一哲学沉思集》的第三章和第五章，他专门论及上帝的存在，其他各章都有提及。他认为上帝是完美的，上帝具有一切性质。存在是一种性质，所以，完美的上帝必然具有存在的性质，也就是说上帝存在。

如果根据他“我思故我是”的思想，那么“上帝存在”可以表述为“上帝是”。事实上，笛卡儿较少谈论“上帝是什么”，而是不断肯定“上帝存在”。这很容易理解，因为在那个神权依然强大的时代，“上帝是什么”对于笛卡儿并不是什么好问题，而“上帝存在”显然更为重要。同时，“上帝是”

与“上帝存在”是有区别的，对这种区别的理解需要建立在对于“本性”的理解之上。

笛卡儿有这么一段话。他说，如果“是动物”属于人的本性，那么可以断定人是动物；如果“三角之和等于两直角之和”属于三角形的本性，那么可以断定三角形是三角之和等于两直角之和。如果存在属于上帝的本性，那么就可以断定上帝存在，等等。

在笛卡儿看来，如果某一特性属于一个事物的本性，那么根据这个特性，就可以断定这个事物的归属。与“本性”相关的问题有助于让我们理解“存在”与“本质”的区别。根据他的解释，“是动物”是人的本性，因此可以断定“人是动物”；“三角之和等于两直角之和”是三角形的本性，因此可以断定“三角形是三角之和等于两直角之和的图形”；而存在是上帝的本性，因此可以断定“上帝存在”。回到关于“是”的问题上，我们可以说“人是动物”，说“三角形是三角之和等于两直角之和的图形”，但我们不能说“上帝是存在”（至少神学家不会同意）。因为上帝的本性就是存在，所以对它本性的表述就是“存在”，别无其他。

“是”不等于“存在”，至少对于三角形，对于其他非上帝的事物更是说不通的。因为单纯的一个“存在”不能说明其本质。不管是三角形，还是其他事物，它们的本性都必须通过另一种东西来说明。三角形需要三角之和等于两直角之和来说明，人需要动物来说明，只有上帝是特殊的，仅仅一个“存在”就说明了。对于其他事物，“存在”并不能表明它们的本性，但是上帝，在“存在”的同时就表明了其本性。这就不难理解，“上帝是”等于“上帝存在”。如果用“是”来表达上帝的本性，就会发现这个本性是最普遍的，也没有任何的限制。在神学家看来，这恰恰符合了上帝的性质。

以上笛卡儿对于“上帝存在”的理解受到了康德的批评。在笛卡儿之后百余年，康德对整个中世纪神学的论证方法，包括笛卡儿“上帝存在”的论证提出了批评。他认为，“每一个时代人们都在谈论那绝对必然的本质，而且人们并不努力理解是不是能够和如何能够思考这样一个事物，而是努力证明它的存在。”康德显然把矛头指向了哲学思考的方法论。接着，他又说：“尽管这样一个概念的名词解释是非常容易理解的，即它是某种这样的东西，它的不是乃是不可能的；但是通过这样的做法人们丝毫没有变得更聪明，同样看不出怎么可能把一事物的不是看作绝对不可思考的东西，而实际上人们是想知道，我们通过这个概念究竟是不是可以普遍地思考某种东西。”也就是说，哲学思考尤其是对于本质的思考，目的是获得一种可能——通过一个概念，可以普遍地思考某种东西。当我们用那种“不聪明”的方法去思考的时候，关于“是”本身的思考并没有展开，或者，那个思考的方法是错误的。

“是”在康德那里变成了这样一个问题，一个关于认识论的问题。康德曾经这样讨论“是”的问题。他说，“是（Sein）显然不是真实的谓词，即不是一个源自可以添加在一事物概念上的任何东西的概念。它仅仅是对一事物或对某种规定性本身的设定。在逻辑使用中，它不过是一个判断的系词。命题：上帝是全能的，包含两个有其对象的概念——上帝和全能；是这个说辞，并不是增添一新谓词，仅仅是把谓词特征性地设定在主词之上”。

引文中的Sein，在中文世界有人翻译为“是”，有人翻译为“存在”。本书无意在此展开，仅就康德的原意来说，这是他对笛卡儿论证所做的批评。对于一般日常的表述，比如“某某是红色的，某某是高大的”等等句子，“是”作为谓词，提供了新的信息，增加了对于主语的描述。但是对于“上帝是全能的”这个命题，“是”并不是一个为上帝概念添加新东西的概念。就此可以说，笛卡儿的“上帝存在”并非一定有利于人们“可以普遍地思考某种东西”，甚至不是一种好的哲学思考的方法论。康德并非最后一人，到了海德格尔那里，他说要回到古希腊哲学，回到对“是”本身的追问，也就是回到对“存在”的追问。

那么，对于现在通行的翻译“我思故我在”，显然并不是一种错误的翻译。在西方哲学中，“我在”就是指“人的本质存在”。英文翻译中的“I think，therefore I am”中的“am”作为系动词就是指是本体论意义上的“是”或“本质”，而“I am”则是指人的“是”或人的“本质”；若翻译成“我在”则指人的“本真存在”或“本质存在”。

当然，我们探索笛卡儿的“是”与“存在”，并不是认同他关于“上帝存在”的论证，而是通过找到两者的区别，从而问答那个问题：“我思故我是”为什么被翻译成了“我思故我在”。

三、我思故我在

在解决了“我思故我是”的疑问之后，让我们探索“我思故我在”——这个笛卡儿哲学的核心命题。同时，这也是笛卡儿为人类做出的伟大贡献。

整体而论，“我思故我在”是笛卡儿哲学的第一原则，是他全部哲学的出发点。笛卡儿不仅仅在他自己的众多著作中谈及这个命题，而且做了深入的研究和探讨。比较知名的著作包括《第一哲学沉思集》《论世界》《哲学原理》等，都有他对于这个命题的解释。

在笛卡儿看来，“我思故我在”，这个命题可以分为两个层次。第一个层次是“我思”，第二个层次是“我在”。如果更详细地划分，那么“我思”又分为两个部分，一个是“我”，另一个是“思”。这些层次里的每个部分都需要解释。

“我思”与“我在”是紧密相连的。这里首先解释“我”。

在常人的思维或者口语中，我就是一个代词，指的是自己。但笛卡儿认为，“我”有两个方面的含义。一方面，我是一个物质的实体，有血有肉，或者说，作为身体的我属于物质层面。另一方面，我是精神的实体，可以被理解为灵魂、思想、思维、意识等等，这个是心灵层面。关于实体，我们已经有所讨论，那是一个抽象的哲学观念。当“我”作为一个精神实体的时候，具有思维的特性，这让“我”得以存在。而物质的实体，或者身体，与心灵有着完全不同的性质。

对于“我思”中的“思”，其内涵非常丰富。通过对笛卡儿众多哲学著作的考察，“思”有思考、思想、思维的多重意思。通俗地说，“思”是一种思维和意识活动。笛卡儿讲到的“纯粹的思维”，就是一种思。思是理性的，也是那个时代进步的力量。正是“思”的推动，让笛卡儿在“普遍怀疑”之后，通过证明“上帝存在”，继而论证了“我思故我在”。

以上是第一层次的简单解释。对于第一和第二层次之间的“故”，并不是一个简单的因果推理。有的人把“故”理解为一个连词，让“我思”和“我在”两个独立的部分之间具有了某种因果关系。如果更深入地讲，“故”是推理和推论，是得出“我在”的重要条件。在笛卡儿的著作《谈谈方法》中，他讲到“故”也可以理解为“直觉”和“推理”。

如果我们把“我思”理解为人的“思维规定性”，把“我在”理解为“人的本质”，那么作为连接“我思”和“我在”的“therefore”或者“故”，它的含义就非常清楚了。笛卡儿用“故”要表达的是一种确定的、必然的逻辑顺序。也就是说，“我思”决定“我在”，不能相反。笛卡儿用“故”的真正目的在于凸显“我思”的绝对主体地位。

“我思”具有第一性的原则，是认识一切存在的逻辑前提。“我思”是人的本质。基于笛卡儿对于理性的重视，“我思故我在”强调了人的理性思维具有崇高的价值，对于那个时代的大众走出神权的蒙昧具有非凡的意义。

对于第二个层次中的“我在”，正如我们在“我思故我是”中探索过的，那个“在”是存在。笛卡儿的“我在”是一个心灵的观念。因为“我”实际上是一个心灵的自我，是一个脱离了肉体的“纯粹思想”“一个观念”，所以“我在”在笛卡儿的命题中指的是精神主体的思想、怀疑、智能、感觉、意识等精神实体的存在。

以上就是对于笛卡儿“我思故我在”命题的通俗概说。这个命题非常知名，其意义也相当重大。可以说，笛卡儿的“我思故我在”完成了一个重要转折，这个命题让西方哲学的演进回到它坚实的基础上，从而开启了近代历程。这个伟大的命题正是从怀疑而来。至少有两个重要的命题因为怀疑而清晰地呈现出来，一个是“思”，一个是“在”。

虽然我们已经讨论过怀疑，但是仍有一个精彩的跨越需要我们去欣赏——笛卡儿是怎样从日常生活的世界和经验，通过怀疑，进入一个超验的世界？宗教因素在这里是不是一种帮助呢？

关于笛卡儿的彻底怀疑，如果我们回到他的《第一哲学沉思集》，可以找到那个著名的“恶魔假设”。在这个假设里，笛卡儿对感觉和观念都进行了怀疑，他认为这些背后可能是一个恶魔或者精灵在操弄。如果我们的感觉和观念的运作方式都是别的某物设定的，如果这个某物是恶意的，那么我们就只是他的一个工具。

这里我们要关注的是，通过怀疑，笛卡儿动摇了什么？关于恶魔的怀疑并不可笑，如果在日常语言的范围内提出一个“恶魔”的假设，人们可能会产生一种童话故事般的感觉；相反，如果是在哲学论证中提出，这个“恶魔”出现的目的是什么？为什么要通过怀疑“无所不能”的恶魔而引出对世界的整体怀疑？因为在当时的环境下，挑战教会权威的人会面临危险。比如布鲁诺就被教会烧死了。而笛卡儿真正担心的，正是上帝的绝对观念。他需要借助“恶魔”这个形象，为自己的怀疑提供合法性的依据。

通过“普遍怀疑”，笛卡儿把世界作为一个整体纳入思考之中。世界的性质不再是日常生活感觉的、日常口语表述的那个东西，而是靠纯粹思维把握的观念。作为“普遍怀疑”的后果，一个超验的、思维的世界被抽象出来，呈现出来。不管笛卡儿“怀疑”的动机是什么，那些关于这个动机的描述都不在日常的经验之列，而是一种超验的动机。真正的“思”由此降临，是怀疑帮助它降生。基于对确定性的寻求而彻底怀疑，这正是笛卡儿的精神遗产。

真正的“思”从怀疑中诞生，接着，笛卡儿关于“在”的思考也具有开创性的意义，成为后人不断阐释的焦点。

关于笛卡儿的“存在”，我们在前面的章节中稍有提到，更多是从“怀疑”的角度切入。在这里，我们重点探索其内涵和意义。“在”是哲学意义上的“存在”。笛卡儿的“在”不是经验生活中的“在场”“存在”，而是一种本体意义上的“在”。通过“普遍怀疑”，从一开始笛卡儿就引入了“纯粹思维”，将“在”纳入哲学的视域进行思考。

在西方哲学史上，“存在”是一个非常古老的命题。柏拉图把“存在”归结为“理念”，而亚里士多德则视其为事物的“形式”。笛卡儿的思考并没有脱离西方哲学中的本体论，其渊源甚至可以追溯到古希腊哲学家巴门尼德的存在论。巴门尼德依靠抽象形象，从感性世界概括出最一般的范畴“存在”。他认为存在是永恒的，可以被思想；而感性世界是假象，不能被思想。当笛卡儿提出“我思故我在”的命题，就把“思”引入近代哲学，开启了“唯理论”的先河。

在笛卡儿那里，“我思故我在”具有这样的内涵，人的本质或者本性就是其头脑中先天地存在着的某些思维规定。作为一个唯理性主义者，笛卡儿认为感性是不牢靠的。在感性的世界之上，需要一个超验的本体作为万物存在的根据。他把“纯粹思维”视为探索真理的方法，而“我思”则是人的本质。

“我思”证明了自我的存在。同时，“我思”也是人所特有的本质，这让“人”与“物”根本区别开来。“我思”不仅存在，而且还是一种不同于物的存在。笛卡儿将这种存在称为“心灵实体”，它的本质在于思维性。“思维的规定性”是一种精神性的存在，它与物的存在并不相同。对于物来说，如果去除了其中的一部分，其形状就会改变，这是广延性决定的。但是对于思维，因为其不具有广延性，所以不能再分。自我就是这样一个物，一个可确信的、纯粹心灵状态的实体。笛卡儿说：“即我只是一个在思维的东西而没有广延，而另一方面，我对于肉体有一个分明的观念，即它只是一个有广延的东西而不能思维，所以肯定的是——这个我，也就是说我的灵魂，也就是说我之所以为我的那个东西，是完全、真正跟我的肉体有分别的，灵魂可以没有肉体而存在。”

这种“灵魂可以没有肉体而存在”的观点，是笛卡儿一种本体论意义上的思考。当他把“思”引入哲学，本体论的发展就出现了新的转向。笛卡儿论述了作为“心灵实体”的“我”，这个“我”可以凭借“思”，决定“广延实体”（比如身体），从而为人的主体性提升打开大门。

笛卡儿认为人的本性在于“我思”，那么“我思”的来源是什么？在笛卡儿看来，那就是上帝。

有的哲学家在回应这一问题的时候，认为“我思”源自先验性，或者说，“我思”本来就是人与生俱来的物种特征。斯宾诺莎的“属性”和康德“先验理性”就属于这个观点。还有一种观点就是“天赋说”，“我思”源自上帝造人，思维是上帝赋予人的。笛卡儿持有此观点，他把人头脑中的思维看作是上帝的“杰作”。笛卡儿说：“比如说，工匠的学识，或者这个概念是他从别人那里学来的，因此同样道理，在我们心里的上帝的观念也不可能没有它的原因，这个原因就是上帝自己。”可以说，一旦“我思”被证明是真实存在的，那么也就证明了上帝是真实存在的。

借助“普遍怀疑”，笛卡儿从日常的经验世界跨越进入一个超验的世界。在这个跨越里，宗教因素帮助他做出了最后的决断。虽然笛卡儿的论证被康德等哲学家批评，但他为近代哲学奠定了理性主义、反思性、主体性原则等等基本特征。黑格尔赞誉笛卡儿说：“他是一个彻底从头做起、带头重建哲学基础的英雄人物，哲学在奔波了一千多年之后，现在才回到这个基础上面。”诚如此言，笛卡儿的“我思故我在”非常重要，也被视为近代哲学的开端。

关于近代，一个显著的标志就是思想的启蒙。当人们从神权的囚禁中苏醒，最需要审视的就是那些凭借“感觉”得到的经验。在今天，人们已经可以便利地使用各种科技成果。很难想象，在笛卡儿的那个时代，科学还如同襁褓中的婴儿。如果从科学——这个当今最重要的话题之一来看，笛卡儿的哲学具有奠基性的作用。

一个从哲学角度切入的追问是，科学最重要的使命是什么？一种说法是“实证”，就是把那些前人提出的假设证明出来，从而通过工程组织资源，把实证出来的结果变成可以实现某种功能的技术。但是这真的是最重要，或者第一位的吗？那个提出假设或者命题的人，难道不是更值得肯定的探索者吗？

同样地，今天的我们正在享受启蒙的成果。我们普遍接受了这样一种观念，人可以凭借思想，实证出不同的世界规律来。这种观念如此普及，以至于让我们忽视了，真正树立人的主体地位，把人从神权的牢笼中解放出来的思想家是谁。笛卡儿正是这样一个人，让我们具有这样的观念，让我们相信“人是有能力认识客观、改造客观”的。笛卡儿就是一个提出命题的人——我思故我在，开启了科学发展的各种可能。

也许有人会说，科学源自唯物主义，中国哲学家早就提出了“人定胜天”的思想，他们才是唯物主义的开创者。事实上，并不是提出一个新观点就可以成为开创者，而是基于某个思想传统，提出新的命题或者追问，并且得到不断的回应与阐释，才能成为开创者。开创者的成就不在于其回答了什么，而在于其追问了什么。

笛卡儿正是近代哲学的开创者。

首先，“我思故我在”的命题位于一个巨大的思想传统之中。如果追溯整个西方哲学史，有两条紧密交织的主线，那就是“两希文明”——古希腊文明和希伯来文明，或者说是古希腊哲学思想和基督教思想。当笛卡儿追问“客观世界的可靠性从哪里来”的时候，他所处的时代还是相当蒙昧的。当人们没有被科学的光芒照拂，就会依靠感觉经验去认知世界，从而因为感官的错误产生各种怀疑，甚至觉得人的力量是有限的，人无法真正认知世界、改造世界。宗教常常利用人们的这种怀疑。笛卡儿通过“普遍怀疑”，最终找到了“我思”。“我思”源自哪里？“我思”是一种被赋予的能力，赋予人思考能力的正是“上帝”。他通过证明上帝的存在性，从而最终证明“我思”。

事实上，科学的诞生与基督教或者经院哲学有着巨大的关系。笛卡儿之所以被众多哲学家视为近代哲学的开端，就是因为他从一个巨大的传统而来，基于中世纪经院哲学的成果而构建了近代哲学的基础。

笛卡儿的思想影响深远。

他的怀疑论不是那种近似于虚无主义的怀疑论。笛卡儿探索的是客观世界的可靠性。通过“我思”，笛卡儿将自我存在或者“我是”作为自己整个哲学大厦的基石。“我思”是一种哲学原则的统一，就是把普遍理性和自我的独立思考统一起来。而这种精神正是科学精神的内核，它孕育了近现代科学的发展。

但笛卡儿“我思”的观念遭到了康德的批判。康德哲学对笛卡儿的论证提出批评，否定了在笛卡儿的“我思”之中可以有自我存在，也就是否定了那个心理学意义上的灵魂。康德认为自我存在之所以是不可能的，是因为自我不能被直观。他认为，在笛卡儿的“我思”之中，自我是先验的，只是思维的形式主体，而人类思维是绝对的、普遍的，是客观的，是凌驾在自我存在和人格之上的。这样，康德就在自己的认识论中把自我存在抛弃了。于是，康德彻底区分了思维与自我存在。

康德的思想受到了现象学奠基者胡塞尔的质疑。他认为，康德和笛卡儿两人对于意识的本质都一无所知。为了克服怀疑主义，胡塞尔把认识包括对于自我的认识放入纯粹意识的领域去考察。他对笛卡儿“我思”的批判——“我思”将人类意识高度抽象化，甚至成为自在自为的绝对力量。存在主义回应了笛卡儿的命题。存在主义的开创者海德格尔同时是一位现象学哲学家，他改变了现象学研究的方向，开始追问被遗忘的“存在”问题。笛卡儿被另一位存在主义哲学家萨特批评。他提出“反思前的我思”，是一种直接的意识，能体验到存在，但无法成为对象。他认为笛卡儿的“我思”是一种针对意向性对象的“我思”，而“反思前的我思”正是笛卡儿“我思”的条件。这样一来，人类包括笛卡儿是先对世界和自我有了体验，然后才有对世界和自我的反思和认识。他借助这样的理论，改变了从笛卡儿到康德、胡塞尔哲学中的“唯理性”倾向，把自我从理性主义的统治中解放出来。

对于笛卡儿是近代哲学之父的判定，如果基于当下的哲学视角，在于他阐释了一个现代人的主体观（自我）和世界观（数学与逻辑）。其中“自我”在关于人的讨论中影响深远，而“数学与逻辑”形塑了今天的科学。

康德和胡塞尔对笛卡儿进行阐释，直到今天，我们都受到众多阐释者理论的影响。一方面，笛卡儿首先提出了“普遍怀疑”的观点，这一观点被后世的众多哲学家继承，不断系统化。另一方面，笛卡儿确立了独立思考原则，关于“自我”的思考反对了迷信和教条。这两个方面又是统一的，“我思”蕴含了最深刻的现代精神。正是这种精神，让笛卡儿哲学虽然遭受了众多批判，但仍然是近代哲学当之无愧的开端。

四、“我思”的悖论

如果不了解其他哲学家对于笛卡儿是如何阐释的，那么我们就无法清晰地理解笛卡儿的哲学思想。在蒙昧之中，笛卡儿的“我思”出现了，它将人这个主体作为一个哲学命题提出来。“自我”，一个反对迷信、反对教条的自我走向历史舞台。于是，近代哲学开启了。“我思”之中有一个悖论，这个悖论是关于主体性的——而主体性，正是近现代哲学一个重要的命题。探讨这个悖论，有助于我们理解近现代哲学，包括笛卡儿的思想。在此，我们由思与对象之间的缝隙，进入对“我思”之主体的追问，探寻自我意识，从而发现笛卡儿哲学不同以往的主体哲学道路。这个悖论所带来的影响深远，产生了大量不同学科的基础性命题。

首先，让我们观察上文所提的缝隙。既然“我思”包括了我与思，这其中就产生了一个缝隙、一个思维与思维对象之间的缝隙。

众所周知，“我思故我在”是一个关于主体的命题。在笛卡儿那里，“我思”可以推出“我在”，只要有“我”，那么“我思”就内在地包含了“我在”。因此，笛卡儿的主体观被划分为两个层次，即“我思”和“我在”。“我思”是那个正在思维的我，或者作为一个思维实体的我；而“我在”，就是一个现象的我、经验的我。“我思”和“我在”似乎不能分开。事实上，“我思”如此有力，借助“普遍怀疑”的力量，笛卡儿将混沌的世界撕开一条缝隙，隐约地将思维和正在思维的物分离了。但“我在”又弥合了这条缝隙，让两者统一。于是，一个透明的主体出现了，笛卡儿的主体是一个思维着的透明的自我。

康德哲学对笛卡儿的“我思”进行考察，他认为并不能从“我思”得出“我在”的断言，因为笛卡儿的错误在于用意识歪曲了事实。“我思”的“思”是经验性的“我”的自我经验，而“我思”的“我”则是先验统觉的“我”，经验和先验是异质的。

在康德看来，笛卡儿的“我思”和“思考的我”是不一样的。在“我思”之中，自我是思的逻辑主体；而到了“思考的我”那里，“我”则变成了一个作为实体的人。“我在”指的是我作为实体的人是存在的。这里的问题是，“我思”中的我是一个什么样的我？在康德看来，那是一个“先验”的自我。在笛卡儿“我思”的基础上，他提出了“先验统觉”的概念，用“先验统觉之我”替代笛卡儿的“我思”。这样就把笛卡儿“我思”之中的那个经验的自我驱逐了。康德彻底区分了思维与自我存在，缝隙变成了分裂。

笛卡儿的“我在”弥合了自己论证中呈现的缝隙。虽然康德认为，先验统觉的“我”不能被直观的经验现实来填充，变成一个经验的我，但是笛卡儿却是这么做的。就好像在生活中，1、2、3这样的数字纯粹是一种思维抽象，是逻辑建构的存在，但是笛卡儿却把经验填充其中，用“我在”弥合了缝隙。

先验统觉是一个纯粹的思想，是从经验中去除了丰富的经验性，只留下的那个空洞的框架。先验统觉的我就是这样的框架。而经验的我则是现实生活中具有丰富特质的实证性的存在物。在康德看来，纯粹的“我思”和纯粹先验统觉的“我”都是思想的产物，是逻辑建构出来的，和经验的“我”不同。一方面，先验统觉是必要的，如果主体需要思维，就一定会预设它，这是一个前提。另一方面，先验统觉又是不可能的，我们只要活着，现实生活中的我借助直观经验，不可能填充这个先验统觉——它只是逻辑上存在。

康德并没有在这里停下，他将“我在”之我规定为本体之我。“先验统觉之我”与笛卡儿的“我思”绝不相同。康德写道：“在统觉的综合的原初统一中，我意识到了我自身，但不是对我自身显现的我，也不是自在的我，而仅仅是我在。”在这里，康德认为，我的意识即我思，我所意识到的是我在，这个“我在”是我们不能对之有任何认识的“我在”。康德在这里呈现的悖论是，“我思”是一个先验统觉的“我”，而“我在”又是一个先验统觉，而这个先验统觉又一直伴随着“我”。

“我思”的悖论在康德那里变得非常明确，而这个悖论的实质是对于主体的追问。可以说，康德的“我思”与笛卡儿的“我思”之间有着重大的不同，这种不同正是康德哲学主体观最重要的哲学成就。

通过对于主体的追问，康德区分了先验的我和本体的我，进而把先验统觉的我等同于“我思”，将笛卡儿那个思维的实体认定为本体的我。那么康德是如何论述本体的呢？这又与笛卡儿哲学有什么样的关系呢？

康德在自己的理论中，把对象或者客体区分为三个层次，即经验对象、先验对象和本体对象。先验对象是先验统觉的我观察的对象，这个对象和先验统觉的我一样，都是纯粹思维建构的，是一个逻辑建构的产物，也是一个纯观念的对象。康德指出，“先验对象，就是说，一般某物的完全无规定的思想”，具有赋予“我们的一切经验概念与对象的一般关系，即对象的有效性”的功能。康德这里的先验对象是一般对象的形式，通过这种形式，先天范畴可以把纷繁复杂的感性直观进行综合，成为统一的对象。先验对象是康德提出的一个认识工具，借助于它，纷繁复杂的外界事物都能被整合进入认识的范畴，众多对象从而成为一个统一体。世界于是变得可以认识，也就是说，借助先验范畴，一切可能的未来的经验对象都可以被认识了。

黑格尔继承了康德的重要思想，更加激进地提出关于主体性的观点。在《小逻辑》中，黑格尔对“物自体”进行评论：

“物自体表示一种抽象的对象。从一个对象抽出它对意识的一切联系、一切感觉印象，以及一切特定的想象，就得到物自体的概念。很容易看出，这里所剩余的只是一个极端抽象，完全空虚的东西，只可以认作否定了表象、感觉、特定思维等等的彼岸世界。而且同样简单地可以看到，这剩余的渣滓或僵尸，仍不过只是思维的产物，只是空虚的自我或不断趋向纯粹抽象思维的产物。这个空虚自我把它自己本身的空虚的同一性当作对象，因而形成‘物自体’的概念。这种抽象的同一性作为对象所具有的否定规定性，也已由康德列在他的范畴表之中，这种否定的规定性正如那空虚的同一性，都是大家所熟知的。当我们常常不断地听说物自体不可知时，我们不禁感到惊讶。其实，再也没有比物自体更容易知道的东西。”

如果说在康德那里，“物自体”仍然是认识之外的东西，是外在于观念的东西，那么到了黑格尔这里，物自体不过是思维的抽象之物，是将具有丰富特征的对象抽象之后的产物，是一个内部观念的东西。而康德和黑格尔关于主体的理论，都来自笛卡儿引出的关于主体性的追问。在黑格尔那里，关于主体的讨论走向了一个极端——主体就是无，就是绝对的、自我相关的否定性。我们可以简单地理解为，黑格尔的主体其实就是对实体的否定，这与笛卡儿的思想大相径庭。

通过探析康德和黑格尔的主体哲学，对于笛卡儿“我思”的认识就会有新的视角。如果抛开对于“我”的存在论的探讨，而把“我”和“思”作为同一性的实体来考虑，那么“我思”的真正含义是“自我意识”。用笛卡儿的话说，就是“在我们之内，以至于我们直接意识到的一切东西”。实际上，笛卡儿规定了“自我意识”的两个基本特性，一个是“内在的”，一个是“直接的”。所谓“内在的”，指的是自我意识完全是心灵内部的活动，并且只与心灵本身相关；所谓“直接的”，指的是自我意识是“思的后果”。那些与意识活动无“直接”关系的东西都被排除在外。由此可以看出，笛卡儿的自我意识就是内省。在他看来，“思”来自于我们心灵的内部，更为直接，更容易被认识。这同时也是一种心理活动，被后来的心理学所继承和吸收。比如现代心理学的奠基人冯特，就接受了这种内省的原则。虽然内省主义受到了行为主义的冲击，在心理学范围不再辉煌，但是借由自我意识诞生的内省原则，一直是心理学和其他一些学科的重要理论基础。笛卡儿的“自我意识”概念对西方心灵哲学的影响不能低估，它同时影响到了结构主义。

在法国哲学家拉康那里，这位弗洛伊德的批判者，长期对笛卡儿的“我思故我在”进行阐释，并对笛卡儿的主体性思想进行了新的解读。拉康的追问从对弗洛伊德的批判开始。弗洛伊德将无意识的内容带入意识之中，他认为无意识所在之处，自我亦当到场。弗洛伊德的目的在于加强自我（ego），即“我”、自我、意识的或者理性的同一性，从而使自我比无意识更为强大。拉康认为：这是根本不可能的。自我（ego）根本不可能取代无意识，或者完全揭露它、控制它。对于拉康而言，自我（ego）或者“我”只是一个幻象，只是无意识本身的一个产物。在拉康的精神分析学说中，无意识是一切存在的大本营。

关于笛卡儿，拉康的问题是：自我意识在我自身之内吗？如果按照拉康的继承者齐泽克的说法，当自我意识成为一个对象的时候，这个“他者”就不在我自身之内。拉康的关于自我意识的探索，可以从他的命题上看出来。他的著名命题是：“我不在我思之处”。这个命题可以理解为：我在，则我不思；我思，则我不在。

这个命题似乎是反对笛卡儿的“我思故我在”，至少是一种反转。事实上，拉康是把思考的起点放到笛卡儿命题的初始状态，即“我怀疑，故我在”。笛卡儿的怀疑让沉思者处于一种不确定的意识状态之中，只有“怀疑”才能使“我”存在。如果离开了怀疑，那么这种不确定性就消失了，那个不确定的“我”和怀疑之间的同一性随之消失，最终我的存在无法证明。在笛卡儿看来，至少“我在怀疑”是确定无疑的，但是在拉康看来，只有在怀疑和不确定的状态中，“我”才能肯定我的存在。离开了怀疑，“我”就找不到确信无疑的基础，那如何证明自己存在呢？这样，沉思者或者主体的存在就一直处于怀疑甚至一种病态的不安之中——除了怀疑，没有什么是确信无疑的。

拉康对于笛卡儿“自我意识”的诘难是非常有力的。笛卡儿从“我思”出发构建他的哲学体系，这时，他实际上将“思”或“自我意识”当成了哲学的绝对根基或者起点，使其成为各种心灵概念，包括存在论等等在内的其他讨论的基础与前提。

在笛卡儿那里，通过对一切事物的普遍怀疑，彻底排除一切错误和虚假，然后留下的唯一可靠的“剩余”，这就是“思”。世界上一切东西都可能是假的，只有“思”的“存在”和“绝对性”是不容置疑的。于是，对于人类知识来说，“思”是一切知识真实性的基础。在此，理性的意义得到凸显。

笛卡儿明确将“思”看作心灵的本质。他说：“我是一个思想的东西，或我是一个实体，这个实体的全部本质或本性就是思想。”于是，笛卡儿的论断导致了心灵实体的“虚无化”。如果心灵实体与“思”没有任何不同的内容和本质，它就会变得与“思”同一，甚至其“存在”也会由“思”决定。当“思”停止了，那么“心灵”也就消灭了。拉康正是基于笛卡儿的论证而提出“我不在我思之处”。其实在更早的时候，霍布斯就提出了反驳，他称这是将一物与该物的功能混淆了。他主张用物质来说明心灵实体。

在笛卡儿对自己观点的辩解中，他承认自己有时会把“思”与心灵实体当成一回事，但这样做只是为了用“最抽象的词语”剥除一切不属于心灵实体的东西。可以说，在笛卡儿的论述中，有一种明显的把“心灵”还原为“思”或“意识”的倾向。

在关于自我意识的探索中，笛卡儿开创了一条与亚里士多德不同的路径。他探索心灵的主要方法不是形而上学的证明或规定，而是通过对于精神现象的描述，找到其中的本质和规律。

第六讲

心灵与身体

一、追问心灵

二、身体是一个实体

三、哲学史中的身体

四、身心二元论

心灵真的是独立于身体而存在的吗？当笛卡儿声称心灵是一个独立的实体，那么他也就提出了一个问题，这个实体与身体包括大脑是一种什么关系？基于对这种关系的探索，人类发展了心灵哲学，而神经生物学、脑科学、计算机技术乃至人工智能等等都深受笛卡儿的影响。笛卡儿说身体是一个实体，但他认为人不是机器；笛卡儿将心灵放在主体地位，但他并没有抛弃身体，而是通过对感觉赋予认知的意义，从而启发了知觉现象学。今天的科技似乎已经完全预设了“身心二元论”，但是笛卡儿所提出的命题仍然具有非凡的价值。心灵的本质到底是什么？

一、追问心灵

心灵是独立于身体而存在的吗？作为心灵哲学之父，笛卡儿的这一提问直到今天都在不断激发新的回应。在《第一哲学沉思集》中，笛卡儿提到了这样一种可能性，有一个力量强大但是狡猾无比的恶魔在欺骗他，正因为如此，外部世界可能是虚假的。这个假设似乎并不能用现在的科学成果完全解答，至少意识与大脑的关系仍然有很多未知，而这恰恰是回应心灵与身体关系的关键。

关于意识与大脑的关系，如果可以总结为一个“是什么”的提问，那么至少有两种常见的方法去解决它。第一种方法可以称之为自然主义的实证研究，其基本的路径是借助大脑或身体的某些自然性质来解释大脑中意识的产生，比如基于对大脑状态的观察与分析，找到一种因果关系。第二种方法则是非自然主义的形式，这常常需要借助于超自然的实体来说明两者的关系。当笛卡儿在论证中引入上帝，其身体和心灵又是两个独立的实体，那么上帝就成为其构建意识与大脑关系的重要角色。

这里并不是要做出非此即彼的解答，因为这两种方法都存在某些缺陷。这种缺陷或不充分在于，即使借助“超自然”的力量来探索，人类仍然无法忽视内省与知觉所揭示出的连接意识与大脑的自然性质；而当人们专注于生物学之类的探索时，自然性质所引发的思考又不能充分完美地解释所有心灵现象。如果确实可以对意识的产生给出自然主义的解释，那么当这种解释超出了我们固有的认知能力，困惑也就随之而产生。

意识是什么？这确实是一个难以回答的问题。在一些科学家看来，至少有四种具有代表性的观点。第一种观点认为，意识事件与大脑中的神经事件本质上是一样的。也就是说，意识是大脑的一种神经生物学属性。这种观点的问题是，即使人类已经了解了大脑所有的物理化学性质，甚至包括大脑的运行模式，但是对于意识的了解还远远不够，因为意识是主观的。这种主观特定导致了神经结构和生物学模式都不能完全解释它。

第二种观点认为，意识是一个特定的转化集合，是神经系统把输入信号转化为输出信号的集合。如果意识的本质是功能，那么我们的大脑就是一个完成各种功能的机器。问题在于，这个机器是必须的吗？这关系人的价值。比如“人工智能”就可能替代它。

第三种观点认为，意识和大脑中的神经事件确实具有紧密的关系，但是，意识和神经事件本质上是不同的现象。这是一种二元论的观点，精神和物理现象被区分看待。这个观点的问题在于：意识的主观能动性可以让人类去改变生活。如果意识现象与物理现象是本质不同的，那么这种“主观能动性”怎么发挥呢？人类非物质的精神怎么改变行为等物理现象呢？这种观点与我们基本的直觉不符。

第四种观点认为，自然界的众多事物具有物理和意识双重特性，两者并不是一种附带关系，而且，意识对于物理世界是必需的。这种观点目前缺乏自然科学的证据，而且也超出了人类的理解范围。

以上四种观点是对科学界关于意识看法的简单总结。如果要对意识进行科学的探索，那么科学实验就必不可少。关于意识，科学界有三项基本的共识，可以作为相关研究的起点。这三项共识分别是：意识是一种需要进行解释的现象；意识与物理世界是关联的；意识对物理世界产生影响。如果对这三个共识进行思考，那么笛卡儿哲学的影响仍然若隐若现。

在笛卡儿《第一哲学沉思集》中的假设，恶魔可能欺骗他，但是有一样东西是确信无疑的，那就是作为一个思考主体的“我”——我思故我在。今天，当人工智能、虚拟现实等科技手段越来越普及，人们很容易就会产生关于“存在”的怀疑。比如在“缸中之脑”的比喻中，一个人被邪恶的科学家施行了手术，他的脑和身体分离了，被放进了一个盛有维持脑存活的营养液的缸中。通过计算机技术，脑的神经末梢连接人工智能网络，这让他保持一切完全正常的幻觉。对于这个“脑”来说，它感觉似乎人、物体、天空还都存在。但这些可能只是信息输入的结果。

这个比喻并没有远离笛卡儿那个关于恶魔的思想实验：意识与大脑（身体）的关系是什么？心灵是独立于身体而存在的吗？虽然笛卡儿已经给出了答案，他从没有怀疑心灵的存在，他认为心灵是完全独立于身体的另一个实体，但这种二元论留下了巨大的理论漏洞。

笛卡儿的观点遭到哲学家和数学家莱布尼茨的反驳。在莱布尼茨看来，笛卡儿实际上只是表明了他的个人观点，而支持这个观点的证据缺乏对于大脑的基本研究。笛卡儿的观点需要全面地检讨，而这种检讨需要建立在对于大脑和意识的透彻认识之上。如果意识的改变并没有引起大脑生理想象的变化，那么我们可以说意识与大脑是相互独立的。但是，至少目前所有的实验都显示，对于意识变化，哪怕是非常微小的变化，大脑的活动都会相应出现变化。大脑作为物理世界的一部分，其与心灵或者意识的运动具有紧密的关系。

在笛卡儿看来，人类的心灵是隐秘的、主观的，也是他人无法体察的。这个观点在今天看来仍然有解释力。但是伴随脑科学的发展，情况有了变化。人类的任何情绪或者思维，都会引起脑电波的变化，而这种变化是可以用脑波仪器等进行测量的。当我们被外部的世界，不管是景色还是人物所吸引，从而产生各种感觉，这种感觉让人沉浸其中，似乎真的是一种绝对主观的感觉。但是，这种感觉真的是不能共享的吗？如果脑机接口的技术发展起来，不同的人通过传递相似频率的脑电波而获得一致的感觉也是可能的。当大脑不再神秘，那么“心灵”是否真的是独立于大脑之外呢？当笛卡儿认为“心灵”包括人所能意识到的东西，这就开辟了一条道路，让心灵的内涵在科学的推动下，变成了人类所有的认知过程，包括意识和无意识。

这样看来，讨论意识与大脑的关系更像一种对于大脑产生意识现象的科学研究。而这种研究，需要的可能正是一种“心灵哲学”的指导。

有一个公认的说法，笛卡儿是现代西方心灵哲学的奠基人，因为众多哲学家对笛卡儿关于心灵的思想构建进行了思考和回应。20世纪以来，伴随着科学的高速发展和融合，众多新兴的学科纷纷兴起，比如神经生理学、脑科学、计算机科学、认知心理学等等，它们都受到了心灵哲学的深刻影响。虽然西方心灵哲学的发展蔚为壮观，但是根本议题仍然没有超越笛卡儿哲学所思考的范围。只要考察笛卡儿的思想，就可以为当代心灵哲学的探索提供理论内涵和哲学意义的参考。

笛卡儿与心灵哲学有关的几个基本思想包括自我意识、身心关系和人与机器。这三个方面我们在前文已经有所展开，这里更多围绕其对于心灵哲学的影响，做一个简单的介绍。

关于“自我意识”的内容，比较集中地体现在笛卡儿的哲学命题“我思故我在”之中。笛卡儿从“怀疑”出发，开始形而上学的沉思。在他的“第一沉思”中，重点就是“普遍怀疑”。我在怀疑是毋庸置疑的，或者说“我在思想”是肯定的。既然肯定了我在思想，那么也就必须肯定我的存在。在自我意识方面，“我思”的必然主体就是“我”。显然，我是存在的。

“我思”的“我”与“思”谁更重要？对于心灵哲学来说，其理论并不着力于存在论体系的构建。也就是说，心灵哲学关注的焦点并不是存在。对于“我思”来说，如果没有“我”对于“思”的确认，那么“我在”就是非常可疑的了。如果从笛卡儿哲学的特点分析，则可以找到答案，相对于心灵哲学，“思”显然比“我”更为重要。

笛卡儿推崇理性，依据数学模式来建立他的哲学体系。在他那里，“我思”是演绎的初始命题，这是确切无疑的起点，也是最基本的事实。“我思”是“清楚”“明白”且不容置疑的真理。从“我思”推出“我思故我在”的命题，这个推理受到了质疑。有一个质疑的观点是，作为推理的前提，“我思”里面已经包括了“在”的事实，“我”若不在，何来“思”？如果“在”早就出现，那么“我思”到“我在”的推理就是分析式的，是一种对于已经成立命题的分析，这是不能满足证明需要的。当然，这种质疑在关于“自我”的章节中已经有了解析，如果抛开“我思”中暗含的“我”不论，“思”或者笛卡儿说的“纯粹思维”是一定出现的、千真万确的。“思”对于整个笛卡儿哲学来说至为重要，是其“我思故我在”命题成立的根本。

在后人对于笛卡儿的解读中，尤其站在心灵哲学的立场，“思”到底指的是什么？“思”不能仅仅理解为“思想”或“思维”，也不同于中世纪的“灵魂”，更多指的是各种精神活动，而这种精神活动与“我”的存在是紧密相关的。如果纵览笛卡儿的思想，“思”包括了抽象的“纯粹思维”，也包括感觉、情感、意欲、激情等等。也就是说，“思”代表了“意识”。作为一个内涵丰富的复合概念，笛卡儿的“思”包括了不同精神活动的方式和状态。在今天的西方心灵哲学中，人们重视对于“意识”的探讨。这也说明了笛卡儿的“思”与当代心灵哲学的“意识”概念具有一致性。

关于“身心关系”或者身体与心灵的关系，笛卡儿两个实体的思想受到了各种批判和质疑。事实上，他的贡献在于，心灵哲学共同的问题与对象都是来源于这两种实体的。笛卡儿认为，构成人的两种实体分别是物质的身体和心灵。身体的特征却是有广延但不能思考，而心灵的特征是能思考但是没有广延。虽然他在后期使用“身心交感论”来解释身心的相互作用，但仍然缺乏足够的解释力。问题在于，身与心到底有没有同一性？两者是一种从属的关系还是彼此完全独立？这个问题对于当代心灵哲学的影响主要集中在“本体论”部分。

一部分当代的哲学家认为，笛卡儿的心灵作为独立的实体，具有不可验证与还原的属性，同时超越了一般的物理规律，这些都是不成立的。他们这个观点的证据来自笛卡儿的《第一哲学沉思集》。在论述身心二元论的时候，笛卡儿说：“只要能清楚、明白地理解一物而无须涉及另一物，就足以确定该物与另一物是不同的。”正是因为这种心灵与物质的身体的不同，说明了“思维”与“广延”之间具有绝对的差异。哪怕笛卡儿最后试图调和两者，但是心灵仍然具有不可还原的属性。

对于另外一部分哲学家，比如功能主义者，他们的观点主要是将人的心理活动、心理状态和心理事件理解为大脑功能的表现。如果与信息科技的计算机比较，那么就会得出一种类比的结论。计算机硬件如同大脑，软件对应于信息的输入、储存、加工、输出。这和笛卡儿身心二元的说法很接近。笛卡儿认为，人的肉体和动物都是机器，是物质的，与心灵不同。

关于“人与机器”，笛卡儿认为人不是机器，而动物才是机器。虽然人和动物的身体都是物质的，形态不同，但是都需要服从物质的普遍规律。两者的肉体可以说都是机器。但是人的心灵超出了肉体和物质的范围，已经进入意识的层面，所以人和动物是不同的。

可以说笛卡儿的心灵哲学是以“二元论”为核心的，这种身心的分离对后来的哲学产生众多影响。比如笛卡儿的“自我意识”概念对西方心灵哲学的影响是不能低估的。从西方哲学史的角度看，笛卡儿的道路与亚里士多德的道路不同，他更加侧重于对精神现象的描述。从这个角度讲，他确实是西方心灵哲学的奠基人。

心灵哲学并没有将身体置之不理。在笛卡儿哲学中，一个显而易见的问题是，如何说明身心的结合和相互作用。笛卡儿承认，身心的结合和相互作用是不争的事实。这个事实如果用心灵哲学的视角进行分析，则是一个关于“感受性”的问题。也就是说，在一个心理状态或事件中，主体的感觉性质就是感受性，这个感受性是理解身心的结合和相互作用的关键。比如当一个人触摸到蜡，从手指接触到蜡的感觉，到大脑对此进行反馈，这个过程是一个身体和心灵相互结合、协同运动的过程。对于这个感受的过程而言，其中的“感受性”包括了最为显著的两个特征。

其一是“主观性”。所谓“主观性”，指的是“感受性”与主体的主观思维有关，是个体的，因人而异的。其二是“现象性”。所谓“现象性”，指的是感觉并非物理实在，而是一种对现象的体验，是主体在感觉或知觉状态下直接经验到的东西。仍然是用手触摸蜡的例子，这种感觉是主观的，每个人会有相似但是又各不相同的感受。对于由蜡所产生的感觉，比如光滑、柔软，这些都是现象，并不是蜡的本质，我们不能在自然界找到“光滑”“柔软”这样的实物。

之所以提出“感受性问题”，在于感觉的主观性、个体性和现象性，造成了感受性无法完全还原为可观察的物理状态，从而无法形成对于事物的精确解释。在哲学史上，类似的命题包括：个人的感觉是不是衡量一切事物的标准？感觉和知觉也是思维的一种，那么“思维与存在是同一的吗？”甚至可以追问，人的感觉和语言是同质的吗？也就是说，不同的人用同样的语言描述各自的感觉，其感觉是一样的吗？

显然这里存在挑战，即使大家异口同声地说“热”，但是对于当时温度的体验还是不同的。如果每个人的感觉是异质的，那么人就不可能用语言将自己的感觉表达出来。为了探索世界的本原或者普遍的真理，古代哲学家对于感觉的个体性视而不见，并没有在此问题上展开追问。但是到了近代，以理性主义和经验主义为代表的哲学思潮则重视感觉的这些特性。比如笛卡儿，在他的“我思故我在”中，“我思”是个体的、主观的、私人的自我意识，而且这个“我思”包括了感觉（虽然笛卡儿崇尚理性）。通过分析，可以发现笛卡儿使用了普遍怀疑来清除一切虚假的信念，他在论证的过程中，利用了感觉的主观性和相对性。虽然笛卡儿并没有把感觉从自己的哲学中驱赶出去，但是对此，他也没有更多研究。在近代，思想家们更多地关注认知问题，思考如何在经验和理性的基础上获得知识，从柏拉图开始，感觉就没有成为哲学思考的焦点，所以对于感觉的阐释并没有什么物理学的佐证。到了现代，伴随着心理学的发展，思想家们才认识到有必要研究感觉现象与物理实在的关系。这就开启了对于“感受性问题”的追问。

“感受性问题”成为当代心灵哲学的重要议题，与笛卡儿哲学有着紧密的关系，它诘问了唯物主义所主导的“身心关系”，尤其是对“心脑同一论”和功能主义形成挑战。

在笛卡儿开辟了“身心二元论”之后，“心脑同一论”成为重要的理论。该理论主张人的心理活动或心理现象都与物理事件或者物理现象同一，所有心理活动本质上都可以还原为物理状态，意识和大脑的现象本质上是同一的。

在功能主义看来，人的心理状态仍然是物质活动的结果，不是神经状态，而是一种大脑的功能状态，是感觉刺激作为信号输入人体，然后人体输出行为，感觉和行为之间具有因果关系。基于此，对于人的心理活动进行任何规定和描述，都不需要考虑大脑的内部状态，只需要考虑主体的感觉输入和行为输出之间的关系。也就是说，功能主义并不关注心灵的定义、构成，它只关心心灵“做什么”“有什么作用”。于是，为了实现相同的功能，可以使用不同的结构，这也就提供了更多解释“身心关系”的可能。

“感受性问题”带来的挑战是直接的。比如庄子之问，“子非鱼，焉知鱼之乐也？”这同样适用于人与人之间。感觉或者心理感受是主观的、个体性的，那么这些差异无法用语言来描述和传达。另一个例子与知识有关。假如一个人掌握了关于物理科学、神经生理学等等一切的知识，但是他一直生活在只有黑白两种颜色的屋子里。在他走出屋子，看到花园的时候，他会发现很多自己不知道的颜色，甚至，他不知道“红色”“绿色”到底是什么。这可以推理出一个事实，那些从知识出发对“感受性”做出的说明肯定是不可能成功的。

不管以上是假设还是缺乏物理实验的说明，都显示了依赖物理主义解释感觉或者意识问题是不完善的。心灵哲学对此进行了多种回应，但问题并没有获得根本性的解决。因为“感受性问题”的核心是如何将感觉纳入物理学的解释范围，用物理学的语言对感觉的“主观性”和“现象性”进行还原。也就是说，如何将“我”的主观性因素从感觉中排除掉。似乎，这种尝试是不可能成功的。至少，在自然科学还没有获得足够发展的情况下，或者，个体的思维仍然不能被完全实时地公开和测量，那么“感受性”的“主观性”都无法排除。固然感觉是由物理的原因引起，但是对感觉做物理主义的还原仍然有挑战。虽然今天的科技已经可以让盲人产生对于某种颜色的感觉，但是这种“呈现”出来的感受仍然需要验证。

“子非鱼，焉知鱼之乐也？”这个问题似乎还没有答案。

二、身体是一个实体

如果要理解笛卡儿的身体，则需要从心灵与肉体的区别开始。在笛卡儿看来，心灵是独立的纯精神实体，这个实体和肉体是根本不同的。从哲学史的角度看，笛卡儿第一次采用二元论的方式，把心灵和肉体对立起来。

肉体抑或身体，在笛卡儿原著中是相同的意思。但是在后来的阐释中，身体又有了更加丰富的内涵，开始具有本体的意味。梳理笛卡儿的身体概念，需要回到他自己的话语中去理解。笛卡儿的肉体和心灵是对立的。正如笛卡儿说："当'我'在怀疑我的肉体是否存在时，'我的精神'之存在是无可怀疑的。"可以说，笛卡儿把心灵和肉体、精神和物质进行了绝对的、完全的划分。这种划分可以从三个方面去理解。

第一，肉体和心灵不同，肉体是物质，有广延，可以分割，但是心灵不能。

笛卡儿认为，肉体是心灵存在的基础，如果没有肉体，心灵就不能自然地存在。他又说："我领悟到的灵魂和肉体有很大的分别，就肉体的本性来说，它常常是可以分割的，而灵魂绝对不能分割。"这就界定了肉体的物质属性，有广延性，可以分割。对于心灵，笛卡儿借助对于自己的观察指出，“我”只是一个思想的物而已。我是一个单一的整体，是心灵和肉体的结合。基于心灵的特征，它是不可以分割的，那么即使我的肉体少了一个部分，比如被削下点什么，都不会让心灵因此少了什么。同样，基于肉体的特征，它是可以分割的，所以肉体的什么变化也不能影响心灵。可以说，心灵与肉体是相互独立的。在某些时候，这种相互独立又可以变为彼此对立。

笛卡儿在他的《哲学原理》中说：“自从幼年时期，我就把精神和肉体领会为一个东西，进而把许多东西合成为一个，……这基本上是所有不完满的认识都应该有的弊病。这就是我为什么会不厌其烦地把它们分开，并且通过更确实的检查，把它们更确切地分开。”这段话说明了笛卡儿把心灵与肉体区别分开的原因，他需要通过“更确实的检查”，避免因为“合成”造成的弊病。对于两者的认识同样需要区分开来，这样才能更加清晰。当人们把“精神和肉体领会为一个东西”，就会混为一谈，让很多无关的东西与其混合，最后的结论也是含混的、不完满的。当心灵和肉体被彻底分开，变成两个独立的实体，那么就能够更好地理解两者的区别和联系。

对于这种认识的弊病，笛卡儿说，人们经常会在我们直接由自然得到的那些东西上犯错误。比如病人吃喝的例子。

有时候，病人希望吃喝那些可能对他们有害的东西。关于这种现象，人们可能会说，这是因为病人的自然本性坏了，导致他们犯错，但这不是问题的根本。病人和健康人一样，都是上帝的造物，他们的本性肯定也是一样的，因为上帝的善心不会让他们有一个坏的或者骗人的自然本性。钟表是由机芯和摆组装而成，哪怕这个钟表做得不够好，时间不准，但是它仍然遵守所有钟表共有的物理规律。人的肉体是由骨骼、神经、筋肉、血管、血液和皮肤组成，是一架机器，这就决定了即使没有心灵，这架机器仍然会按照自然本性去运行。

笛卡儿举出水肿病患者的例子。病人自然因为喉咙发干而感到难受，这种难受习惯性地导致“渴”的感觉，于是，这驱使他的神经和其他身体部分“让”他喝水。这样一来反而增加了他的病痛，让他受到更大的伤害。自然本性在这个过程中没有改变，病人和健康人都会因为喉咙发干而喝水，这是身体的需要决定的。于是，我们不能说一个被指定了用途的钟表，因为走得不准，就说钟表违反了物理学本性。人体恰恰是这样一部机器，它由上帝做成，它里边有它所应有的一切运动。

笛卡儿这样解释在于说明，当心灵和身体作为一个混合体去谈的时候，一个真实的错误就会发生，如同病人饮水对身体造成伤害一样。因为自然本性在健康人那里是正常的，在病人那里则只是一个标记和称号，完全取决于个人的不完善的思维。如果将心灵和身体混为一谈，就会带来错误。

言而总之，笛卡儿认为肉体和心灵不同，不能混为一谈，必须分开讨论。

第二，肉体不能思维，但是心灵可以。一个人既有肉体，又可以思维，这是两个实体组合到一起造成的。

笛卡儿对心灵是非常重视的，他说：“我从来就没有看见过，也没有了解过人的肉体能够思维，而且了解到同一的人们既有思维，而且还有肉体，而且我认识到这是由于思维的实体和物质性的实体组合到一起所造成的。”由此可见，笛卡儿反对“物体能够思维”的观点，但是，他也没有把物质和精神割裂开。他认为“思维的实体和物质性的实体”可以组合到一起，两者是一种同中存异的关系。

两者的“同”在于同属于人这个组合体，两者的“异”在于两者的本质不同。从“我思故我在”这一命题来看，“我”是一个思想的东西，如果没有思想，那也就没有“我”的存在。这个思想的“我”不依赖于任何物质性的东西而存在，这个实体存在的唯一原因就是思想。虽然人是心灵和肉体两个实体的结合，但是肉体和心灵是有所区别的。

肉体按照其本性总是可分的，但是心灵则是不可分的。心灵是一个思维的实体，它的自身不能区分，不能切割，是一个完整、单一的实体。

第三，肉体是可以灭亡或者消灭的，但是心灵或者灵魂是不灭的。

在笛卡儿看来，肉体是可以灭亡的，但精神或心灵是不朽的。笛卡儿说：“在一般意义下，物体是一种实体，因此它也是不死亡的，但是人的肉体就其有别于其他物体这一点来说，它仅仅是一部分形状改变，它就不再是同一的肉体了。”这说明肉体是可以变化的，而且是很容易灭亡的。肉体的变化性在于，只要对其任何部分做出调整，肉体就失去了原来的样子。灵魂作为一个单一的实体，却是不灭的。心灵是不朽的、永远不会死亡的。笛卡儿说：“人的精神或者灵魂，从按其能够被自然哲学所认识的程度来讲，是不死的。”

笛卡儿哲学中的身体概念，就其原本的意思来看就是指肉体，一个物质实体。笛卡儿对于心灵和身体的定义，从真正意义上把心灵和身体区别开了。

笛卡儿正是因为身体与心灵两者是相互独立存在的，所以展开了其“二元论”。

如果希望深入探索笛卡儿的身体概念，就需要在两种关系中去理解。一种是心与物的关系，就是在心灵与物质的区别中，思想与广延的区别呈现出来。一种是身体与心灵的结合，通过疼痛、感知、饥饿、渴等等感受来理解身体。

笛卡儿在论证了“我思我是”之后，确定了“我思”作为一个确定性的起点，然后对“我”做出定义——“我”是一个思想的东西，然后论证上帝存在，最后才重新确认了“我”的身体存在。通过这个论证过程，至少可以说明的是，身体在笛卡儿那里并没有最高的地位，也是他所谓的“确定性的基础”。那是不是说，身体的概念在笛卡儿那里是无足轻重的呢？这需要通过对两种关系的考察来说明。

关于心灵与物质（身体）的关系，在《第一哲学沉思集》中有详细的论述。首先，“我”是否有一个身体？这似乎是不言自明的，但是笛卡儿通过普遍怀疑，排除了那些想当然的结论。他把对于这个问题的回应放到了后面的“第六沉思”中。也就是说，笛卡儿在论证的过程中，并没有一开始就把身体的存在作为一个可靠的、不言自明的基础。同样地，上帝存在也没有作为自明的基础，上帝存在也是经过一番论证的。

通过对于笛卡儿著作的仔细阅读，“我思”概念的含混性就体现出来了。在不同的表述中，有两个方面值得重视。第一方面，笛卡儿将“我思”理解为“一个在思维的东西，也就是说，我是一个在怀疑、在肯定、在否定，知道的很少、不知道的很多，在爱、在恨、在愿意、在不愿意，也在想象、在感觉的东西”。通过这段话，可以把“我思”理解为所有的意识活动。第二方面，笛卡儿引入“纯粹思维”的概念，将“我思”理解为纯粹的知性活动，这个活动与身体没有什么关系，比如感觉、知觉、欲望等等，都被排除在这种“纯粹思维”之外。

在笛卡儿那里，心灵与身体的关系是通过“普遍怀疑”建立起来的。为了厘清错误的见解，寻求最终的确定性，笛卡儿展开了普遍怀疑，其对象也包括了身体。“普遍怀疑”与身体有关的部分包括了三个阶段，第一个阶段是当身体处于某种环境中的某些特殊状态。身体是可靠的吗？通过不断的思考，笛卡儿最终发现身体及感觉是不可靠的。他找到了“纯粹思维”，这是一种不依赖身体感官的新的思维方式。在第二阶段，通过对身体的观察，发现身体是物质实体，是可以分割的，比如有头、手、脚等等物质性的组成部分。第三阶段是探索身体的性质，与算术、几何学一样，身体也遵循自然规律。笛卡儿说：“我要认为天、空气、地、颜色、形状、声音以及我们所看到的一切外界事物都不过是它用来骗取我轻信的一些假象和骗局。我要把我自己看成是本来就没有手，没有眼睛，没有肉，没有血，什么感官都没有，而却错误地相信我有这些东西。”显然，笛卡儿这样说并不是要否认身体的存在，而是让人们警惕那些错误的见解，不要再依赖感官经验来认识世界。

笛卡儿对于身体的怀疑具有双重性，这个怀疑包括了作为主体的身体和作为对象的身体。在作为主体的身体中，感觉是身体的功能，其有效性是成立的。在作为感觉对象的身体本身中，这个身体是可疑的，甚至伴随着怀疑的发展，身体成为考察的对象，被分解为肢体和器官，甚至被认为是一种机器。这种考察方法在笛卡儿看来，是与算术、几何等其他学科一样，都是分析综合式的，身体被还原为几何或者物理性质。

但是，以上这些并不是笛卡儿身体概念的全部。身体和物体的差异在于人的身体具有特殊的功能，当它与灵魂结合，就会超越作为机器的动物。笛卡儿认为，人不是机器。人的身体一旦与灵魂相结合，就会发生内涵的根本转变。

于是在第二种关系中，当身体与心灵结合，人可以通过疼痛、感知、饥饿、渴等等感受来理解身体。在“第六沉思”中，笛卡儿认真讨论了“自然教导我”这一主题。

笛卡儿对自然与非自然做出了区分。对于那些属于纯粹思维的事物，通过思想本身就可以认知，不需要借助外物。而有一些事物，只有在精神与身体合一的情况下，才属于自然。比如我的自然，就只包括身体与灵魂的合一。在笛卡儿的“自然教导”中，我的自然所接受的只是外部事物在我心灵中所引起的感觉。这个感觉并不是真正的知识，不是关于外部世界存在与否、真实与否的知识，而是一种与切身实践和经验相关的知识。在“我的自然”中，感觉和知觉的活动主体不再只是身体，当然也不只是心灵或者精神，而是一个复合体、一个身心的复合体。

笛卡儿通过对于感觉的论述，最终区分了两种身体。一种是自在的身体。他说：“我在身体上，并且为了身体，感受到我的一切饮食之欲和我的一切情感。”“我”是自在于我的身体之上的，这是一个物体意义上的身体。另一种身体是实践的身体。这种身体具有认知和行为的能力，这不是一个可疑的认识的对象，也不同于那个被几何、物理还原的身体，而是一个执行感觉和知觉行为的主体。

当身体与心灵结合，在感觉之中，身体就和物体区别开来。笛卡儿论述了自然的嗜欲和情绪，这些感觉都是源自身体本身的。如果说外部感觉比如视觉、听觉、嗅觉等等可以证明一般物体乃至外部世界的存在，那么内源性的感觉就可以证明身体的存在。在内源性的感觉中，感觉主体和对象交融。由此，身体对于“我”来说，意味着通过活动，精神实体和身体实体密切结合了。感觉来自这种心灵与身体的结合，虽然它不是纯粹的思维。也就是说，在笛卡儿看来，身心的结合是一种现实、一种依靠感觉就可以认识的现实。

如果我们简单地把笛卡儿的身体理解为一个物体，一架机器，那将无法把握笛卡儿思想的实质。虽然笛卡儿是唯理论的代表，在身心的问题上持有二元论的观点，但是他并没有抛开感觉不谈，也没有将经验从自己的哲学中驱赶出去。笛卡儿因为论证的需要，从感觉带来的偏见中抽离出来，进而引入“纯粹思维”的概念。同时，他又不得不依靠感觉，尤其是感觉的自明性，论证身体的存在。之后，他又专门论证了身心结合的方式，讨论了感觉和身体的关系。也就是说，在笛卡儿那里，感觉经历了从开始的悬搁，到之后的感觉体验和理智观念割裂，最后又通过感觉对身体的证明，呈现出意义。

在普遍怀疑之中，笛卡儿对感觉的真正意义进行了悬搁。

为了找到自己哲学的根基，笛卡儿需要通过普遍怀疑排除一切不可靠的偏见。而这种怀疑需要借助“纯粹思维”，也就是从感觉带来的偏见中抽离出来。首先，他对外部事物是否存在产生怀疑。这些外部事物显然是通过感官认识的，那么这也就否定了感觉可以作为牢固的认知基础。接着，他又对内部感觉的可靠性产生怀疑。比如身体的感觉、肢体产生的感觉等等，这些也可能是不真实的。最后，他甚至用数学的方法对身体进行了抽象，把身体理解为具有几何性质的广延。经过这些不断的抽离，感觉仍然是不牢靠的。于是，他最终把思维或者“我思”作为整个哲学的基础。笛卡儿虽然知道，如果将感觉作为判断的依据，那是不可靠的，但是作为意识的一部分，又是清楚分明的。他说：“我称之为感觉和想象的这种思维方式，就其仅仅是思维方式来说，一定是存在和出现在我心里的。”也就是说，感觉包括想象都具有自明的特点。虽然笛卡儿悬搁了探讨感觉的真正意义，但他承认了感觉在形式上的自明性。比如蜡的比喻。这种悬搁的不彻底，带来一种理论上的间隙，在笛卡儿的身体和身心关系中，出现了两重性的特点。

在经历了对于身体和外物的怀疑之后，笛卡儿对身体和外部世界是否存在进行了论证。身体是物质性的，由肢体等各种器官组成，是可以分割的，也是可以用数学方法认识的。这个物质性的身体是人认识的对象，同时，这个身体又具有主体性，是主体感知外部世界的前提。在笛卡儿那里，感觉对于证明物体的存在具有重要作用。

基于一种理性主义的预设，笛卡儿将感觉体验和理性观念割裂开来，从而带来身体感觉和外物存在之间的割裂。笛卡儿首先论证心灵和身体是两种不同的实体。心灵的特性是思维，而身体属于物质，其特性是广延。思维和广延本质不同。

那么问题在于，思维中为什么会有清楚明确的广延观念呢？笛卡儿认为，这是一种纯粹思维抽象出的几何关系，是一种先天存在的观念。广延本质上是可以分割的，而思维却不能独立成不同的组成部分。思维和广延的属性不同，那么其载体也不会相同。

在笛卡儿看来，感觉与理性不同，理性思考的内容可以从思维内部分析出来，但是感觉的内容却具有外部的来源。因为是外部的来源，所以感觉的对象是很多的，有不同的形态，而且这些形态都有广延。比如思维中对于运动位置的改变，就依赖感觉。但是，笛卡儿对于感觉仍然是一种贬抑的态度，他认为对于外部事物的证明必须依赖理性的推论，感觉固然可以提供颜色、味道等内容，但是离开了理性，则无法做出具体的判断。一个例子是对于光和热的感觉。光和热是心灵中的观念，并不是存在于火堆之中，它只是从火堆中呈现的现象。我们可以说“我感觉到光和热”，这是自明的，但是，如果认为光和热存在于火堆中则是错误的。光和热是火在燃烧时，其中的微小部分产生的激烈运动。也就是说，笛卡儿将感觉体验和理性观念作了严格的划分，从而使感觉符合他的数学理念。只有这样，外部事物才能被抽象为物理学意义上的物。

最后，笛卡儿通过感觉对身体的证明，将感觉的意义呈现出来。当外部物体的存在得到了证明，那么身体作为一种物质，也就获得了自明。不管是什么感觉，只要这种感觉需要依据自身，而且这个自身是有广延的，比如感觉自己身体动作的改变，这就可以确定身体这个实体是属于我的。同时，笛卡儿认为上帝赋予人的本性中包括了感觉，当人感觉到疼痛、饥饿、干渴等，都是身体这个实体的反应。感觉让“我相信这个物体（肉体）（由于某种特殊权利我把它叫作我的）比其他任何物体都更真正、更紧密地属于我”。身体与一般的物体是有区别的，这是一个涉及心灵的问题。笛卡儿认为，心灵和身体的结合就好比舵手和轮船的关系，外在是可分离的，但是内在融合得好像整体一样。对于这个整体，就是人，而感觉就是人本质属性的一部分。感觉的意义在于实现以下的功能，除了区分材料的感觉、运动的感觉，还包括建立感觉与身体的内在联系。即使笛卡儿并不承认，但是事实上，心灵并不是一个独立的实体。如果按照笛卡儿对于感觉的论述，就可以发现心灵与身体通过感觉在原初交织。

笛卡儿认为，感觉的生理机制与感觉的内容是完全不同的，而感觉本身是一种心灵的能力，并非一种神经生理活动。我们可以发现一些笛卡儿的倾向，他试图用生理学解决心灵的问题，比如关于腺体的描述，但是感觉体验无法还原为生理活动。

总体上，笛卡儿从普遍怀疑的原则出发，既坚持理性主义，又深入探索了感觉问题，这样一方面开辟了近代唯理论的道路，一方面又是经验论的起点。探索笛卡儿“身体”概念中的感觉，可以发现一个经验的身体。笛卡儿将心灵放在主体地位，承认感觉的独特性，为今天科技导致的人的边缘化提供了反思的资源。我们需要关注自身的生存体验。

三、哲学史中的身体

伴随着对于笛卡儿哲学中心灵与身体的探索，有必要通过对哲学史的考察，思考身体作为一个重要的哲学概念，如何在笛卡儿之后获得了巨大的发展。思考者不得不以笛卡儿为路标，思考在他的思想出现前后，那些与其相关的哲学家说了什么。

如果以笛卡儿为界对身体在哲学中的演变进行观照，则首先需要理解笛卡儿在哲学史上的定位。事实上，他真正开辟了一条全新的道路，让哲学开始关注意识。或者说，笛卡儿思想是近代意识哲学的滥觞。

笛卡儿并不是哲学史上第一个讨论意识的人，这个传统可以追溯到更早。似乎，笛卡儿是第一个将意识与身体对立起来的人——身体和心灵是两个不同的实体。事实上，在早期的古希腊哲学中，柏拉图早就将两者对立了。一种普遍的观点是，笛卡儿思想是柏拉图主义的注脚。那么柏拉图说了什么？

《斐多篇》不仅记录了苏格拉底在面对死亡时的态度，也讲到了一个重要的哲学话题——死亡。关于死亡，柏拉图的态度是：真正的哲学家一直在练习死亡。更重要的是，死亡只是灵魂和肉体的分离。当灵魂摆脱了身体，它就会独自存在，甚至变得轻松自如。这种对待死亡的态度让柏拉图开始思考身体，并由此开始贬低身体。身体是不可靠的、不可信赖的，甚至身体是灵魂获得自由的障碍。灵魂为了获得思维的最高境界，不得不撇开身体，摆脱感觉的束缚，而那些来自身体的感觉都是一种对于思考的打扰。身体会产生欲望，甚至是不道德的欲望，这些都会扰乱灵魂对于真理的探究。柏拉图回避身体，认为不能沾染身体的情欲，应该保持自身的纯洁。当苏格拉底毫无畏惧地面对死亡，让身体的死亡带来灵魂的自由，恰恰反映了一个哲学家的伟大。柏拉图则努力论证灵魂的不朽和不灭，这也反衬出身体的暂时性和局限性，而这种暂时性和局限性正是柏拉图所贬低的。

柏拉图认为，身体的欲望和需求是尘世间各种苦难和罪恶的根源。在《理想国》中，柏拉图一方面贬低身体的满足感，一方面推崇灵魂和理性的快乐，认为这可以压制身体的满足。对于真理，柏拉图坚信理性的力量，因为感性的东西，那些来自身体的东西，不管是欲望还是艺术，都是让真理隐藏的东西。柏拉图毫不犹豫地站在了身体的对立面，他在《理想国》中说："保证身体需要的那一类事物是不如保证灵魂需要的那一类事物真实和实在的。"在这种态度下，身体进入了一个暴力的等级制，并且处在卑贱的底层。

柏拉图崇尚理性，其伦理学的基础是基于理性的自由，而善则是一种内心的理性状态。对于这样的伦理观念，身体显然是一个破坏者。身体是短暂的，有贪欲的，同时身体又包含了冲动，对于理性是一种挑战。正是因为柏拉图的这种身体与灵魂的二元观点影响了笛卡儿，所以笛卡儿才对此有所接受和继承，提出了自己的身心二元论。

在整个中世纪，身体的特性都是伦理学约束的对象，灵魂不仅主宰着身体，而且将其放置在卑贱的位置。如果追问其原因，至少需要讲到来自宗教的和古希腊哲学的两个传统。中世纪的哲学仍然在发展，最为显著的特征之一是“两希文明”的融合，也就是古希腊文明和希伯来文明的融合。

是柏拉图将身体和灵魂对立起来，到了新柏拉图主义者那里，这种对立被再一次强调。基督教神学并没有拒绝柏拉图主义，相反，这里出现了一种成功的改造，上帝和柏拉图的“理念”开始具有相似的品质。古希腊哲学的精华和基督教思想融合，上帝变成了终极的至善。一些来自柏拉图的理想被基督教的神学哲学家接受，进而被改造为一种对于《圣经》的阐释。在这个过程中，身体与灵魂的对立是明确的，由此引申出的对立也显而易见。比如在奥古斯丁那里，上帝之城与世俗之城是对立的，这与灵魂和身体的对立具有隐喻的对应关系。同样地，那些来自身体的东西被视为卑贱和肮脏的，比如世俗之城的爱，就和身体的特性一样，是短暂的欢乐，一时的满足。与世俗之城的自私甚至是罪恶不同，上帝之城充满了上帝的爱，那里居住着上帝拯救的人。而对于上帝的爱需要克制世俗的爱，需要压抑欲望。

如同一个换喻，柏拉图的身体是欲望的身体，这是无法接近真理的；奥古斯丁的身体是欲望的身体，这是无法通达上帝之城的。世俗、身体对应于上帝、理性，由此开启了中世纪禁欲主义的大幕。在整个中世纪，如果按照德国哲学家舍勒的观点，在上帝信仰的范围内，灵魂是自由的，但是身体却被囚禁起来。这种对于身体的道德伦理压制一直持续到宗教改革之后。伴随着启蒙时代的到来，理性终于战胜了信仰，那些来自身体尤其是感觉的知识备受怀疑。笛卡儿正是众多质疑者中的一员。

似乎文艺复兴是对身体的赞美与解放，其对古希腊时代思想的复兴，目的是让人性走出宗教神学的囚禁。但是，身体并没有成为哲学的焦点，因为来自柏拉图的影响依然强大。身体并没有成为战胜神学的武器，而真正的武器是理性和科学。理性得到了高度的重视，这既符合柏拉图以来包括中世纪的哲学传统，也符合教会内部的规定，身体仍旧屈从于心灵。笛卡儿认为心灵是至关重要的，只有关注心灵，才能揭开真理的秘密。心灵也是意识，包括了最为崇高的纯粹思维，而身体，显然没有包含这样的东西。

笛卡儿的身体仍旧在心灵的王位之下臣服。

但是，当笛卡儿把哲学的焦点放置在意识上，“我思”就开辟了心灵哲学。这似乎是说，笛卡儿最为重要的影响正在于此。其实，笛卡儿关于身体的思想受到了后来众多哲学家的质疑，而这种质疑本身就是其影响的一部分。

启蒙时代是理性大放光芒的时代，笛卡儿的身体也是理性思考观察的对象。若那个感性的身体是不牢靠的，是否需要一个更为理性的主体？在黑格尔看来，人被抽象为意识和精神，而人的历史也被抽象为绝对精神的发展。这样的更为理性的主体是不会给身体留下什么好位置的。一个理性的身体几乎是不可能的，因为笛卡儿所开辟的经验论受到了康德的批判，而黑格尔从康德哲学那里发展出更为完善的体系，在这个体系里理性是至高无上的。

在古希腊，哲学家贬低身体是因为其非理性；在中世纪，教会压制身体是因为身体具有动物性；在笛卡儿那里，意识和身体被划分开来，成为两个独立的实体。这似乎拯救了身体，事实上是一种对身体的巨大的漠视，身体仍然不是真理的来源。伴随着知识论的发展，哲学家们的兴趣发生了偏移，身体与真理之间的鸿沟开始弥合。到了尼采那里，一个重要的转折出现了。尼采说上帝死了，也就是"人义论"取代了"神义论"，上帝不再是意义的来源。那么什么可以承担提供意义的重任？尼采提出的解决方案是人，是一切从身体出发。在尼采以前的哲学中，不管人是什么样的存在，不管是作为一个智慧的柏拉图，还是作为一个被拯救的基督徒，或者作为笛卡儿思想的追随者，他们都具有一个共同的特征，那就是理性。或者说，人的定义就是理性的动物。以上这一切都被尼采打破了。

尼采说，在人的思想和感情后面，有一个强大的主人，这的主人叫作自我。自我就是人的身体。这个身体或者尼采的身体是动物性的。尼采引入了"权力意志"的概念，并且称其为一切存在者的基本属性。对于动物性，因为其属于"权力意志"的一部分，所以也是人的基本属性。而理性则不得不变成身体的一种附属物。尼采哲学本身是对极端理性主义的反叛，但是他又开辟了哲学的新道路，让身体成为哲学思考的中心。在尼采之后，伴随着对于现代性的反思，他的思想越来越多地被人接受和传播。

在对于笛卡儿思想的反思中，法国哲学家梅洛-庞蒂提出了卓越的看法。梅洛-庞蒂可以称为知觉现象学家，这个称号也说明了他的思想背景，一方面是心灵哲学的，另一方面是现象学的。梅洛-庞蒂反对笛卡儿的身心二元论，他对于身体的思考是在知识论的背景下展开的。

在梅洛-庞蒂之前，身体对于真理来说是无关紧要的，而身体与知识之间也有一条无法逾越的鸿沟。如果向前追溯，在古希腊哲学和中世纪神学那里，身体需要被严格管制；到了科技时代，身体被切割为越来越细微的碎片，放入仪器的视野之下观察。身体尤其是其所提供的感觉并没有成为真理的来源。当笛卡儿开辟了近代哲学，以“物理学”主导的科学精神让心灵逐渐地变成理性的机器。在这个过程中，自然不再神秘，理性驱赶上帝，那些原本由上帝支配的神秘的自然变成了敞开的无秘密的理性认知的对象。身体显然是无足轻重的。但是，极端理性带来的现代性危机是显然的，在对极端理性的反抗中，身体走入哲学舞台的中心。

梅洛-庞蒂的身体与认知关系紧密。他的知觉现象学从笛卡儿的“我思”出发，并对这个命题进行了反思。梅洛-庞蒂的我思并不包容“我在”，他认为“我在”是优先于“我思”的，是“我思”赋予了“我在”相应的意义。梅洛-庞蒂企图回归存在，并且对笛卡儿哲学进行了改造，以期超克身心二元论的局限。他主张身体才是知觉的主体，而身体对于世界来说是一种“嵌入”，这如同心脏是嵌入在人的身体之中一样。知觉、身体和世界三者是一个统一体。在这三者的关系中，身体具有极为重要的意义。由身体诞生的知觉是人与世界交互的方式，通过身体对客观世界的作用而产生思维，人是通过身体而不是通过理性思维与世界交流的。也就是说，如果离开了“体认”，离开了经验，人将无法知觉世界。由此，梅洛-庞蒂提出了“具身的主体性”概念。在笛卡儿那里，因为二元论，导致心灵变成离身的心智，人就有了成为“复杂机器”的可能。在梅洛-庞蒂那里，人是活生生的、积极的创造者，人的主体性是通过身体与世界的物理性互动而实现的。

可以说，“具身认知”中的身体与笛卡儿哲学中的身体具有不同的地位。作为对于“身心二元论”的反思和超克，其现实意义重大。“心灵”不再是孤立的实体，而是一个从身体中凸显的过程。心灵从来就离不开身体，而情绪、情感、思维等等，仅仅是有机体与外部世界互动时产生的对于身体活动的体验。

四、身心二元论

关于身心二元论，一个核心的观点是，物质与精神是异质的、分离的。如果物质指的是肉体，精神指的是思想，那么两者的分离自古有之。而在日常的语言中，有诸如“我的大脑，我的想法”等等，仿佛我和大脑是两个不同的分开之物。而一元论则认为，肉体是灵魂的载体，灵魂是肉体的现象。“我”显然包括身心两个部分，那么笛卡儿对此持有什么样的观点呢?

要理解笛卡儿的思想，首先要回到笛卡儿的时代。在那个科学并不昌明的时代，奥古斯丁神学统治着社会的意识形态领域，“自然规律”还不是一个普遍被人接受的概念，那么肯定不能用它来解释各种自然现象，包括天体运行等等。同时，来自教会的压力很大，诸如“日心说”等等在今天被看作常识的东西，在那个时代还是禁忌。

笛卡儿身心二元论又被称为“实体二元论”，主要讨论的是作为物质实体的身体与作为心灵实体的灵魂，这二者之间有何关系。实体有两类，一类是物质实体，一类是心灵实体。在《第一哲学沉思集》中，笛卡儿写道：“在认识灵魂不灭之前，要求的第一个和主要的东西是给灵魂做成一个清楚、明白的概念：这在这里已经做到了。除此之外，还要求知道我们所清楚、分明领会的一切东西，本来就是按照我们所领会的那样真实。……凡是清楚、分明地领会为不同实体性的东西，就像领会精神不同于物体那样，实际上都是分属不同实体的，它们之间是实在有别的……”笛卡儿在这里强调两者是不同的。

物质实体的本质是广延，心灵实体的本质是意识或思维。物质实体和心灵实体的性质不同，前者可以无限细分，后者是不可分割的；前者可以毁灭，后者不可毁灭；前者要遵循物理学规律，并受其约束，而心灵实体则具有自由意志，是不受约束的。构建物质实体的是人的感觉器官，人需要借助感觉器官而形成感知经验。可以说物质实体是被间接认识的，而心灵实体依赖纯粹思维而存在，是直观的。在笛卡儿看来，心灵是第一位的，而身体或者那个物质实体则是第二位的。

在《谈谈方法》《哲学原理》等著作中，笛卡儿主要对方法论进行了论述。通过这几本著作，笛卡儿引入了“普遍怀疑”的观点，就是对人类既有的一切知识都加以怀疑，直到找到确定无疑的知识为止。普遍怀疑的过程实际上就是归纳，就是对各种意见和观点进行归纳性的去伪存真。清楚明白的概念不会轻易就让人得到，人类如果想让真理呈现，就需要使用“普遍怀疑”的方法。

在《哲学原理》中，笛卡儿将“普遍怀疑”作为哲学的第一条原理。普遍怀疑的方法促成了笛卡儿身心二元论的形成。在《第一哲学沉思集》中，笛卡儿指出，他不得不从普遍怀疑开始排除各种错误的偏见，因为从自己已知的知识中找不到答案，而这种普遍怀疑会逐渐让精神脱离感官，直到发现确定无疑的东西。如果对于某些事物有怀疑，就可以假定它们不存在。但是，对于怀疑这个事实，却是不能怀疑的。如果感觉是不可靠的，那么身体产生的感觉自然是可疑的。但心灵尤其是正在思考的心灵是确定无疑的。把精神和物质的东西区分开，关注“我思”，就可以得到确定的“我在”。把世界划分为物质和精神两种实体，这一划分是建立在“普遍怀疑”的方法之上的。

基于这种二分，笛卡儿的思考很容易推论出一个结果——人是一个二元的存在。既会思考，也会占领空间，身体就是一个物质的机器，受物理法则的统治。然而灵魂是非物质的，不占空间，不受物理法则统治，自由自在，拥有自由意志。这在当时看来，笛卡儿给出了一个比较完善的解释。身心二元论有其正面价值，而且价值非常大，影响至今。

对于笛卡儿思想渊源的探讨有助于理解其对于身心关系的思考，这是从思考自我意识开始的。为了给自己的哲学思想找到一个可靠的、绝对的基础，笛卡儿开始了他的思考。在“我思故我在”的命题出现之前，哲学史上并没有针对身心关系的专门论述。但是，对于“我思”所涉及的命题，比如自我、意识、思维、反思等等，却早就有哲学家进行探索。

如果追溯到古希腊，苏格拉底曾获得“认识你自己”的神谕。在当时的历史情境下，众多哲学家只关心自然世界，而苏格拉底却强调关心自身。对于苏格拉底而言，“认识你自己”就是认识心灵的内在原则，或者说认识德性。他认为只有关心自己的灵魂，才能分辨是非，了知善恶，做一个有德性的人。

这种向内的自我反思，把自我作为思考的对象。这不仅是一种认识真理的方法，也是一种构建自我规定性的方法。“认识你自己”包含了自我反思、自我对比、辩证分析等多种形式，从而让“自我”成为一个他者和对象。

可以说，“认识你自己”的伟大在于，它开辟了古希腊哲学向内探索的传统。

柏拉图是苏格拉底的弟子，他将与自身有关的“思考”看作是善的行为，并在《查密迪斯篇》中提出：“如果人具有了对认识本身的认识，他必定也就可以认识他自身。”他将“思考”看作“一种包括道德反省、自身沉思在内的精神活动”，因此在柏拉图这里，作为沉思者的“我”的概念开始萌芽。亚里士多德对“思想的思想”进行了分析，他在《形而上学》中提出：“以自身为对象的思想是万古不没的。”

在中世纪哲学中，基于神学的巨大影响，哲学中关于“自我”的问题都与神有关。比如中世纪哲学最具有代表性的奥古斯丁，在他的三位一体证明中，有这样的论述：“我们之所以是我们自己，乃是因为在我们的精神生活中贯穿着三个不同的因素。只有在我们意欲认识时，我们才认识；只有在我们认识时，我们才意欲；只有当一个基本的当下的精神将这些作为我们行为的认识和意欲聚合在一起，从而使我们在所有认识和意欲之前便具有一个前反思的知识，即是我们在进行这些认识和意欲——只有这时，我们才认识和意欲。”奥古斯丁把自我认识的过程等同于把握上帝的过程。更为重要的是，奥古斯丁哲学主张灵魂的自身确然性是所有经验中最为可靠的东西。他主张，即使怀疑论者否认感知内容的外部实在，他们却无法否认感觉本身的内部实在；在我进行怀疑的时候，我无法怀疑我自身的存在，“意识或意识进行者的自身确然性恰恰从怀疑本身得出来”。奥古斯丁的这一思想对笛卡儿产生了关键性的影响。

上述的这些哲学思想为笛卡儿身心关系理论的构建提供了丰富的资源，伴随着宗教改革，自我成为重要的命题。在这个巨大的历史趋势中，笛卡儿从哲学传统中汲取营养。这包括了古希腊哲学家对于自我、意识、思维等等问题的讨论，还包括中世纪哲学家奥古斯丁等人对于“确然性”理论和“怀疑”方法论的构建，它们共同促成了笛卡儿“我思故我在”的哲学思想。

当“身心二元”的观念得以确立，心灵就有了独立发展的可能。可以说，受到笛卡儿身心二元论影响最为深刻的正是当代英美的心灵哲学，而心灵哲学又深刻地影响了当代科技尤其是人工智能。笛卡儿的“普遍怀疑”根植于古希腊时代以来的哲学传统，确立了心灵哲学实体二元论的基本立场。在笛卡儿的身心关系理论中，一些缺陷或者契机，不仅影响了心理学，还开辟出诸如内省主义、行为主义、物理主义、功能主义、强人工智能等等哲学路径。尤其在人工智能时代，我们对于认知和智能的本质还没有达成共识，这让哲学家不得不重读笛卡儿。

从更大的范围讲，笛卡儿的身心二元论形塑了当今自然科学的基本原则，这同时引起了关于灵魂的争论。当代著名心灵哲学家约翰·塞尔曾经说过：“根据我的经验，我所知道的大多数实体二元论者都是出于某些宗教理由而持有此论点的。实体二元论的一个理论后果便是——当我们的肉体消亡以后，我们的灵魂可以继续存在，而这个后果对于那些相信来世的宗教的信徒来说就颇具吸引力了。但对于活动在心灵哲学领域内的大多数行家来说，实体二元论就不会被他们视为一种严肃的选项。”这也从另一方面说明了为什么笛卡儿的身心二元论很少被心灵哲学家所接纳，虽然完全不受其影响是极其困难的。

梳理心灵哲学的发展历程，可以很好地理解笛卡儿的身心二元论。

身心二元论是这样一个命题，它追问的是：世界包括人的身体，其中除了物质的东西，还存在什么？这个问题是一个哲学的根本性问题。身心二元论似乎可以解答它，但是它无法解释心理的因果性问题，即身体和心灵是如何相互作用、相互影响的。作为一种解决身心二元对立的方法，哲学家们尝试从唯物主义中找到解决之道。比如，世界之中并没有两种实体，所有物质具有两种属性，也就是物理属性和心理属性。人类同样不是由两种实体构成的，作为具有物理属性的身体，同时具有心理属性。“属性说”似乎调和了身心二元的对立，但是问题仍然存在——心理属性和物理属性之间到底是何关系？

虽然身心二元论具有难以解决的局限，但这并不影响它对一些学科尤其是心理学造成深刻的影响。基于身心二元的立场，当身体或者物理的一元已经有了生理学和物理学，那么灵魂或者心灵的一元也应该有一门科学——科学心理学由此诞生。

科学心理学受到哲学的深刻影响，在身心二元论的影响下，发展出探讨意识元素的构造心理学，研究意识功用的机能心理学等等专门的科学。认知心理学更是一个范例，从本体论上贯彻了身心二元论的原则。有一位心理学家指出，现代认知范式事实上被认为是笛卡儿主义的重要遗产。追随笛卡儿，心理学家在实在和思维之间划分了严格的界限。这种界限最后成为障碍，影响了对于心灵和身体互动的理解。从认识论上来说，如果承认主体与客体或者心灵与身体是对立的二元，那么认识过程必然由"表征和被表征"的关系构成。传统认知心理学把认知作为独立于身体的表征和加工过程，这正是以身心二元论为基础展开的。

基于传统的认知心理学，心灵成为独立于身体的"抽象符号加工装置"。计算机科学与认知科学相互影响，认知心理学家以计算机的软件和硬件隐喻人的心灵和大脑，将认知等同于计算机的符号与操纵，而大脑则类似于计算机的硬件，是实体性的。

在身心二元论的影响下，唯物主义得到了发展，影响了两个世纪。在唯物主义看来，物理实在才是唯一的实在，而心灵可以还原为物理状态，具有物理性质。诸如行为主义、物理主义、功能主义、强人工智能等等，都受到这种观念的影响。比如"行为主义"的著名观点认为，心灵只不过是身体的行为。

在行为主义的发展经历中，出现了"激进行为主义"。这是由约翰·华生首先提出的，其主要观点是，行为只是对环境刺激的可观察的反应。在这个观点中，因为行为是环境刺激后的产物，不是一种心理状态，这就从根本上取消了心理的因果性问题。但是，心理因果性的观念深深植根于我们的日常语言和观念中。伴随着实验观察的精细化，这一理论出现了局限，心理状态和心理过程的关系必须得到合理的解释。于是，激进行为主义逐渐被逻辑行为主义所替代。但是，逻辑行为主义并不能为心理因果性提供足够的解释。到了20世纪60年代，行为主义逐渐被“物理主义”学说所替代。“物理主义”宣称心理状态与大脑状态之间具有同一性。这似乎可以解决很多问题，但是，同一论成立的前提就是承认存在物理属性和心理属性。如果不承认属性二元论的基本立场，这个同一论就无法成立。于是，身心二元论固有的缺陷再次出现了。

即使在今天，哲学、认知心理学、计算机科学、语言学、人工智能等等领域不断交叉融合，其研究仍然没有摆脱身心二元论的困境。一种“计算机功能主义”或“强人工智能”的理论认为，在高级计算机中，“心灵”是一个数字化的计算机程序，而心理状态就是脑的计算状态，心灵与大脑的对应就好像软件与硬件的对应。这种观点受到了批评，因为大脑的功能是高于计算机的更深层的智能活动。心的意向性以及语义的呈现，或者心的本质是不可计算的。当然，这个争议并没有停止。

关于笛卡儿身心二元论的影响，可以在哲学之心灵哲学以及科学之信息科学中找到众多线索。问题仍然没有解决，因为对于人类自身的心智活动，其内在机制和一些特有的现象，比如灵活性、选择机制和涌现性，我们至今没有完全的认识。而对于心智活动的认识，正是对于主体——人的认知。作为近代哲学之父的笛卡儿，他的“我”将继续影响科技和哲学。

第七讲
从机器到人

一、人是机器吗？

二、语言与智能的挑战

三、以人类为中心

笛卡儿认为“动物是机器”，同时坚决反对“人是机器”。他同意把动物和人的肉体都看作是机器，但是人的地位比动物更高，因为人具有心灵。在笛卡儿的时代，身体在哲学中没有地位。到了后来，伴随着哲学的“语言转向”，那些由意识哲学和极端理性所造成的问题得到反思，身体反而成为哲学家们关注的焦点。伴随着心理科学的兴起，当意识和身体都可以用自然科学的方法去研究，于是“智能”又变成人类的热门话题。在机器进化的过程中，笛卡儿提出的那个问题仍然具有意义，哲学思考的坚固起点是什么？人或者“我”能否成为意义的唯一来源？

一、人是机器吗？

机器，是一种由物质部件组装而成的装置。这种装置消耗能源，通过运转、做功，实现一定的生产目标。早期人类制造的机器过于原始，还不能大量地替代人类劳动。到了笛卡儿的时代，经过手工艺人的努力，机器的精密程度已经得到了长足的进展。更重要的是物理学的发展，让机器成为那个时代的明星。

在笛卡儿的时代，众多物理学家和生理学家开始从物理的角度解释重要的生命现象。他们普遍认为动物的生命现象，诸如运动、消化等等都遵从物理规律。而机器毫无疑问是演绎物理规律的典范，那么笛卡儿用“机器”来类比动物，就不再是什么惊人的观点。

基于笛卡儿的观点，将动物看作机器，这在今天似乎有点难以理解，尤其当动物被赋予更多的权利，甚至拥有一定的福利。但是在笛卡儿的时代，作为一种观念，“动物是机器”却有着积极的意义，代表了当时人类思想的一种进步。笛卡儿之所以提出这样一个观点，与他关于物质和机械运动的思想分不开。

在笛卡儿看来，运动是一种位置的变化。在物质世界中，运动只有一种形式，那就是机械运动的形式。这种运动在物质世界中是一种绝对无限的运动。一切的自然现象都有其内在的规律，在笛卡儿看来，整个宇宙都是根据其内在的规律，如同一架庞大的高度精密的机器一般运动着。这种运动发生在无机物的世界，比如石头滚落、流水潺潺，都是机械运动。那么对于有机物来说，比如动物，它们同样符合这种运动规律。兽类的奔跑，鸟类的飞翔，这一切都是运动，都是在位置上发生变化。既然有机物也在运动，而符合运动规律的正是机器，所以有机物也是机器。既然对于自然界的观察和理解，我们可以按照一种物理学式的思维去推理演绎，那么对于动物，自然也可以用这种物理学式的方法去分析。

"动物是机器"这一论断的基础是运动的单一性，所有的事物都遵循一种运动规律，有机物和无机物遵循一样的运动法则。事实上，自然界是非常复杂的，而运动也是多种多样的，这些都不能简单地用机械规律来加以解释。可以说，笛卡儿并没有把握物质和运动之间的辩证关系，片面地将机械规律作为运动的普遍规律，从而忽视了运动形式的多样性。同样地，无机物与有机物之间，动物与人之间都存在某种界限，这种界限不能因为一种解释而被忽略掉。笛卡儿认为，所有物质形态的运动都需要遵循机械力学的规律，动物具有物质形态，自然也需要遵循机械运动的规律。这样一来，动物必然就是一种机器，一种纯粹的物质过程。

"动物是机器"体现了一种"机械唯物论"的观点。笛卡儿的这种看法固然是片面的，但是在当时又具有一定的进步性。

第一，这是一种追求科学的思想尝试。为了获得对于世界尤其是对动物的普遍解释，笛卡儿找到了“运动”这一原则，并且对其进行解释。与“运动规律”相对的，正是“机械”，因为机械具有更加精准、可以操控的特性。笛卡儿希望通过这种普遍性的规律解释各种现象。第二，笛卡儿的“机械唯物论”思想承认世界是物质的，反对中世纪的宗教神学，具有一定的积极作用。笛卡儿认为物质具有广延，是一个实体，也就反对了主观唯心主义的观点。第三，笛卡儿通过规律来把握事物的普遍本质，这具有很大的方法论意义。笛卡儿的“动物是机器”属于机械唯物论，其中的众多观点都成为笛卡儿的物理学及哲学体系里的关键内容。

笛卡儿提出这样的观点，其影响非常深远，成为构建现代性的重要思想。在对于现代性的反思中，法国哲学家德里达就认为，笛卡儿哲学中关于动物的思想带来了动物界的一场大劫。他在《动物故我在》一书中多次批判笛卡儿的动物思想，这就包括了“动物是机器”的论断。德里达视笛卡儿为传统哲学的代表，他说：“通过无可置疑的关系认定，在这个关于‘自我认知’的演化史上，在奥古斯都和卢梭之间站着的是笛卡儿。他是以‘动物机器’的概念在等待着我们。”在德里达那里，笛卡儿对待动物的方式就是将其客体化，乃至于到了冷漠和忽视的程度——动物和无生命的机器一样。当动物作为生命主体的特性被忽视，它们就必然面临合法地被剥削的境地。

在“动物是机器”成为普遍共识之后，伴随着资本主义的兴起，资本家需要通过最小的投入收获最大的产出，这就导致了动物成为被剥削的对象。集约化的养殖农场成为工业化生产组织的一部分，而动物在其中如同没有情感的金属零件一般，被批量化地生产出来。因为人们对肉类的需求是强烈的，所以在这个产业中，资本家关注的只是产量。在1964年，一位叫鲁斯·哈里森的女士对英国的集约化养殖农场进行了深入调查，并且因此出版了《动物机器》一书。这本书在当时的英国影响极大。在书中，作者揭露了集约化养殖农场的大量现实，让公众了解到集约化养殖的真相——对于动物和人的双重伤害。一方面，集约化的养殖技术严重损害了动物的福利，动物作为产品，成为人类攫取更大利益的工具。既然作为工具，其基本属性就是物，其生命的意义就被剥夺了。而在另一方面，对于人来说，工厂化的养殖取消了动物的自然属性，基于降低成本的需要，动物长期处在仅仅能够活着的状态，工厂通过各种抗生素、镇静剂让动物维持生命，生产肉类，而这些有毒的肉类最终要进入人的身体中，从而直接影响人的健康。

如果根据德里达的理论，这种动物权利的丧失属于“人类中心主义”思想带来的危害。德里达将笛卡儿看作是传统动物思想的典型代表，同时也将他视为人类中心主义者。通过人与动物之间的语言和理性差别，笛卡儿划分了两者，并且提出“动物是机器”的观点，认为动物只能完成机械运动，而人是可以理性思考的，是可以用语言表达思想的，这就让人类成为世界的中心，人与动物之间的界限变成了鸿沟。在这个暴力的等级制里，人虽然同样具有物质性的身体，但因为拥有心灵，所以人不是机器。

人不是机器代表了这样一种事实，当人类走出神权笼罩的中世纪，其地位获得了张扬。虽然笛卡儿持有机械论的观点，但是在他看来，人并不是机器，他坚决反对“人是机器”的说法。虽然人和动物的身体都是物质，服从物质的普遍规律，但是在超出身体和物质的意识和精神层面，就不能将动物和人同等对待。他同意将人的身体看作是机器，但是作为整体，人不是机器。

根据身心二元论的观点，笛卡儿认为动物和人的根本差异在于心灵。上帝创造了世界，这就包括了物质的东西和精神的东西两种，也就是物质和心灵两种实体。这两种实体遵循不同的规律。对于物质世界来说，其遵循的是机械规律，比如动物，以及人的身体，还有天体在内的其他自然界事物。对于人的心灵来说，因为超出了身体或物质的范畴，需要在意识或精神的层面思考，所以，心灵这种实体的运动不能用机械规律描述。

人是有心灵、有理性的，而动物是非理性的，虽然两者都有物质性的身体，但是理性的灵魂让人区别于动物。我们即使可以将动物看作是机器，甚至把人的身体理解为机器，但是作为整体的人不是机器。这是最重要的一点。

人与动物之所以可以区分，语言是除了理性之外，笛卡儿认为的又一个关键所在。人与动物依靠语言和理性来区分，这两者是密不可分的。如果从“心灵”这个视角去考察，理性的表现也就是语言的表达，是通过对于语言或类似符号的运用呈现出来的。人可以根据不同的情境对问题进行分析，从而运用内部言语思维，或对外进行语言交互，或对自身的行为进行调整。这些都依赖语言，而语言又是动物所不具备的。虽然语言的词汇是有限的，但是其组合却是接近无限的。正是如此，笛卡儿认为，对语言的使用是区分人与动物的原则性标准。

理性和语言成为区分人与动物的关键要素，这也是笛卡儿认为“人不是机器”的原因。在谈到人与动物的区别时，笛卡儿写道：“没有一个人，即使白痴也不例外，会机能衰退和愚蠢到如此程度，以至于他不能把不同的语词组合起来构成语句，用来表达自己的思想。但是，没有一种动物，不论是多么高超，所处的环境是多么幸运，能够做到这一点。这并不是由于缺乏器官才导致这种局面，因为很明显，鹦鹉能像我们一样说出一个个的词来，但是它们不能像我们这样说话，也就是不能证明它们说的就是它们想的。相反，生下来就是又聋又哑的人……这种处境跟兽类一样，甚至更糟，可是他们经常会自己创造某些符号来使旁人理解他们。”因此，笛卡儿得出结论：语言是人类特有的。动物包括人的肉体完全遵循机械性原则，在此意义上，它们都是机器；人是肉体和心灵的组合物，是心灵让人区别于动物。笛卡儿的这种观点受到了自然主义者的反驳。在18世纪的法国，唯物主义者拉·梅特里针对笛卡儿提出更为激进的主张，他的小册子《人是机器》用标题直接说明了他的观点。

人是机器吗？这似乎是一个早就解决的问题。但是在今天，伴随着人工智能和精密机械的兴起，新的问题出现了，人与机器的边界越来越模糊。人的身体中可以有机械心脏、高精度的脑起搏器，而机器也越来越智能。但笛卡儿用一种预言式的方法否认了机器可以思维，他所谓的机器仍然是一种提线木偶般的机械物。而在人工智能时代的今天，机器甚至在人类标榜自身智能的活动中胜过了人类，比如象棋、围棋等等，而且机器学习已经成为常态。当人体与机器不断耦合，这是否意味着，人正在变成机器？

对于这个问题的回应，需要从笛卡儿所讲的理性和语言开始探索。

从理性的角度看，因为人具有理性，所以笛卡儿认为动物或机器都只能执行相对有限的特定任务，而人则可以突破这种限制。他说："理性是万能的工具，可以用于一切场合。"笛卡儿所强调的理性是一种普遍的"通用的"能力，不仅仅可以应对特定的情境，处理特定的问题，更可以在不同的情境中运用。这已经涉及思维的问题。当今的计算机已经可以执行多任务的操作，如果资源允许，机器同时执行的任务可以无限多。而对于情境的适配性，机器也可以做出很好的识别和反馈，甚至可以和人类的某些技能相媲美。

当然，人类思维的复杂性绝不能用"理性"两字概括。计算机科学家确实已经研制出先进的算法和芯片，并且试图模拟人类思维，但这样的机器在很多问题的处理上错误百出，速度很慢。机器仍然在向人学习，即使这个速度越来越快，但机器与人的差距仍然体现在思维之上——或者说笛卡儿所谓的"心灵"。

这种差距并不能否认一个问题的存在，笛卡儿所引出的问题仍然是当今心灵哲学和人工智能科学的重大挑战。"人不是机器"，这固然只是笛卡儿提出的否定式命题，但同样可以以此命题继续追问，机器能否模拟人类的心灵？似乎从理性的角度分析，机器并没有自我学习的功能，它只能根据预先设定的程序运行，不能处理程序未规定的事情；而人的理性可以支配思维，从而借助认知，在千变万化的环境找出问题的答案。事实上，今天的计算机已经可以自动学习，但是其“自我意识”还是没有被规定的，“我思”这个命题在计算机那里是不成立的。

人与动物的另一个不同之处是语言，而语言具有无限性。在笛卡儿看来，“语言无限组合”是非常重要的思想。如果通过数学计算，可以发现人类的语素是有限的，其组合从理论上说也是有限的，但是相对无限的世界，语言却可以将其描述出来，所以语言也被理解为是无限的。即使元素和规则都是有限的，但是通过组合，就会产生不计其数的组合形式，从而人类可以使用几乎无限的符号去表征世界。

作为一名天主教徒，笛卡儿自然会从基督教那里获得思想的滋养。在《圣经·约翰福音》的开始就有，“太初有言，言与神同在，言就是神。”可以说语言不仅是人类与动物或者机器进行区分的重要特征，也是一种神圣的赋予物。笛卡儿认为，人的众多不证自明的观念，尤其是理性的观念是上帝赋予的。正是因为人的思维需要依靠内部言语，是一个人运用语言在心中说话的过程，所以当笛卡儿的“心灵”被心灵哲学解读为意识和思维的时候，语言的意义就极大地凸显出来。可以说，“人不是机器”这个命题的关键是语言问题。

人正在变成机器吗？或者机器正越来越像人？至少在笛卡儿那里，“人不是机器”具有双重意味，既是结论也是宣言。如果作为结论它正在受到现实科技发展的冲击，那么它也可以理解为一种宣言——如果人类所创造的机器正在进化为一个全新的物种，那么“人不是机器”更像是“人类中心主义”的悲壮挽歌。

当笛卡儿说“人不是机器”的时候，他隐含的一个预设就是人具有心灵，尤其是理性的心灵。“理性”在笛卡儿的思想里意义非凡。为了建立一种与经院哲学不同的、具有确实可靠的基础和实际效用的哲学，笛卡儿通过演绎尤其是数学演绎的方法探寻真理。关于演绎，笛卡儿认为是“从业已确切知道的其他事实出发所进行的任何带必然性的推理”，也就是说演绎必然是理性的推理。但是，演绎要求建立在某些“确切知道的其他事实”上，也就是自明的公理或原则上，那么，如何确定这些自明的公理和原则呢？笛卡儿引入直觉的概念并且做了解释：“我所了解的直觉，不是感官所提供的恍惚不定的论据，也不是幻想所产生的错误的判断，而是由澄清而专一的心灵所产生的概念。”

这种通过直觉得来的知识，也就是不证自明的知识，它们来自哪里？笛卡儿认为，理性直觉获得的那些不证自明的知识乃是天赋的，是上帝印入人的心灵之中的。笛卡儿说：“上帝创造我的时候把这个观念放在我心里，就如同工匠把标记刻印在他的作品上一样。”由此，可以说笛卡儿将理性直觉的知识视为“天赋观念”。

人与机器不同，语言是区分的关键。正如我们所知道的，人脑中的思维需要借助内部言语来实现，如果没有语言，人就无法思维，心灵也就坠入混沌。观念作为思维的产物，自然也是需要借助语言的。当笛卡儿声称那些自明的观念来自上帝，也就隐含了语言中自明的东西来自上帝。人具有自明的“天赋观念”，这种先验唯心主义的思想是不是错误的呢?

至少在笛卡儿的那个时代，已经有唯物主义者对此进行了批判。比如霍布斯就认为，自明的观念如果是天赋的，那么它就应该永远呈现。事实上，在人们沉睡无梦的时候，并没有什么观念呈现出来，这说明观念并非天赋的。笛卡儿辩解道：“当我说一个观念是天赋在我们之中时，我的意思并不是说它永远对我们呈现出来。这就会使得没有观念是天赋的。我的意思只是说我们具有唤起这一观念的功能。”这一解释更像是辩解，因为这事实上承认了“天赋观念”是一种潜在的状态，而不是人人都有直接获得这一观念的天赋。在笛卡儿看来，演绎需要公理或者基本规律，这些都是自明的，“十分清楚明白”的，如果不能直接获得，那么就会出现自相矛盾的解释。

笛卡儿的困境在莱布尼茨那里获得了缓解。莱布尼茨舍弃了笛卡儿的天赋观念直接呈现说，他认为天赋观念不是现实的，而是潜在的。这也就承认了影响人类认知的各种天赋的因素，比直接认定天赋的观念进步。这种对于理性思维性质的描述更接近当今的主流认识。比如恩格斯就明确指出，“……理论思维仅仅是一种天赋的能力。”

对于笛卡儿哲学来说，天赋观念占据着十分重要的地位，其具有的意义是多重的。其一，笛卡儿提出天赋观念，这有助于获得确定性的知识，或者为确定的知识寻找根基。在笛卡儿哲学中，逻辑方法是基础性的。“天赋观念”并不是笛卡儿用以解决认识来源的问题而被提出的，而是被他用来为确定的知识寻找根基。在理性演绎法中，“天赋观念”恰恰是逻辑推理的前提。笛卡儿认为，如果想获得普遍必然性的知识，就需要从这些前提出发。从科学的角度看，这样的前提就是公理或者原则，通过理性的推理，就可以得到普遍意义上的结论。“天赋观念”更像是“一种指导和规定它们的自然规律”，借助“这种规律的知识”，就可以找到“最高和最完满的科学之关键和源泉”。

其二，在“天赋观念”的思想中，笛卡儿贬低了感觉经验在认识中的作用，强化了理性的作用，这带来了一种事实上的割裂。笛卡儿有一位追随者叫Regius，在对于他的评论中，笛卡儿指出感觉观念比如疼、色彩、声音等等，这些都和关于运动的观念一样，也是天赋的。如果说广延、运动等关于外部物质世界的天赋观念具有客观的对应物，那么这些感觉观念找不到对应物。

感觉观念不等于感觉经验。笛卡儿认为感觉经验是“从外面来的”，同时指出其对于认识的意义，说：“有些哲学家忽视经验，想象着真理会从他们的头脑中涌现出来，如同智慧之神从宙斯的头脑中涌现出来一样，这是不切合实际的。”可见笛卡儿并没有否认感觉经验的作用，但是他持有一种贬低的态度。在他看来，那些通过感官传达给我们的知识常常是不确切的。笛卡儿指出：“凡是正确地注意到我们的感官能够伸展到多远，并注意到我们的思维能力通过感官究竟能获得什么东西的人，应该承认事物的观念——以我们在思想中形成这些观念的样子——绝不是感官向我们呈现的。我们的观念中没有任何东西不是天赋于心中的，或不是思维能力，除了属于经验的那些条件而外。”在笛卡儿那里，感觉经验相对于那些“天赋观念”来说，只具从属的地位，对于主体的认识并没有实质性的作用。

其三，笛卡儿“天赋观念”的思想包含了认识主体性的思想，确定了人的一切认识都受到了主体先存的认识结构的制约。这似乎只是一个关于认识论的话题，实质上却是人的主体性命题。当“天赋观念”借助语言呈现，人与动物乃至自然界就分开了。当这种划分越彻底，人作为世界中心的地位就越稳固。一种“人类中心主义”的思想倾向得到建立，它以理性的名义，被笛卡儿之后的众多哲学家继承和发展。莱布尼茨接受了笛卡儿“天赋观念”说中的认识主体性思想，并且直接影响了康德，成为康德构建自己主体性哲学的思想资源。

作为认识的主体，人具有无上的地位，这是从笛卡儿“天赋观念”思想中得到的启发。笛卡儿在近代确定了“人”在哲学中的牢固地位，取代了中世纪神学话语中“神”的中心地位。在这个过程中，一条隐含的线索得到展现，那就是语言。语言是天赋之物还是人类的自我创造？这个问题引发我们去探索那些与“智能和语言”相关的命题。

二、语言与智能的挑战

如果说笛卡儿的身心二元论思想给哲学带来了一种灾难，那么这可能指的就是身心的割裂，人是由物质和灵魂两种不同的实体构成。在他的理论中，心灵和身体没有同一性，也没有“属”与“种”的关系，那么它们的结合和相互作用是如何可能的呢？这个问题是一个认知的问题，也是心灵哲学的核心问题。在当今，心灵哲学必须面对来自人工智能的冲击，去回应身心的交互问题。

笛卡儿对于科学发展的巨大贡献，影响到今天最前沿的人工智能。也许他并没有预料到，科技所造就的“机器”已经相当聪明，甚至可能挑战人的地位与权威。笛卡儿曾经论及语言，更多的是从人与动物的区别角度去分析的。动物是机器，这似乎是说动物和机器都不能使用语言，都没有智能。事实确实如此吗？

让我们从笛卡儿出发，沿着心灵哲学的线索，去探索语言与智能，这也是回应身心交互主题的重要视角。

首先关于语言，作为理性主义哲学家，笛卡儿对语言进行了论述。虽然这些论述并不详细，但是对后来的语言哲学产生了深远影响。

笛卡儿关于语言的思想需要放在其整个哲学的背景中去考察。通过普遍怀疑，笛卡儿构建其理性主义哲学体系。在普遍怀疑之中，“我”不能怀疑“正在怀疑的我”，“我思”就成为一个绝对的起点，而思维着的我也就成为认识世界的主体。在笛卡儿那里，“思维着的我”是存在的，这个存在的自我包括了肉体和心灵两个不同性质的实体。“我思”的思包括了很多内容，有理解、意愿、想象等等，当然也包括了感觉。

感觉在笛卡儿那里是不可靠的知识来源，他崇尚理性认识，追求“纯粹思维”。对于人可靠的知识来源，尤其是自明的知识，笛卡儿提出了“天赋观念”，这也是心灵所固有的。

在讨论人与动物的区别时，笛卡儿说到了语言。他说，哪怕是一个愚蠢的人，甚至到了白痴的地步，仍然可以凭借语言，或者简单的词句，将自己的基本想法表达出来。这种能力固然是很低下的，却超越了所有的动物，因为动物即使非常聪明，也不能用语言表达思想。人与动物的区别不是器官，而是对于语言的应用。笛卡儿认为，即使鹦鹉可以说出某些词语，但是不能表达完整的意思，不能去利用语言思维。而对于人，哪怕是天生聋哑的残疾者，也可以凭借思维，创造一些符号与他人进行交流沟通。

笛卡儿强调了语言是人类特有的东西，这也是一种证据，证明了心灵是一个实体。对于那些没有心灵的动物来说，它们和机械装置的本质一样，都是机器。通过笛卡儿的论述，很容易推断出他的观点，语言是一种思维和意识的表达，是对内部思想和外部状态的反映。语言不会因为外界刺激的变化或者人的生理状态而消失，一旦掌握了语言，其使用的范围是无限的。为什么笛卡儿要讨论语言？仅仅是为了对人类和动物做出区分吗？

事实上，笛卡儿关于语言的论述是为了解释“心灵”这个实体的存在。心灵抑或思维，已经是当今哲学的重要命题。笛卡儿作为近代哲学之父，同样是理性主义的先驱，他的思想对于语言哲学的思想与研究产生了深远的影响。

语言哲学的研究对象是语言，而其研究方法则是分析与解释，其探寻的真理是为了揭示人的思想乃至世界的规律。语言是人所特有的精神现象，是人与动物相区别的根本标志。在笛卡儿看来，语言是属于心灵的。但是，在语言哲学中，一种不同的观点是，语言包括其中的词汇、语法，这些都是属于物质的，因为这些符号都可以用自然科学的研究方法去分析、演绎，如同研究物质的方法一样。在笛卡儿那里，“我思”是其整个哲学的起点，人的思维尤其是用内在言语表达的思想则是探索世界的基础。正因为此，受其方法论影响的语言哲学不仅仅重视对于语言现象的经验分析，同时需要将思考纳入整个哲学发展历史，从更为宏观的视角去思考语言问题。正是因为“我思”的重要指向作用，“心灵”或者人的精神世界就成为欧洲大陆语言哲学建立和发展的基础。由笛卡儿开创的研究方法和关于思维的理论仍然是奠基性的。

探索笛卡儿思想对于语言哲学的影响是理解笛卡儿与语言的关键。众多语言哲学家从笛卡儿的思想中获得启发，这种启发不仅仅是研究方法，还有研究的指向性。

从研究的指向性来看，笛卡儿实现了哲学的一个重要转折，将人类思考的焦点从上帝转移到人，尤其是转移到人的心灵。“心灵”是包括了思维、意识等等在内的一个实体。作为实体，这就意味着对于心灵的研究可以借用研究其他实体的方法，尤其是自然科学的方法。作为转向，人类开始从对于思维和意识的考察出发，进而找到了语言，实现了后来哲学的“语言转向”。一个典型的例子就是，路德维希·维特根斯坦说，全部哲学就是“语言的批判”。

从研究的方法看，笛卡儿是第一个用科学的方法论去研究人类本质和心智的哲学家。因为科学的发展在那个时代仍然是有限的，所以物理学并没有获得今天的名字，而是统归于自然哲学的范畴。笛卡儿将语言看作是一系列符号的综合。他推崇理性的“纯粹思维”，而这种思维显然是通过语言实现的。他同时论述了“天赋观念”，认为“天赋观念”是清楚明白的，具有普遍性的，这同样需要语言来表述。如果说“天赋观念”就是自明的公理或者原则，而这些公理或者原则具有普遍性，那么可以说，有一种“普遍的语言”如同这些公理或者原则一样，形成人类的思想。在语言学家那里，一个普遍的假设就是，存在一种超越不同语言分支和现象的“终极语法”，这种语法的普遍性让人类可以理解语言，乃至理解整个思想。

笛卡儿对于语言哲学的又一个重大贡献就是强调语言的创造性。正如他在举例中所说的，即使生理上存在缺陷的人，只要智力是正常的，就可以凭借思维，创造语言符号去交流。这种创造性带来的启发发乎语言的本质，人类语言的本质就是生生不息的创造。语言哲学家比如乔姆斯基就受到这种观念的深刻影响。笛卡儿作为唯理主义者，他认为可靠的知识来自理性的“纯粹思维”。在笛卡儿的身心二元论中，语言是属于心灵的。物质的特征是广延性，那么语言有广延性吗？在乔姆斯基看来，关于“物质”的概念仍然存在争议，既然心灵是实体，那么语言就可以成为自然科学方法研究的对象，就好像研究物质一样。

正是因为笛卡儿对于语言哲学的贡献与影响，让我们可以更深刻地理解语言，从而可以展开对于当代重要哲学命题的思考。这些思考的重心之一就是语言。

那么，什么是语言？语言如何工作？什么是语言的意义？对于这些问题，在当代的语言哲学领域中，有着两种不同的研究路径，从而带来不同的回应。而在这些不同的回应中，又隐约可见笛卡儿的影响。

这两种不同甚至对立的研究路径之一是“形式派”，它重视语言的形式维度，将语言视为一个抽象的、形式的符号系统，强调语言本身以及语言和外部世界之间的关系。在研究方法上，主要使用集合论、数理逻辑等技术工具，重视形式语义学的研究。而另一“社会派”则重视语言的社会维度，认为语言是一种社会现象。他们强调在语言和意义的构建过程中，人类共同体是决定性的，离开了社会，没有单纯的语言和世界之间的关系。人类共同体构建了语言共同体，进而确立了语言与世界之间的指称与表述关系。而语言表达方式和相互关系的意义正来自于此。

对于第一种学派来说，是笛卡儿将“分析”引入哲学，从而改变了由于语言逻辑复杂所造成的混淆不清，让语言的研究有了更加可靠的方法。对于第二种学派来说，其更接近当代的认知语言学。正是因为语言是一种社会现象，而社会是动态开放的，所以语言并不是一个自主自足的系统，必须参照人的认知过程来进行描述。在这个学派看来，语言的意义是最为优先的，语义比句法更重要，因为句法依赖于语义。同理，在自然语言中，语言的意义是最为重要的。这也就意味着，那些语言哲学家号称能够通过技术分析而发现和解决的问题，比如“深层结构、底层语义学、本体论承诺”等等都是不实际的。至少有一点是肯定的，在语言哲学和语言学中，“形式派”企图找到语言的标准，但这些语言的标准总是倾向于低估社会的作用，或者错误地解释社会。

社会对于语言至关重要。可以说，语言的首要功能是交流而不是表征。也许笛卡儿并没有思考过语言的本质，但这并不妨碍他对语言哲学造成影响。至少在今天看来，语言是一种社会现象，在语言的两大功能中，公共交流又比思维表达更为重要。这似乎是一个有争议的判断，笛卡儿可能不会同意，因为他认为运用语言的“我思”是自己整个哲学的基础，思维表达应该更为重要。在这里，我们不妨倾听一下米歇尔·福柯的评论，笛卡儿的“我思”是一种什么样的精神状态。

福柯认为，笛卡儿在《第一哲学沉思集》中“谈到了”疯癫。在讨论“可以引起怀疑的事物”时，笛卡儿指出，那些被人们当作最真实可靠而接受的东西，全都是从感官而来的，这种东西非常可疑，比如，“坐在炉火旁边，穿着室内长袍，两只手上拿着这张纸，以及诸如此类的事情”。这些东西在常人看来是无法怀疑和否认的，是确凿无疑的，哪怕这些事实都是通过感官来确认的。在福柯看来，这些正常人就可以加以肯定的东西，为什么在笛卡儿看来是值得怀疑的呢？如果笛卡儿不是“疯子”，那么他为什么要发出如此荒诞的感叹？笛卡儿确实对此感叹道：“但是，怎么啦，那是一些疯子。”不过，笛卡儿又从一种似乎疯狂的状态中回到理性，他接着就承认这种类似疯癫的情况是正常人也会出现的，比如当人们睡觉和做梦的时候，就会受到假象的欺骗。然后，笛卡儿对于梦进行分析，最后得出的结论是，身体“并不是想象出来的东西，而是真的，存在的东西”。而那些在幻想中出现的东西，即使非常荒诞，但也会“有更简单、更一般的东西是真实的、存在的”。

通过分析，福柯看出笛卡儿尊崇理性、排斥疯癫的特质。在笛卡儿那里，疯癫是理性的对立面，而“疯子”代表了一种错误的认知，就如同感性是错误的一样。由此，一种理性与疯癫对立的二元结构建立了。如果语言的公共交流功能比思维表达功能更为重要，而功能与意义本身就息息相关，那也就意味着语言的意义更有赖于“公共交流”。

事实上正是如此。如果语言丧失了与世界的关联，不再承担与社会交流的责任，不再是语言共同体长期交往中形成的约定，而只是一个人内心的喃喃自语，即使其属于一种思维表达，而这种表达最终也会走向消亡。当语言的功能被强调为“思维表达”，基于对理性的重视，人们会强调“语言只是思维的工具”。比如乔姆斯基就持有这样的观点，他认为从交流的角度看，语言并非上佳的设计；倘若从思维的角度看，语言反而确实是最佳的设计。可以说，乔姆斯基认为语言天生就是为思维而设计的。因为乔姆斯基深受笛卡儿的影响，所以不难想象为什么他持有这样的观点，而背后的事实更值得我们思考。当笛卡儿开辟了唯理性主义的道路，如果他的众多追随者们将注意的焦点转向理性至上的、内省式的思维，乃至将意识和语言都作为类似自然物质那样的对象去研究，就必然会带来对于感性或者社会的轻视甚至否定。乔姆斯基对于语言哲学的贡献是卓越的，但是在他的研究中，身体被忽视了。

福柯从理性与疯癫的二元结构对笛卡儿的“我思”进行分析，旨在将被压抑的身体重新带入哲学。语言的意义来源于人尤其是身体与外部世界的互动。思维固然重要，但是真正实现这种互动的不是心灵，而是身体。身体在笛卡儿那里是一个实体，是机器，是可以被自然规律认识的，自己的身体成为他者。但是在“具身认知”中，身体是人类认识世界的基点和依托，也是建立语言和世界之间意义关联的起点。人类凭借其独特的身体构造，运用感觉器官去感知世间万物。眼耳鼻舌，这些器官都是极为重要的。通过感知，人类可以理解世界。而对于概念和意义，这不是一种理性思维的结果，更是一种基于身体体验的心理现象，是主体对于世界观察后返回自身的经验。对此感知的意义，即使是崇尚理性的笛卡儿也不否认。虽然感知的个体性和主观性限制了它提供可靠知识的能力，但是它仍然是人类认知的最基本来源。体验对于心灵如此重要，那些在心灵中呈现的概念和意义都因此而来。这不仅仅是根据个体的本性和体验，更是根据种属、社会和共同体的本性和体验而产生。

当身体不再缺席于心灵哲学，笛卡儿的身心二元论似乎就找到了克服困境的方式。“具身认知”为探索语言的意义提供了全新的视角，比如语言中大量的基本词汇都是与身体经验有关的，自然语言也是身体感知世界之后，并对其概念化的产物。伴随着身体与世界的交互，语言也在不断的发展和变化之中，产生新的意义。

笛卡儿的“我思”之思不仅仅是思维，还隐含了智能的含义。在当代的计算机科学中，一个由笛卡儿哲学引发的思考仍然没有完全的答案。什么是智能？如果笛卡儿的说法是正确的，“人不是机器”，那么智能真的是区分人与机器的标准吗？

这涉及对于智能的辨析。笛卡儿曾经做过一个“思想实验”，也就是用推理的方法讲述一个寓言。他说，如果有一架机器，不仅外表而且动作都与一只猴子完全一样，那么对于人类来说，我们将无法把机器与真正的猴子区别开来。但是对于人来说，如果有一架机器的外表和动作和人一模一样，那么我们仍然可以将其区分。这里有两个标准，一个是语言，机器不能像人一样使用语言；另一个是学习，机器不能像人一样去认知世界。笛卡儿认为，人是有理性的，可以运用语言去思想，但是机器却不能。机器没有语言能力，哪怕人类可以通过一些精巧的设计，设定复杂的程序，让机器可以根据指令，发出声音，凑成一些句子，但是这并非机器本身思想的反映。比如当我们敲打机器，让它发出类似“疼”的声音，但是我们决不能根据这个声音，就认为机器有了思想，或者认为机器感到了疼。

似乎笛卡儿是正确的，语言和认知可以区分人与机器，但在今天，这种划分正在经受挑战。依照笛卡儿的观点，不论机器对人的语言能够模仿到什么样的相似程度，它的行动都是事先设定好的。比如机器发出“疼”的声音，与这个声音相对应的，机器没有人的心理状态，也不是根据语法完成了组词造句，只是发出声音而已。这与人感到疼痛时的心理状态完全不同。同样地，如果对这个观点进行转述，按照当代心灵哲学的说法，也就是说，任何一种机器，哪怕其已经具有非常完善的程序，功能与人的意识非常接近，因为其不具备与人类一样的内在意识状态，所以就不能表征人类意识的语义内容。也就是说，“像”不等于“是”。

这种依据语言对人与机器的划分，在计算机的鼻祖那里得到了阐释。艾伦·麦席森·图灵被称为计算机科学之父，也是人工智能之父。

图灵对于人工智能发展的重大贡献是，提出了一种用于判定机器是否具有智能的试验方法，也就是“图灵测试”。图灵测试将测试者与被测试者（一个人和一台机器）隔开，然后通过一些装置，比如键盘，向被测试者随意提问。因为被测试者包括了机器，所以测试者可能区分出人和机器来。经过多次测试以后，如果有超过30%的测试者不能确定被测试者是人还是机器，那么这台机器就通过了测试，并且被认为具有人类智能。

“图灵测试”的有效性引起了广泛争议，因为当今的计算机在模拟人类思维和行为方面已经取得了惊人的成就。于是，科学家提出了一种“强人工智能”的观点，他们认为有可能制造出真正能够推理和解决问题的智能机器，并且，这样的机器将被认为是有知觉和自我意识的新物种。作为一个有力的反驳，哲学家提出了“中文房间”的观点。有一台计算机放在房间里，一个母语是中文的人不知道里面的东西只是机器，而是用纸条和它对话。这台计算机非常聪明，甚至可以让母语是中文的人以为里面是一个能说流利中文的人。但是，计算机通过程序工作，它无法真正地理解接收到的信息，哪怕它可以通过运行程序，处理信息，给人一种智能的假象。不管是“强人工智能”还是“中文房间”，都说明笛卡儿的回答具有现实的意义。人和机器的重要区别正是语言。

笛卡儿认为人与机器的第二个重大不同在于机器没有学习的能力。机器只能根据预先设计好的程序，完成规定的任务；而人则是理性的，可以通过学习和认知，发展自己的智力，从而应对千变万化的环境。笛卡儿对于机器关于认知和学习的问题进行思考，最后得出的结论说明机器是没有思维的。没有思维就没有心灵，按照“身心二元论”的观点，笛卡儿认为机器没有学习能力。这样的观点在18世纪和今天都受到了质疑和挑战。

18世纪法国哲学家和医学家拉·梅特里曾在1748年匿名发表了《人是机器》一书。他首先称赞笛卡儿“把动物的性质认识清楚了；他是第一个完满地证明了动物是纯粹的机器……如果哲学的领域里没有笛卡儿，那就和科学的领域里没有牛顿一样，也许还是一片荒原”。拉·梅特里主张一切生命都是自然的产物，并非神创，而且动物是一台台精密而复杂的需要通过食料来支撑的自动机或钟表。他和笛卡儿一样用“机器”来说明生命，但并非一种“机械论”的生命观，而近乎当代“系统论”的生命观。拉·梅特里说：“心灵的一切作用既然是这样地依赖着脑子和整个身体的组织，那么很显然，这些作用不是别的，就是这个组织本身——这是一架多么聪明的机器！因为即使唯有人才分享自然的法则，难道人因此便不是一架机器吗？比最完善的动物再多几个齿轮，再多几条弹簧，脑子和心脏的距离成比例地再接近一些，因此所接受的血液更充足一些，于是那个理性就产生了；难道还有什么不成？”也就是说，在拉·梅特里那里，人的意识包括理性都是身体的附属物，或者是身体这架机器产生的现象。显然，他认为能否认知和思维，不是区分人与机器的标准。

在今天的人工智能领域，伴随脑科学的发展，人类大脑的机能得到了深入研究。人类已经可以用芯片模拟神经元，在数量上达到大脑的神经元数量。但是在算法上，今天的计算机仍然无法达到人脑那种高效的计算能力。在“图灵测试”中，人的思维、认知、学习等意识活动都被纳入了智能的概念中。很多认知科学家和人工智能研究者相信，只要算法最优，计算机对于符号的处理能力足够强，那么机器就可以像人那样思维。比如机器学习，这是人工智能的核心，也是让计算机具有智能的根本途径。从方法论上看，机器学习主要使用归纳、综合的方法，而不是单纯的演绎。因为心理学对人类的认知有了深入的研究，所以借助这些成果，可以促进机器学习算法的优化，进而让计算机可以模拟或实现人类的学习行为。

也许笛卡儿只是希望区别人与动物或者人与机器，这个区分的当代回响乃是：智能是什么，机器能否思维？这个问题可以转化为“机器能否拥有真正的智能”？

智能也叫智慧，是人赖以成为万物之灵长的东西。在这今天，智能仍然是一个没有公认定义的概念。关于这一问题，虽然已经有很多科学家从复杂的科技层面给出了答案，但是这些答案都没有解决原始的问题——人是不是机器?

笛卡儿的“人不是机器”与拉·梅特里的“人是机器”都具有一定的影响力，如果从理论渊源上分析，笛卡儿的观点似乎更为可信。

笛卡儿认为人与物质都是神所创造的，而自明的“天赋观念”也来自于上帝，但人与物质（机器）服从于不同的规律。对于物质世界来说，它们按照因果的机械规律运行，因此而形成了天体、动物、自然界等等。这些物质里面包括了人的身体。正是因为它们符合物质规律，所以人的身体中各种生理器官、血液循环、肢体运动等等都可以用因果的机械规律去解释。但是，人类的心灵超出了肉体或者物质的范围，已经属于意识或精神的层面，那么人就因此不再属于物质范畴，而属于超越物质的存在。人之所以为人，并不是因为物质的身体，而是具有理性的心灵。动物和机器都是物质，但是都没有心灵，没有理性，所以它们与人本质上是不同的。

理性如此重要，早在古希腊时代，亚里士多德就凭借理性，将人与动物进行区分。笛卡儿并没有超越柏拉图和亚里士多德的灵魂思想，但是他把人与机器进行区分，这对于后来的心灵哲学以及人工智能科技造成了深远影响。

三、以人类为中心

在关于智能的争论中，人和机器都成为主角。似乎机器应该处于这个等级制度中的下层，人才是世界的主人。一种典型的担忧是，伴随着强人工智能的到来，人必然会被边缘化。而机器尤其是有了自我意识的机器将成为新的物种，统治地球。这种担忧似乎和笛卡儿没有什么关系，因为他是一个坚定的二元论者——人不是机器。即使人不是机器，那并不意味着，人不会被替代。至少有一种情况是显然的，人类作为世界中心的地位正在经受挑战和考验。

人是万物的尺度，古希腊哲学家普罗塔哥拉的说法表达了一种人与自然的关系，人应该以自身为标准观察万物，乃至成为裁定者。这几乎是最早的关于人类自身地位的论述，而且是完全以人类为中心的。人类中心主义就是一种以人类为万物中心的思想。如果用主体和客体的二元对立来分析，人成为宇宙的中心，也是现实世界的创造者，甚至人应该成为宇宙的中心。由此，自然是客体，是人的价值尺度把握的对象，而人的利益才是一切人类活动的出发点和归宿，除此之外的行为则没有意义。

正是因为笛卡儿提出了“动物是机器”的观点，所以在后现代哲学家德里达看来，这是一种典型的人类中心主义思想。对于此观点，德里达极力反对。德里达认为，笛卡儿从亚里士多德那里继承了人与动物的区分，认为两者的区别在于语言和理性，同时还强调了“动物是机器”，这是一种典型的传统动物思想。在笛卡儿的动物思想中，他运用形而上学对生命进行了分割和连接，从而产生了一种激进的人类中心主义观点。这种观点的后果是，众多受到笛卡儿影响的哲学家们采用了一种否定的态度去观察动物，甚至通过否定动物来塑造人类。从哲学史的角度看，笛卡儿的贡献在于弘扬理性的精神，确定“人”在哲学中的主体地位。也正是因为他对于西方现代性思想的影响，隐含了一些可能的巨大错误。有的学者认为导致环境与生态问题的原因正是人类中心主义思想，而这个思想在笛卡儿那里是非常明确的。

对于笛卡儿的人类中心主义思想倾向，可以从以下几个方面去梳理。

首先“我思故我在”命题的意义，在于宣告了西方哲学进入“主体性”的时代，人成为哲学思想的中心。

在笛卡儿的哲学中，“我思”所包含的正是自我、灵魂或者心灵。当“我思”成为笛卡儿哲学的起点，心灵哲学或者意识哲学就得以开启，人的主体性问题就得到确立。通过后来的哲学家阐释和发展，笛卡儿的自我从一种实体性的概念，转化为不同内涵的自我。比如莱布尼茨和笛卡儿持有不同的“天赋观念”，前者为自我赋予了一种自为的性质。休谟则从经验论的角度对笛卡儿的实体自我提出质疑。他认为自我是一种变化不定、连续不断而最终又不可知的知觉。这种观点启发了康德，自我被他放入先验认识论的框架下去思考。康德批评笛卡儿的实体自我，认为实体属于知性的范畴，而笛卡儿的错误在于认为一切先验的知识是个人的头脑中所固有的。笛卡儿包括莱布尼茨将实体自我转化成“先验自我”，“我思故我在”认为“先验自我”的“我思”才是一切知识的来源。经过康德的改造，人的主体地位加强了，“人为自然立法”“人为道德立法”，那些在17、18世纪束缚人的主体性的因果决定论被破除了。到了黑格尔那里，人的主体性得到空前的强化。他认为“实体即主体”，绝对精神就是这样一个主体，在主客体不断对立又不断统一的辩证过程中发展。

笛卡儿可以说是一个柏拉图思想的巨大注脚，经过休谟和莱布尼茨的发展，人的主体地位终于在康德和黑格尔那里得到了充分的确立。这种地位的确立依赖于反对以机械论的方式去解释人的本性，人从神权的威严下被解放出来，变成一个可以理性思维，并且不断为自己创造美好生活的存在者。

其次，唯理性也是笛卡儿人类中心主义思想中倍受批评的内容。

用笛卡儿自己的话说，自我“是一个在思维的东西，也就是说，一个精神，一个理智，或者一个理性”。当理性成为自我或者人类的基本特征，那么为了自利，世界就从被观察的对象变成了资源的提供者。如果人类一旦失去了道德的约束，并且掌握了科学技术这一工具，那么他们就可以为所欲为。世界变成了被盘剥和计算的对象，出于无节制的短期需要，生态环境问题以及更严重的社会问题就会出现。比如世界性的战争，背后都呈现出人作为失去约束的主体带来的困境。

人类中心主义之所以受到批判，正是因为人类对环境问题的反思。

环境尤其是自然环境，是环绕人的场所，也是人类赖以生存的场所。自然界对于人类来说，是一种周围的环境，而自然界的中心正是人。在人类中心主义的视野里，人的地位是决定性的。虽然这种思想并不否认动物或其他生物的存在，但是非人类的生命显然处在外围，处在等级制的下层。基于人类自我设定的位置，一种利己的思想成为合理而必然的选择。如果说以自我为中心是所有生命的基本属性，那么人既然是自己生命的主宰，就必然以自我为中心，将自己的得失作为行为决策的标准。

以自我为中心是一种生物的本能，有充分的生物学证据可以说明这种本能的存在，或者说，人并不是唯一以自我为中心的生物。笛卡儿的“我思”正好体现了这种“缺陷”，和所有的生物一样，人以自我为中心是一种理所当然的生存需要。

在对于笛卡儿思想的批评中，如果将“以自我为中心”等同于“唯人类主义”，那将不利于清算人类过度的扩张和对于资源的掠夺。事实上，导致现代生态危机的原因，不能简单地归因于理性的思想和科技的发展。人类中心主义必然是以人为主体的，如果道德没有缺席，那么这种主体性与掠夺自然的行为之间就没有必然的因果关系。德里达对于笛卡儿的批评是基于其哲学思想，在中心与边缘的暴力等级制中，人处于决定性的中心地位。这种等级制的危险在于人类的欲望和短期需求会带来物种多样化的丧失——生命因为人类的盲目扩张而被屠戮。事实确实如此，地球正在经历新一轮的物种大灭绝。这一切之所以不能简单地归因于理性和人类中心主义，是因为理性推动的人类认知，恰恰可以形成对于“唯人类主义”的防御。比如当人们发现树木可以吸收和固定二氧化碳，并且也有防范沙尘的作用，他们就会大量种植树木。自然保护作为一种科学而理性的观念，是伴随着人类的自我反思而发展的。

如果从外部来看，人类中心主义面临的挑战是生态环境问题。如果从人的心灵来看，语言是人所特有的，在人类中心主义的视角下，语言是划分人与其他生物的关键。笛卡儿思想中的“心灵”深刻地影响了语言学和语言哲学。

笛卡儿受过良好的拉丁语教育，提倡“良知”和“理性”，这对于语言学的影响非常深远，众多语言学家从他的研究方法、二元论思想还有理性思想中吸取营养。从更广的范围说，近代的语音学深受笛卡儿理性主义的影响。

在17世纪中后期，法国思想界有一个相当活跃的保尔-罗瓦雅尔学派，这一学派就是以笛卡儿的思想学说作为其哲学基础的。笛卡儿的理性主义思想认为，心灵是一个可以进行“纯粹思维”的实体，这启发了语言学界，这一学派的语言学家认为，人类语言是建筑在全人类所共有的思维结构之上的，所以存在一个“普遍语法”。保尔-罗瓦雅尔修道院的阿尔诺和兰斯洛于1660年完成了《普遍唯理论法》，这一著作成为该学派的奠基之作。

在保尔-罗瓦雅尔学派看来，因为人的思维和理智是相同的，所以用来表达思想的语言也必然有相同之处。借助“理性”，人类可以探求知识，获得知识，并运用知识。理性思维的主要形式是判断，而语言的表现形式是命题。相对于某个复杂的概念，通常包含了多个判断，而且，有几个判断就可以构成几个命题。而对于语法来说，是那些潜在的基本命题形成了句子，语法则是其中的规则。这种思想被语言学家鲍泽所吸收，他也对语法进行了探索，提出语法是一种普遍原则，来自人类思维的本质。同时，语言也是一种特殊的原则，会依据人们的习惯不断变化，这样就产生了不同的语言种类。语言学家们对于语法的探究倾注了巨大的热情，希望借助语法，回答语言产生和存在的条件。

笛卡儿的“天赋观念”对于语言学也造成了巨大的影响。“天赋观念”回应了这样一个问题，人类可靠而自明的知识来自哪里？笛卡儿认为这是一种天赋的观念，而德国理性主义哲学家莱布尼茨改造了这一观点。一方面，他持有与笛卡儿相同的观点，认为人的知识不是由人的感官所得到的。另一方面，他认为自明的知识并不是生来就一清二楚的，而是一种“倾向、禀赋、习性或自然的潜在能力而天赋在我们的心中”。这样一来，人类需要就通过认知和思维去获得真正可靠的知识。

关于语言与思维的关系，莱布尼茨认为两者是并行不悖的。思维是理性的，语言与理性思维中的逻辑相对应。语言中的词可以对应于逻辑中的概念，语言中的句子对应于逻辑判断，因为这种对应关系，从语言的研究就可以发现理性思维的构造。同样地，从理性思维出发，就可以发现并且建立语言的语法。正是这种理性主义的研究路向，那些持有理性主义观点的语言学家都认为，这个世界上有一套超越民族的普遍的语法。这种思想甚至促使了世界语的诞生。同样在这种理性主义思想的促进下，英国的威尔金斯（John Wilkins）曾经设想创立一种普遍适用的“哲学语言”，可以让世界不同民族的人都可以用它来交流思想。虽然这种设想没有实现，但它体现出一种追求普遍性的精神。

笛卡儿的“天赋观念说”同样影响了很多英国语言学家，他们把人类语言的源头追溯到了上帝。比如哈利斯研究语法的普遍性，而对于语言的性质，他理解为语言是上帝赋予人类的一种能力，可以概括共同的思想。在伯尼特看来，语言确实是上帝的赋予，但他同样重视语言的发展过程，强调语言具有历史性和社会性。

总之，17、18世纪的语言学深受笛卡儿理性主义的影响。在另一个方面，笛卡儿认为语言是人所特有的，是区分人与机器的关键，而语言又与心灵紧密相关，这样的观点影响了德国思想家洪堡特（Wilhelm von Humboldt）。

在洪堡特的时代，结构主义思想已经出现萌芽。他的思想与结构主义代表尤其是索绪尔的思想不同。他探索了语言与心灵的关系，将语言看作“心灵的作品”，这个作品并不是记忆中现成的东西，而是“根据某种起组织作用的生成原则，在具体情况下产生适用的语词”。也就是说，语法是一种生成原则，这种生成是系统而不是孤立的。他给出了语言的定义，语言是“一种生成的、使得用可以分析的声音来表达思想成为可能的、永远不断反复进行的精神劳动”。这个定义对于语言的生成进行了恰当的描述。

在这种思想之后，是洪堡特对于“语言形式”的阐释。他认为，尽管具体的语言过程千差万别，但是语言生成的法则却是固定的、不变的、统一的。这种语言形式决定了人可以通过思维过程，根据情境不同，生成无限的语言组合。正是因为这种创造语言的机制，人可以进行思想和创造。

虽然“语言形式”是一个粗糙的概念，它对于语言生成的原因、机制和过程都语焉不详，但是将语法研究聚集于生成，这对于语言学理论的发展意义重大。乔姆斯基提出普遍生成语法的思想，就受到这个观点的影响。

基于理性主义的思想，17、18世纪的众多思想家对于语言尤其是语法进行了探索，到了19世纪，伴随着结构主义的兴起，语言学研究的范式发生了转向，“谱系学说”开始建立。经过发展，到了20世纪，结构主义语言学在带来巨大影响的同时，出现了全新的变化。1957年，乔姆斯基发表著名的《句法结构》，提出“转换生成语法”的思想，这在美国的语言学界引起了轰动，甚至被学者誉为语言学界的“革命”。“转换生成语法”的思想深受洪堡特的影响。为了回应人们对于自己理论的质疑，乔姆斯基在自己的语言研究实践中提出新的思考和新的研究路径。他不讳言自己深受笛卡儿的影响。在1966年，乔姆斯基发表了《笛卡儿语言学》。

这本书可以说是笛卡儿思想在当代语言学领域的巨大回响。乔姆斯基公开宣布“笛卡儿思想”正是自己理论学说的旗帜，而且对此进行反思。他认为“转换生成语法”只是一个传统的演变，是从17世纪到19世纪初期他所谓的“笛卡儿语言学”在当代的继续和发展。关于这个传统，乔姆斯基认为，从17世纪到19世纪初期的语言学研究更重视一种历史的、描写的方法，而这样的方法是不完善的。语言研究还应该是解释性的。

在乔姆斯基看来，笛卡儿所倡导的理性主义思想影响了人类语言的研究，语言学家应该探求语言的共同原则，在千差万别的语言表象下面寻找普遍性的确切的原理。语言的创造性特质对于理解人类自身尤其是心灵极为重要，也是探索人类思维秘密的关键。他之所以推崇洪堡特，就是在于洪堡特和笛卡儿一样，强调语言使用的创造性特质。

第八讲 认识的转折

一、不可靠的实体

二、形而上的影像

三、认识论转向

几乎是无可争议的，笛卡儿被视为近代哲学的奠基者，而对于此观点的解释却众说纷纭。如果基于当今认知科学的发展，可以说笛卡儿实现了西方哲学史上的“认识转折”。他提出了不同以往的实体概念，推翻了亚里士多德尤其是中世纪经院哲学的认识论，从而为当今的认知科学研究提供了重要启发。笛卡儿的影像来自感觉和想象，其概念在今天常常被理解为意象，又与古希腊哲学尤其是柏拉图和亚里士多德的思想不同。他怀疑心灵中的影像，认为这些并非清晰明白的观念。通过对影像这一概念的界定，笛卡儿实现了心灵与世界的紧密关联。

一、不可靠的实体

“实体”并不是一个由笛卡儿提出的新概念，但是笛卡儿所理解的实体内涵却不同于以前的哲学。在梳理了古希腊的“实体”概念之后，再来探析笛卡儿的观点，将会更加清晰地理解他的“心灵是实体”的结论。

早在古希腊时期，哲学家们就开始探讨“人是如何认知外部世界的”。在这个过程中，早期的实体概念诞生了。其中，亚里士多德关于实体的论述最为丰富，且与本体论相关，对于笛卡儿的哲学思想影响深刻。

亚里士多德关于实体的讨论，主要出现在《范畴篇》和《形而上学》中。在《范畴篇》中，他基于一种本体论的思考对实体进行了探究和分析，而《形而上学》中的思想又是以《范畴篇》为基础的。虽然《范畴篇》很短，但是内容很重要。在分析世间万物的各个范畴之前，亚里士多德首先提出了两条分类原则，一个是“表述”，一个是“内居”。“表述”代表了一个形而上学原则，而“内居”则代表逻辑学原则。每一条原则都有其应用领域。根据这两条原则，亚里士多德开始对事物进行四重划分。一种是逻辑学意义上的，即主词与宾词的区分；一种是形而上学意义上的，即主体与属性的区分。由此，范畴被划分为实体、数量、性质和关系等十个范畴。

实体是我们要讨论的。亚里士多德认为，实体首先是个体。他说，在最严格、最原始、最根本的意义上说，实体既不述说一个主体，也不存在于一个主体之中，诸如“个别的人”“个别的马”等等。同时，亚里士多德区分了第一性的实体和第二性的实体。第一性的实体是个体，而表示属性的其他范畴都不是真正的实体。对于第一性的实体外的事物，亚里士多德认为，它们只有属和种。比如为了说明某个具体的人是什么，也就是为了说明第一性的实体，可以借助种属来说明这个实体“是什么”。亚里士多德认为，所有的实体看起来都是为了表示“这一个”，具有个体性。对于一个第二性的实体来说，它并不是一个个体，而是具有如此某一性质的一类东西。也就是说，属和种都是为了规定一个实体的性质。这样，属和种就是一种性质的赋予。

亚里士多德特别区分了单纯物个体和实体个体。在他看来，诸如“这一滴水”或“这一堆土”都是单纯物个体。单纯物和人、牛、马这样的实体个体一样，也具有种与属的性质，也是可以真正作为实体而存在的。然而，单纯物个体与诸如“这一个人”或“这一匹马”的复杂物个体不同，这个差异在于“同一性”。对于单纯物个体来说，比如水、土，其构成的各个部分如果发生位置和空间的变化，其自身的同一性仍然可以保持。因此，亚里士多德曾多次肯定水、火、土、气等等单纯物的实体地位。但是，对于人、牛、马等实体个体来说，其构成的质料不是连续性的，则是另一种实体。

对于实体，亚里士多德的判定标准有两个，一个称为终极主词原则，还有“这一个”的特指原则。一个终极主词原则的解释可以是：真正的实体不陈述他者，而是被他者所陈述。而“这一个”的特指原则指的是这个实体具有个体性，凭借个体性，可以将其与任意他者区别开来。例如这一匹马，或笛卡儿所说的“这一个人”。

经由亚里士多德的解释，以土、火、水、气为代表的单纯物实体与人、牛、马为代表的个体实体不同。那么对于个体实体来说，它们被称之为个体实体的原因是什么呢？在《天象学》第四卷中，亚里士多德明确说，一切事物都是由其功能决定的，因为事物能够发挥其功能，所以才是真正的存在。他还举例说明，比如眼睛，如果能看，则是真正的存在；如果不能看，那就是同名异义，例如死人的眼睛或者石头，都不是真正存在的。

“能够发挥其功能”变成了亚里士多德实体论中最为重要的观点之一。评判事物是否真正存在，其标准就是能否发挥功能。这影响了笛卡儿。“我思”之思就是一种功能。与此观点不同的观点是：实体之为实体，在于其具有某种形式或本质。事实上，在亚里士多德看来，如果没有某种功能，就不会有相应的形式。不管是人还是马，只有当个体实体具有某种功能的时候，才能被我们理解。如果离开了这种功能，其形式就会变得空洞而不可理解。当我们试图理解某一个体形式时，就需要诉诸个体功能的概念。

这种对于个体性的强调显示了亚里士多德思想的独特之处。能否称之为本体，在亚里士多德看来，首先要是一个个体。是否是个体，也是区分第一性实体和其他范畴的依据。亚里士多德说，第一性的真正的实体都具有“这一个”的独特性，属和种作为第二性实体只具有普遍性，不具有个体特殊性。也就是说，第一性的实体是可以用种和属定义的。

这里隐含了一个问题，个体“是什么”必然与属和种有关，如果离开了属和种，个体还能不能被认识？而对于个体的存在来说，存在是否是一种普遍的本质？这个问题所涉及的是知识与存在的区分问题。

在亚里士多德那里，系词“是”具有深刻的内涵。一方面，“是”具有逻辑的判断功能或表述功能；另一方面，它又可以表示事物的存在。从逻辑角度看，一切事物都是“是”，并非“不是”；即使是“非是”，那也是“是”。在亚里士多德看来，本体（Ousia）也可以称为“本是”。在关于“我思故我在”的讨论中，对于“此是”的内涵已经做了分析。

基于本体论的视角，“本是”有两种基本的功能，一种是作为知识的逻辑起点，比如成为系动词；一种是作为个体存在的始基和根据。“我思故我在”是可以翻译成“我思故我是”的。因为亚里士多德对“是”进行了分析，也就开启了对于本体“是什么”的追问，这个追问也隐含了知识论与存在论的分野。

关于实体，亚里士多德还认为，质料与形式共同构成了实体。对于质料来说，它是实体的构成性材料；对于形式来说，它赋予了实体诸种属性。比如人，人具有形式，也有灵魂。人是如何认知外部世界的呢？亚里士多德认为，人这个实体会被感官所捕捉，这样，心灵就接受了人的形式。这个过程中，心灵没有接受人的质料——不管是血还是肉，但是因为形式，即使心灵没有变成认知对象的形式，也会因为实体和知识之间的相似性，从而认知到对象。

以上是亚里士多德关于实体的主要观点。可以说，是亚里士多德创始了形而上学实体论，他对后世的本体论、存在论哲学、中世纪经院哲学都有深刻的影响。中世纪的托马斯·阿奎那深受亚里士多德哲学的影响，对基督教神哲学进行了改造和辩护，从而推动了基督教神哲学的发展，构建了一个神学的形而上学本体论体系。而笛卡儿哲学中的本体论受此影响巨大。

作为经院哲学家，托马斯·阿奎那的实体理论更加精细化，他继承亚里士多德的形而上学理论，剔除了其中关于实体是独立于意识之外而自身存在的唯物主义思想，把其唯心主义成分加以扩大，推向极端，从而服务于宗教神学。

在经院哲学中，人们对于“存在者”非常重视。在《论存在者与本质》中，托马斯·阿奎那追问什么是实体，指出实体是事物不变的本质，是决定事物为此事物的东西，或称之为主体，它以自己为根据而存在，不依赖其他事物，但同时作为主体，它还有一些其他的属性。简言之，主体独立于属性，而属性不能脱离主体。托马斯·阿奎那还把实体分为“单纯实体”和“复合实体”两类。“单纯实体”是指“脱离质料的实体”，也就是“指称上帝、数理实体、天使等精神实体”，而其中的上帝则被他认为是“绝对单纯实体”或“第一单纯实体”。“复合实体其实也就是我们通常所说的物质实体或感性实体”，也就是形式与质料的复合体。

通过从根本上用存在与本质、质料与形式之关系来说明实体，托马斯·阿奎那还区分了自然实体、独立实体和上帝。“自然实体”指的是由质料和形式组合而成的物质实体，“独立实体”是只有本质或形式，没有存在或质料的精神实体，而对于天使、上帝来说，则是没有物质质料的实体。他认为，人的灵魂是理智实体。而对于上帝，因为上帝超越了形式与质料、存在与本质，是最高的实体或终极实体，那么上帝就是纯粹的存在，纯粹的本质。

因为托马斯·阿奎那的实体论，上帝与其他实体被区别开来，这可以凸显上帝作为造物主的完满性、终极性和自在独立性。但是，他反对用“实体”这个概念来规定或言说上帝。这是一种宗教神学的视角。笛卡儿的实体论很大程度上接受了托马斯·阿奎那的观点。

理解托马斯·阿奎那的实体论将有利于理解笛卡儿的实体的概念，为此，我们需要梳理他关于“存在”与“本质”的讨论。

关于存在，托马斯·阿奎那的观念发展了古希腊哲学，从根本上颠覆了西方哲学传统中关于“存在”与“本质”之间的关系，堪称形而上学历史上的一场革命。

托马斯·阿奎那认为，“存在”就是“存在活动”，是一种活动或者现实。在拉丁文动词中，“存在”与动词“是”一致。“是”作为动词，有“在活动”的意义。“是”还代表固定和停留在存在的状态上，具有存在的意义。阿奎那把“存在”解释为纯粹的活动或者“现实性”，这是一种典型的“存在先于本质”的思想。在他那里，存在即本质之现实，本质即存在之潜能。脱离存在无法找到本质，同样，脱离本质也无法找到存在。存在与本质相互依存和转化。他甚至认为，“本质是普遍概念，但不是最普遍的概念，因为存在是最普遍的概念。”

进而，托马斯·阿奎那指出，定义和概念所指的东西应该是事物的本质。对于“人是如何认知外部世界的”这个问题，如果没有认识到事物的本质，那么就无法理解、定义和言说这个事物。所谓本质，指的是事物具有何种性质。只有了解或者认知了事物的性质，才能对一个事物做出认知和判断。凡是真正存在的事物，都是有本质的。在《论存在者与本质》中，托马斯·阿奎提出了“复合本质”的概念。所谓“复合本质”，指的是事物的本质由事物的质料和形式复合而成，既不是单一的纯形式，也不是单一的纯质料，而是复合与统一的实体。最终，托马斯·阿奎那得出结论，那就是“实体即本质”。

为了更好地理解笛卡儿的思想，这里介绍一下托马斯·阿奎那对于上帝的观点。托马斯·阿奎那发展了奥古斯丁的理论。奥古斯丁认为“上帝即存在本身”，存在是永恒不变。托马斯·阿奎那将上帝的本质等同于“存在本身”，或者，上帝就是存在本身。这个观点等于说上帝是实体，有本质，而且上帝的存在与本质是同一的。这一观点也被笛卡儿接受。亚里士多德认为上帝是纯形式，是全部的实现。托马斯·阿奎那对此进行发展，认为上帝的本质就是全部实现。借助对于拉丁文中存在概念的阐释，托马斯·阿奎那将古希腊文明中的理性真理与希伯来文明中的上帝结合起来，从而超越了柏拉图和亚里士多德，也为笛卡儿思想的出场奠定了基础。

理解笛卡儿的实体论是理解笛卡儿真理观念的重要途径，

也可以因此而理解他关于存在的看法。在很多哲学家看来，笛卡儿的实体概念充满了疑点。这里先梳理笛卡儿实体的概念，然后介绍其他哲学家对此的批评。

对于实体，笛卡儿给出了定义。他说：“我们用实体一词能够指的不是别的什么东西而是这种事物，即它如此实存以至于不需要任何其他事物就能实存。”在《几何学报告》中，他再次给出定义：“凡是我们所觉知的某种东西（就是某种特性或质或属性）直接寓于其中就如寓于主体之中一样的任何事物或者由之而实存的任何事物，被称为实体。”这个定义与第一个定义基本一致。

在“第三沉思”中，笛卡儿谈到实体观念。他认为，物体性东西的实体观念可以在有着清楚分明的东西时指出来。实体观念看起来可以从我自身的观念之中借过来。为了论证这种观念，他比较了石头的观念与我自身的观念。笛卡儿说，当我思考一块石头是一种实体或是一种能够自身实存的东西，同样地，我也是一种实体。因此，我可以借助石头构想：我是一个正在思考的而非广延的东西。对于石头来说，它是一个有广延但是没有在思考的东西。随后，他称“我”是一个“在思的实体”。在“第六沉思”中，笛卡儿的理性主义立场让他认为“我”是一个“理智性实体”。

关于实体的广延性，笛卡儿认为石头具有广延性。在他的“第六沉思”中，石头被描述为“物体性或广延性实体”。到了后面，笛卡儿开始清晰地表达实体之间的不同。一方面，我具有一个关于我自己的清楚分明的观念，我只是一个思想的且无广延的东西；另一方面，我具有一个关于物体/身体的分明的观念，它只是一个有广延的且不思想的东西。于是，笛卡儿的心与物就成为两种不同的实体。

在笛卡儿看来，心灵这个实体的基本属性就是思维；而物质实体的基本属性则是广延。广延带来形状，这也是物质实体的形态。如果想要理解物质实体，就需要借助广延。如果离开了广延，就没有形状的存在。笛卡儿在《哲学原理》中说明广延，并指出“长、宽、高”三个向度。广延构成了物质实体的本性。而对于思维实体来说，思维构成了它的本性。对于物体来说，只要它是物质的，那么广延是其根本属性，其他任何属性都要基于“广延性”而展开。同样地，对于心灵来说，其一切性质也都是思想的各种形态。

笛卡儿的实体理论是解读其“身心二元论”的关键。笛卡儿受到亚里士多德的影响，认为实体和属性是同一的，两者仅仅是概念上有区分，实际上具有相同的内涵。通过本质属性，才能理解实体的形态。不管实体具有什么形态，只要本质不变或者同一，那么实体就是同一的。这种实体经院哲学传统下的理性主义理论为论证上帝存在提供了方便。事实上，笛卡儿正是借助论证上帝存在来论证了自己的哲学起点。

对于笛卡儿来说，“我思”是一个实体、一个有限的精神实体。对于上帝来说，那是一个严格意义上独立自在而且无限的实体。为了表达自己的信仰，或者受限于教会神权的压力，他不愿将“我思”从一种有限的实体变成类似上帝的终极主体。笛卡儿宁愿说“我思”与上帝之间存在一个绝对的鸿沟，而且不可逾越。笛卡儿是柏拉图、亚里士多德和经院哲学传统的继承者，他的实体论深受前者的影响。基于这样的实体论，可以说笛卡儿哲学仍然围绕一个古典的命题展开，那就是探寻“什么是实体”，或者讨论“什么东西存在”。这样的哲学带有明显的中世纪经院哲学残余。

用胡塞尔的话说，笛卡儿的理论立场是“先验实在论”，也就是通过一种内省的方式，由思维主体在其自身内部寻找真理。如果笛卡儿所发现的真理并不是思想的内在属性，而仅仅是为了让思想与对象符合，那么这种哲学立场就是荒谬或者可疑的。比如在《谈谈方法》中，笛卡儿引入上帝的概念。他认为，因为理性并没有告诉我们所看到的或我们所想象到的事物是真的，相反，理性告诉我们，所有我们的观念或概念必定有一个真理上的根基。既然完善的、完全真实的上帝已经将真理置入我们之中，那么上帝必然有一个真理上的根基。对于上帝概念的引入，可以让一个外在的存在者来确保笛卡儿思想与对象的符合。

胡塞尔认为，以柏拉图为代表的古希腊哲学家预设了一种客观自在的本原，也可以称为理念或实体。但是，对于这种客观自在的本原，古希腊哲学家并没有反思其与意识之间的关系，这也就无法回答“人是如何认知外部世界的”。但是，笛卡儿对这种素朴的自然态度和客观主义进行了有史以来第一次深刻的怀疑。基于“普遍怀疑”的观点，那些看似客观自在的对象和知识都变成了怀疑的对象。在此过程中，恰恰“普遍怀疑”的怀疑本身获得了一种无可怀疑的确定性。当“我思”成为“一切哲学的绝对开端”，那么真正的哲学必然是建立在这种纯粹认识的根基之上。胡塞尔认为，笛卡儿的“我思”是纯粹在自身之上建立哲学的。当“我思”或者“主体性”成为一个独立的、自足封闭的甚至绝对的领域，那么一座真正的科学和知识大厦就可以建立起来。

为了让“我思”这个实体变得可靠，笛卡儿论证了“我思”的确定性。他仍然遵循内省的路径，借助经院哲学中的“因果性”和“无限”等“内在观念”，论证推出上帝存在。通过上帝的存在与诚实，笛卡儿又推导出理性知识的有效性，并最终论证了外在世界的客观存在。在这样的论证中，笛卡儿构建了二元论哲学。胡塞尔说，根据这种学说，将会推论出真正的客观世界由物质实体和精神本质构成，而每一个精神本质都如同“我思”的自我一样，自在自为地绝对存在。事实上，黑格尔哲学深受笛卡儿思想的影响。

二、形而上的影像

哲学中的影像（image）一词具有悠久而重要的传统。这里将梳理古希腊哲学中的影像概念，从而引入对笛卡儿哲学影像内涵的解读，最终讨论认知科学中的影像。

早在古希腊时代，影像就受到众多哲学家的关注。在柏拉图诞生之前，诗人西摩尼注意到影像的重要性。他发明了一种记忆方法，通过训练，可以借助选择地点而形成被记忆事物的心理影像，从而把事物的影像储存在特定的地点。这说明那时的人们很早就开始探索影像与思维的关系。到了柏拉图那里，影像与“看”关联，是一个与追求真理密切相关的概念。让我们通过几个知名的比喻来了解柏拉图的影像内涵。

在《理想国》第十卷中，柏拉图提出了床的比喻。他认为神创造了床的“相”。与人不同，神可以直接把握事物的本质。在神直接创造床的“相”之后，人尤其是匠人可以感知到它，并且根据自己头脑中对于床的“相”进行制作。画家与匠人不同，画家是对于具体存在的床进行“摹像”。之所以画家可以“摹像”，在柏拉图看来，因为他们可以看，具有视觉感知的功能。所以，柏拉图认为人的“视觉”认识功能非常重要，可以把世界直接呈现为“影像”。由此“视觉”认识功能，引发了人们对于“看”的思考。

在《理想国》第六卷中，柏拉图又提出了太阳的比喻。他认为，人如果要认识事物，需要具备三个条件。首先是需要具备看的对象，从而可以被人认识。在柏拉图的书中，他把世界分为“可见世界”与“可知世界”。对于“可见世界”来说，其中的事物总是变幻不定，这包括我们周围的动物以及一切自然物和全部人造物。这个“可见世界”为人提供了“影像”。对于“可知世界”来说，这是一个纯粹抽象的世界，它包括了“可见世界”所产生的“影像”，以及纯粹的“相”。人认识事物的第二个条件是具有眼睛，也就是具有能看的器官或者能力。对于这种主体角度的“眼睛”，柏拉图认为也有两种，一种是肉体之眼，可以用它观察生灭不息的“可见世界”；另外一种眼睛是心灵之眼，也就是人灵魂中的理智，从而可以通达“相”的世界，注视那些被真理和实在所照耀的对象。最后需具备的第三个条件是要有“光”，这也是最为重要的，因为“光”是“看”的条件。哪怕已经具备了看的对象和看的能力，但是没有光，看也无法产生结果。基于视觉的角度，光是看的前提。是光“把视觉与可见性连接起来”，从而产生视觉的影像，最终让人看到可见的世界。

对于“光”的重要性以及它与“影像”的关系，柏拉图在《理想国》第七卷中又提出了著名的“洞穴比喻”。柏拉图设定有一个洞穴式的地下室，在这里，有一群人世世代代居住。洞穴中有一个长长的通道与外部世界相连，而这个通道也阻挡了外界阳光，让洞内变得漆黑一片。这群人自出生时就变成了囚徒一般，被铁链锁着手、脚还有脖子。他们只能面对洞穴的墙壁，不能回头，不能环顾。因此，他们看不到其他人，甚至也看不到自己身体的其他部分。他们唯一能做的，就是整天朝着一个方向去看——那就是洞穴的墙壁。

在这些囚徒一般的人们身后，有一堆明火，而在火和囚徒之间，又有一堵矮墙，墙后面有人举着各种雕像走来走去，从而将各种活动的影子投射在洞穴的墙壁上。因为这些囚徒动弹不得，所以他们唯一能做的就是看眼前的墙壁，看火光将移动的雕像投射在墙壁上之后产生的影子。久而久之，他们就会以为眼前晃动的影像就是真实的事物，是全部的现实。甚至，他们会用不同的名称来称呼这些影子，仿佛这些影像就是真实的人、动物和植物。

终于有一天，某个囚徒偶然地挣脱了枷锁，具有了环顾四周的能力。他猛然看到了那堆火和那些雕像，这让他顿时意识到，所有映在墙壁上的影子并不是真正的物体，而只是火光造成的投影。甚至，他继续前行，走向洞口，任凭光芒刺目，也要努力地看。这个囚徒顿时发现了一个崭新靓丽的世界。柏拉图认为，这个囚徒是幸运的，因为他看到了更加真实美丽的世界。这个囚徒得到了真正的知识，不再被虚幻的影子所左右。

在这一系列的比喻中，洞内和洞外分别代表两个领域，洞内是囚徒内心的信念，而洞外则是理念。囚徒所看到的墙壁上的影像只是幻想，而洞外的太阳则是真正的善，也是万事万物的最高原则。如果参考柏拉图的“理念论”，这个经典寓言可以理解为，是“光”让“可见世界”的“影像”与“可知世界”的“相”一同构成了具有逻辑的“图像”。

不管是“火光”还是“太阳光”，这些光都可以让世界变成“可见”的和“可知”的。人只有拥有了“视觉”的眼睛和“心灵”的眼睛，才能看到这两个世界。而这两个世界，都是因为光而形成的“图像世界”。

对于认知这个主题，亚里士多德认为，求知是人的本性，在求知的过程中，人们认知事物，分辨事物之间的差别，其中又以“视觉者为多”。视觉与影像相关，所以亚里士多德虽然批评了柏拉图，但是肯定了影像在认知中的关键作用。亚里士多德的影像概念与心理学中的意象具有相似之处，但是又有不同。亚里士多德认为，想象与感知同在，没有感知就没有想象，有能力感知才有能力想象。想象经常会包含同感知一样的身体活动。亚里士多德的贡献在于，将影像与意象进行区分，从而为近代的认知科学带来了巨大影响。

受到柏拉图和亚里士多德哲学的影响，笛卡儿并没有拒斥思考事物的影像，也没有像亚里士多德那样，把影像当作认识论的起点。他的影像概念相对特殊，是把人的理性精神与外部实在相结合，从而提出了一种先验主义的“天赋观念论”。这一理论的提出与笛卡儿的形而上学立场有关。

笛卡儿的影像就是他所提出的“观念”。观念被笛卡儿定义为事物的影像，这也是一个对西方哲学影响巨大的概念。对此概念，笛卡儿说，只有当它们（影像）通知大脑这个部分的精神本身的时候，才把它们称为观念。在《第一哲学沉思集》中，他所使用的影像一词就是表示视觉或是精神上的图像或影像。在笛卡儿哲学中，影像的概念有可靠与不可靠两类。对于可靠的影像来说，它代表了来自理性的“天赋观念”；对于不可靠的影像，则是被理性怀疑的对象，尤其是那些来自感觉和想象的非可靠观念。

首先，作为可靠的影像，笛卡儿认为来自理性的“天赋观念”是可信的。基于经院哲学的传统和个人的信仰，笛卡儿认为上帝存在。他说，“我”心中完满上帝的观念，必然来自实存的上帝实体。这就说是，上帝的影像因为上帝存在而产生。

笛卡儿的观念具有二重性质，一是形式，一是内容。相对于形式，观念是思维的一种方式、方法；相对于内容，笛卡儿认为这就是影像。这里的影像与当代心理学中的表象概念不同。表象是人通过感知而形成的对于事物的印象，来自物体的样式和偶性，也是来自感官和想象的影像。而笛卡儿所说的影像，则是来自实在的精神产品，是一种“纯粹思维”的结果，比表象具有更强的存在性和完满性。在笛卡儿看来，那种来自感官和想象的影像是主观的，而他的影像则必然包含了一个客观的实在的原因，比如观念的形式。这种客观性可以用来证明精神之外的东西的存在，比如上帝。在他的“天赋观念”中，影像既不来自感官，也不来自想象，而是一种来自客观实在物的影像，是一种用理性精神才能领会的东西，也是心灵理性加工客观实在而生成的成果。

然后，作为不可靠的影像，笛卡儿首先认为感觉生成的影像值得怀疑。笛卡儿说，人们最容易感觉到的就是形象，我们实际接触形象，也看得见它。对于形象的设想是最为普遍和简单的，因为任何可以感知的事物中都包含了形象。在感知的过程中，人会对视觉形象进行抽象，形成新的影像。比如形成马的影像，人们会首先将视觉形象中的时空因素剥离，不管是马场中的马还是春天夏天的马，都要经过剥离，变成一个“纯粹形象”。然后，再将其抽象化处理，变成表象形态——一旦想到马，就可以呈现马的表象。最后，还需要将这些表象符号化，加工而形成观念系统，成为语言表述中使用的概念。经过观念系统的组织，表象将最终形成概念。在《第一哲学沉思集》中，为了搭建一个坚实而稳固的知识基础，笛卡儿通过普遍怀疑来清除一切不清晰分明的东西。而上述这种来自感觉的影像是值得怀疑的。

笛卡儿质疑，外在的物质性东西是真实存在的吗？尤其是，并没有确定的或可靠的标记来分辨或证明自己不是在梦中。所以对于事物的影像，不管是感官所提供的，还是梦中看到的，甚至实验中所涉及的，都是可以引起怀疑的事物。虽然这些事物值得怀疑，但是笛卡儿仍然在思考，到底什么是可靠的。虽然感官所提供的影像不可靠，不一定是真实存在的，但是由于“我”在通过感官获取物质的影像，那么“我”一定是存在的。如果“我”不存在，所有关于物质的影像也就无法被“我”看到或者想象到。

不可靠的影像不仅来自感官的提供，还包括各种不可靠的虚构的观念。在《第一哲学沉思集》中，“第三沉思”部分有对观念进行的划分，除了可靠的“天赋观念”，还有来自感官的观念和虚构的观念。笛卡儿曾经用蜡的例子来证明，与那些借助经验来观察所形成的影像相比，理性的知觉更加可靠。因为理性的知觉能够洞悉事物的本质，尤其是当肉眼或其他感官无法把握这个本质的时候，只有理性可以提供一种清晰的观点。“天赋观念”是清晰分明、不可怀疑的，而来自感官提供或虚构的观念则是不可靠的。同样地，笛卡儿的影像也就分为可靠的与不可靠的两种。

在笛卡儿哲学中，影像并不是今天哲学中常用的意象，两者不可混为一谈。借助萨特的表述，“从笛卡儿到休谟，影像的本质没有变，它们都是代表物的影像”。为了讨论“人是如何认知外部世界的”，或者是物质与认知的关系，笛卡儿哲学中影像才被后人不断解读，人们从中得到众多新的启发，其中包括了认知科学。

影像是当今认知科学讨论的重要话题，而笛卡儿的影像概念又深刻地影响了这门学科。从哲学上看，笛卡儿是近代哲学的奠基者，他的重要贡献之一就是将经院哲学转向了认知论，为今天的认知科学开辟了广阔的空间。从科学上看，笛卡儿提供了大量与影像有关的著作，比如《屈光学》《论世界》《哲学原理》等，尤其是“松果腺说”所呈现的科学启发，将认知科学研究的对象转移到身体器官之上，启发了后来的脑科学。

简单地说，笛卡儿哲学中的影像是对于物质实在的观念，或者是由感官知觉加工而形成的关于物质性质（并非形状）的表象。为了解决“身心二元论”中身心如何交互的难题，笛卡儿又提出“松果腺说”，他认为“松果腺”表面会产生影像。在笛卡儿看来，这个生理过程会影响人的灵魂或精神。由此可以说，笛卡儿对于当代认知科学的重要启发包括了哲学和科学两个方面。

在笛卡儿之后，哲学家洛克对他的思想进行批评。在洛克看来，笛卡儿的实体虽然本质上存在，但是超过了经验的范围，因此变得不可知。基于这种不同的实体论，他认为感觉影像才是观念的基本来源。在洛克那里，人需要间接地借助于知觉来表象对象的影像，从而认识世界。正是这样的观点，印证了洛克的知识论。知识由感官提供，就如同影像的形态一样，是一种主观的东西。在《人类理解论》第二卷中，洛克多次提到他所认为的观念，是一种刻画在心灵中的影像或图像。有时候，他也用“光学影像”来做比喻，将观念比作是来自视觉感知的图像性存在。洛克的影像有两层意蕴，一层是来自物质的影像，是通过视觉感官而产生的知觉对象。这种影像是观念的来源和素材。一层意蕴是来自反省的影像，是一种意象或者精神影像。这种影像是观念的存在形式，也是经验的产物和知识的素材。

与笛卡儿不同，洛克更专注产生观念的来源和方式，提出了很多与当代认知心理学理论共通的观点。他对于观念的加工非常重视。洛克认为，感觉器官接收到来自外界的刺激，不管是视觉还是触觉等等，其产生的还不是观念。只有经过心灵的理性加工，比如注意、思维等，这些感性的材料才能最终形成精神影像，也就是简单观念。当代心灵哲学中讨论了这个过程。比如对于冰水的温度体验。如果最开始只是经验到冰水的温度，没有更多的心理活动，则属于感觉，无法形成真正的观念。只有当人主观去体验之后，借助知觉，才能获得对于冰水温度的真正认知。

唯心主义者贝克莱对洛克进行了批评。在他那里，外在世界只因为被人感知而存在，所以观念只能与观念相似。在《人类知识原理》中，他持有与笛卡儿相似的观点，那就是认为观念是来自理性思维的精神产品，而且与物质有着根本区别。在此书中，他将观念定义为“外在于不能思维的实体中的物理性质的‘复写或肖像’”。这种观点对现代认识科学的影响很大。

休谟也讨论了认识的问题，但是他的思想与洛克和贝克莱都不相同。在休谟看来，感觉与外在物质的区别是绝对化的，而感觉和知觉尤其重要。他将观念视为图像性的存在，持有一种与洛克和笛卡儿不同的实体思想。在休谟那里，影像与观念具有相同的地位，都来自于强烈的感觉。休谟认为感觉器官是传送影像进入心灵的唯一通道，这一点毋庸置疑，因为只需要最粗浅的哲学知识就可知道，心中只有影像和感知，别无其他。

在如何认识世界的问题上，从笛卡儿到休谟，不同哲学家有着不同的思想，他们的探索都没有离开物质。基于理性主义的传统，呈现出一个趋势，那就是从哲学角度，人们越来越关注认识，关注心灵，而物质被讨论的概率越来越小。这种情况伴随着现代心理学的出现而发生了改变。接下来让我们了解笛卡儿影像概念对于科学的影响。

笛卡儿在作品《论人》中讨论了生理学。他对于人的视觉感知功能做出了解释。他认为：人的视网膜在接收到影像之后，就会由视觉神经生成一种与光学影像同质的影像。这种影像具有物质特征，可以被流动的动物精气传送到“松果腺”的表面。“松果腺”是管理“动物精气”的特殊器官，而“动物精气”会引发人的关于客观物体的主观视觉经验。在这个过程中，大脑同时生成了视觉记忆，但是大脑和“松果腺”不同，只有“松果腺”获得视觉影像的“动物精气”之后，大脑才能产生记忆和想象的影像。对于“松果腺”来说，它表面上的影像就是笛卡儿所谓的观念，是人想象的根基。笛卡儿为他的观念找到一个生理学的根基，那就是“动物精气”和“松果腺”。

有趣的是，笛卡儿的划分类似于当前认知科学中对于影像和意象的区分。影像由视觉器官形成，而意象由大脑形成。当代的认知科学对意象进行了细致划分。或者按照意象能力，分为产生意象、组合意象、内察意象等；或者按照意象本质，分为形状意象、运动意象、颜色意象等。意象的这些划分与哲学关系紧密。而另一方面，如果探索感知与意象的关系，尤其涉及感觉器官，则必然进入生理学等科学的视野。现代认知科学受到笛卡儿的启发，探索意象与大脑的关系，从而理解其形成、存储、运行的规律。

现代认知科学不再关注物质的认知对象的性质，那是物理学的领域，而更关注心灵和精神。认知科学的研究也证明了传统哲学对于影像的假设，至少笛卡儿是开创者，当影像被理解为视觉影像时，它与眼睛有关，是人类认识世界的媒介。当影像被理解为意象时，它与大脑（与“松果腺”一样都是器官）有关，是人类理性思考的基础。二者都是心灵的内容。虽然物质作为被感知的对象，它与心灵始终存在一条鸿沟，但是笛卡儿没有成功的“松果腺说”仍然给出了一条新的道路，那就是借助科学，或许可以更深刻地理解心灵。

三、认识论转向

即使关于笛卡儿的成就存在众多争议，也不妨碍他成为公认的哲学家，是他开启了认识论转向。为了更加清晰地理解这个转向，我们需要讨论笛卡儿对于认识论的主要贡献，还要考察当代认识论尤其是认知科学中由笛卡儿所引发的发展与改变。

伴随着近代以来人类知识的发展，一个值得思考的现象是科学与哲学的割裂和分离，两者开始分属不同的学科。而在笛卡儿那里，科学与哲学在实质上具有相容性，而且具有内在的统一性。笛卡儿不仅没有拒斥科学，而是坚持科学与哲学的统一。事实上，近代以来的实验科学又深刻地促进了哲学的发展。不管是生理学还是脑科学，不同的学科成果都为认识论的发展提供了不同的发展契机。笛卡儿对于认识论的主要贡献在于两个方面。其一是方法论，笛卡儿坚持科学和哲学的统一，运用普遍怀疑的原理，这是一种基本的研究方法。由此，哲学关注的焦点从“世界的本质是什么”转移为“人是怎样认识世界的”。其二是科学化，笛卡儿对于生理学的探索引发了哲学认识论的科学化阐释，而心理学等学科的发展又带动了哲学认识论的科学化。

对于笛卡儿方法论的思考，可以放在“主体–外部世界”的关系框架之下。早在古希腊时代，哲学家就开始思考人是如何认知外部世界的。在此过程中，众多哲学家讨论了实体的问题。亚里士多德认为，人是实体，拥有理性的灵魂，在认知过程中，外界实体为人的感官所捕捉，而心灵会接受其不带质料的形式，于是，人就会知道外界对象。在他看来，外部世界中的实体与心灵产生的知识之间有一种相似性。托马斯·阿奎那发展了亚里士多德的理论，认为心灵中有感性和知性之分，同时接受了亚里士多德的观点，认为心灵中的形式和实体中的形式存在相似性。也正是他们对于感官的重视，笛卡儿的认识论才没有抛弃感觉。也正是对于感觉的怀疑，笛卡儿的思考才真正开始。

为了理解笛卡儿方法论的贡献，这里有必要从认识论的视角，重新梳理他的著名的三个怀疑。第一个怀疑是笛卡儿怀疑感觉。他认可感觉对于认识的重要意义。笛卡儿在“第一沉思”中说，直到现在，凡是自己当作最真实、最可靠而接受过来的东西，都是从感官或通过感官得来的。对于这些，他表示怀疑，说对于一经骗过我们的东西就决不完全加以信任。这是对亚里士多德主义所主导的经院哲学认识论的颠覆。在笛卡儿的认识论中，感官变得不再可靠。第二个怀疑是怀疑梦。笛卡儿认为自己不能清清楚楚地分辨出清醒和睡梦，因为感官无法向我们传达任何关于外部事物存在的知识，由此，外部世界是否存在本身就是可疑的。第三个怀疑是可能有一个欺骗人的神或者魔鬼。笛卡儿认为可能存在一个骗人的神，他可以使人在一些确定的、真实的事情上也轻易犯错。为此，理智能力本身也是值得怀疑的。这三个怀疑带来了一个后果，那就是可靠性的瓦解。由感官而来的认识、感官与外部事物的关系以及理智与外部事物的关系都是未必可靠的。

正如前面所介绍的，笛卡儿的观念（影像）是一个重要的概念，并且与古希腊哲学紧密相关。与经院哲学不同，笛卡儿的认知不再是一种由外到内的进路，而是一种基于内省，由内而外的进路。在他的认识论中，心灵与物的关系改变了。笛卡儿选择从心灵中的观念出发去回应“人是如何认知外部世界的”这个问题，并且由此重建心灵与外界事物的关联。他怀疑感觉的可靠性，这就等于推翻了长久以来的哲学原则——人们原本以为所有在心灵中的东西无一不是在感官中的。经院哲学认识论所认定的“心灵中的形式与外部事物的形式之间具有相似性”也被打破了。在笛卡儿的观念论中，经院哲学的认识论是盲目而可疑的。他认为自己是一个思维着的东西，而自己心灵中的观念让他认识到感觉的不可靠。笛卡儿曾经相信有些东西在自己以外，和自己不同。“它们通过我的感官，或者用随便什么别的方法，把这些观念或影像传送给我，并且给我印上它们的形象，这都不是一种可靠的、经过深思熟虑的判断，而仅仅是从一种盲目的、鲁莽的冲动得出的。”

内心的观念是笛卡儿思考的重点，由此观念论，他展开了一种新的认识论。这一认识论对当代最大的影响之一就是“科学允许试错”的观念。笛卡儿持有这样一种真理观，就是认为真理包含在观念与对象之间的关系中。通过怀疑，笛卡儿将观念与客观存在的对象进行了切割与分离，而在以前，哲学家更关注两者的相似性。笛卡儿说，人们可以向那些不理解某种语言的人进行文字上的解释，并且告诉他们，真理这个词在其根本的意义上标示着思想与对象的符合。对象与观念的关联，笛卡儿认为要通过判断来实现。

由笛卡儿怀疑的方法论带来的是一种“表征主义”，这也是他的认识论对于传统的最大逆转。对笛卡儿来说，观念才是直接的认识对象，因为在普遍怀疑之下，哪怕是真实的对象也会受到怀疑。因此，他不得不采用新的道理，通过考察心灵中的观念，从而反推外部对象的存在。可以说，观念变成了主体通向外部对象的唯一通路。之所以称之为“表征主义”，因为对于笛卡儿而言，心灵并不能直接认识外部事物，因为这些事物都是可疑的，主体必须借助观念这个中介来实现对于外部对象的认知。只有当外部对象被观念表征了之后，心灵才能借助这个表征来认识它。这种认识论与经院哲学乃至古希腊哲学的认识论大为不同，也被称为间接实在论。这也是笛卡儿“怀疑”方法论对于哲学认识论的重大贡献。

笛卡儿对于认识论的第二个主要贡献在于他对科学发展的贡献。

纵观笛卡儿的学说，他不仅没有拒斥科学，甚至他本身就取得了巨大的科学成就。可以说，笛卡儿一直坚持科学和哲学的统一。笛卡儿也是一位科学家。笛卡儿在数学、逻辑学、物理学、生理学、地球学、天文学和气象学等领域取得了很多成果。

笛卡儿对于科学实验也非常重视。认识论属于哲学范畴，而实验属于科学范畴，认为科学实验可以推动哲学认识论的发展的观点，并不是笛卡儿之后才出现的。事实上，科学实验是经验主义的，而经验主义在启蒙时代并不罕见。在笛卡儿之前，英国近代哲学家弗兰西斯·培根就在讨论科学方法的时候强调过实验的重要性。他认为真正的哲学思想应当与科学实验和人的理性密切结合。他曾这样说，历来研究科学的人要么是经验主义者，要么是独断主义者。真正的哲学工作应该像理性主义者那样，采集材料并且用自己的力量去改变和消化材料。这个过程既不只是或不主要是依靠心智的力量，也不是从自然历史和机械实验中把材料收集起来，而是把这种材料加以改变和消化而保存在理智中。这是为了使实验的和理性的能力更密切和更纯粹地结合。笛卡儿思想中的实证精神受到经验主义的影响。

对于科学发展的影响，笛卡儿的“松果腺说”值得关注。他认为“松果腺”是精气和心灵相结合的器官。这种从生理学角度验证心灵理论的方法对后来的认知科学影响巨大。

笛卡儿提出“松果腺说”，是为了回应“心灵如何被感知”的问题。笛卡儿在《论人》中提出“人，就像我们，是由灵魂和肉体组成的”。而灵魂与肉体是两种完全不同的实体，所以人既占有空间，也会思考。那么肉体与灵魂在人的何处相遇？笛卡儿认为，不是整个大脑，而是大脑中部的一个名叫“松果腺”的腺体，其中的运动可以改变灵魂。在历史上，笛卡儿不是第一个思考松果腺的人，早在古希腊和中世纪，就有人讨论过这个腺体。笛卡儿认为，人的肉体充满“生命精气”或者“动物精气”，这种精气推动人产生行为。“动物精气”通过“松果腺”向灵魂传递肉体的信息，同时，肉体也借助“松果腺”接受灵魂的指令。笛卡儿认为人的肉体是一架机器。因为笛卡儿持有“表征主义”的观点，所以感知心灵的主要途径有两个，一个是心灵的自省，另一个是对肉体的观察。这一观点在今天来看甚至显得荒谬，但是在当时却具有巨大的先进性。

当心灵作为研究对象，认知科学就有了诞生的可能。在笛卡儿时代，人们对于生理学和解剖学等科学认识不足，无法借助更多的实验来验证哲学意义上的认识论，哲学家大多用思辨和推测的方式来探索认识问题。比如晚于笛卡儿的莱布尼茨，他提出了具有物理主义特点的“单子论”，认为不管肉体还是心灵都是由单子构成的。就好比两个完全平行而又同步的时钟，它们相互发生关联，但是彼此的存在并不能互为因果。这种将身体与心灵分离的思想，并没有考虑身体的作用，甚至将身体作为认知心灵的条件。这种身心的彻底分离也为现代心理学的诞生提供了理论基础。

德国的冯特继承了莱布尼茨的观点。他认为心灵就是直接经验，人无须借助其他途径感知心灵。传统的心灵研究都是借助内省的方法，类似于笛卡儿的“我思”，冯特继承了内省的传统，但是希望避免其中的不严谨。他受到物理主义影响，认为既然人的身体可以是一架机器，那么心灵一样可以被物理学原理所解释。为此，他以物理学为榜样构建心理学学科，以实验内省的方法，从心灵出发来研究心灵。他不仅制定了严格的规则，以方便自己的实验可以重复验证，还将心灵的内容分析为简单的元素，探讨这些元素的规律。冯特是现代心理学公认的开创者，他的著作《生理心理学原理》开辟了一个新的科学领域。在其中的第一编，就是讲述“心理生活的躯体基础”，对生理学进行探索。

现代心理学的建立与生理学的发展关系紧密，而伴随着生理学的发展，哲学的认识论也出现了科学化的阐释。可以说，这一趋势的发展与笛卡儿哲学中的身心关系主题有着重要关系。近代以来，伴随着实验科学的发展，人们对于身体的生理学知识了解得越来越深入。随着解剖学、生理学等相关科学领域不断发展，人们对于认知的生理机制就有了更加清晰的认识。笛卡儿的尝试给予后人一个榜样：关于身体与心灵的结合，一定要寻找某个生理学意义的证据。正是这种探索认识机制的冲动，才产生了众多全新的观点和理论，而这些观点和理论又推动了近现代西方哲学从以本体论为中心转移到以认识论为中心的研究上。

笛卡儿的影响不仅限于现代心理学的建立。可以说，当代认知科学中的很多理论都受到笛卡儿哲学的影响。

首先是对于认知科学中行为主义的影响。笛卡儿的内省式思考和研究方法影响很大，被行为主义的先驱布伦塔诺接受，但是，他同时主张通过观察他人的言语、动作来感知心灵。一旦心灵的感知包括了内省和身体外部表现两种途径，那么笛卡儿的身心二元论就发挥了作用。笛卡儿说人的肉体是机器，也说人的感觉的重要性，那么后人就会认为，心灵可以通过动作表征出来。华生作为一个行为主义者，他认为心理学应该直接研究人的适应性行为，并且通过行为来研究心灵。在他那里，笛卡儿的心灵就像一个黑匣子，神秘又主观，缺乏公共的验证，也没有办法客观精确地描述。既然笛卡儿说人的身体是机器，而且动物也是机器，那么对人一样可以采用类似研究动物的方法开展实验。甚至，他认为要了解人的心理只需要了解其行为即可，而一些神经生物学的“反射理论”等完全可以用来准确描述人的心理。由此看来，心灵是否存在并不重要，因为决定人的行为的未必是心灵。

然后，笛卡儿又影响了以信息加工论为代表的认知心理学。基于一种身心二元的观点，人的心灵是可以脱离身体而独立存在的实体，那么心理学主要的研究对象就应该是人的心灵认知，而不必优先考虑身体的问题。因为受到计算机技术的影响，人的身体可以被理解为计算机的硬件，而心灵就好像安装在上面的软件。计算机程序的运行与人的心灵处理信息具有相同的规律，乃至可以采用相同的研究方法。于是，在感知心灵的问题上，以信息加工理论为主的认知心理学将肉体替换成计算机，将心灵看作是软件，而将各种外界的事物则看作信息。

最后，伴随着对于笛卡儿哲学的批判，由胡塞尔、梅洛-庞蒂等人开创的具身思想兴起，具身认知——一个深刻影响认知科学的思潮出现了。具身认知心理学的兴起被视为当代认知科学的革命。简单地说，具身就是具有身体性的，而具身认知则认为人的认知是一种基于身体的认知，与身体的解剖学结构、活动方式、生理体验等紧密关联。是身体决定了人们认识世界的方式。具身认知涉及三个方面，即方式、内容和本质。其认知方式是借助身体的认知；其认知内容是由身体提供的；而其本质是身体与环境的一种动态关联和统一。这种认识论不同于笛卡儿的身心二元论，而是用身体统摄身心，所以这是一种对于笛卡儿认识论的超越。

从西方哲学发展史的角度看，笛卡儿实现了形而上学从本体论到认识论的转折，这个转折也开启了世界的现代化进程。理解笛卡儿对于认识论发展的贡献，就能够理解为什么今天的认知科学都受到他的深刻影响。笛卡儿并没有将科学与哲学割裂和分离，在他那里所体现出来的统一性和相容性，将一直激发当代认知科学的深入发展。

第九讲

人的伦理学

一、灵魂的激情

二、临时的道德

三、论慷慨

虽然笛卡儿并没有关于伦理学的专著，但是在他的很多著作里，都有关于伦理思想的表述，其中《论灵魂的激情》就是典型的论著。在《论灵魂的激情》中，为了解决身心二元论导致的理论困难，笛卡儿提出了“松果腺说”，认为身体的运动来自灵魂的激情，而意志是灵魂的动作。基于一种人本主义的思想，他展开了以人为中心的伦理学思辨。在《论灵魂的激情》中，笛卡儿提出了慷慨的概念，体现出笛卡儿关于自由与谦卑、平等与利他的道德理想。

一、灵魂的激情

《论灵魂的激情》是笛卡儿生前公开出版的最后一部著作。在书中，笛卡儿试图解决身心二元论所造成的理论困难，并且集中阐述了自己的道德哲学和人类学思想，笛卡儿试图用一种如今看来有些可笑的生理学知识来解释人的激情是什么、激情的作用以及人如何控制它。《论灵魂的激情》是笛卡儿关于心灵问题的一部重要著作，同时也集中体现了笛卡儿的伦理学思想。他始终坚持理性主义，认为人是由物质和灵魂两种实体构成的，对于两者的统一，他提出了身心交感理论。为了理解笛卡儿的伦理学思想，让我们首先看一下他是怎样区分灵魂和肉体的。

在《论灵魂的激情》一书中，笛卡儿一开始就指出区分心灵与肉体功能的必要性，为了认识灵魂的激情，就必须对灵魂的功能和肉体的功能进行区分。从哲学史的角度看，笛卡儿的二元论第一次把灵魂和肉体尖锐地对立起来。

笛卡儿认为，当人们还不知道肉体是否存在时，我们已确知精神存在。人类同时拥有灵魂的观念，这说明灵魂与肉体不但是互相独立的，而且还是彼此对立的。在笛卡儿的二元论里，灵魂与肉体之间隔着一道鸿沟。笛卡儿之所以将灵魂和肉体分开，是为了方便将不完满的认识排除掉。笛卡儿在《哲学原理》中说，“自从幼年时期，我就把精神和肉体领会为一个东西，进而把许多东西合成为一个，把它们当成一个东西，这基本上是所有不完满的认识都应该有的弊病。这就是我为什么会不厌其烦地把它们分开，并且通过更确实的检查，把它们更确切地分开。”

在这里，笛卡儿认为，我们在幼年时代，由于过分沉湎于自我的感觉，曾一度把主观的感受和客观的存在当成一模一样的物体加以接受，因此难免会在脑子里面形成很多错误的判断。相应地，我们在理解纯粹理智的东西时，也总是把它们当成物质性的东西来加以领会。这样就使我们对精神和物质有一个混淆的认识。为了祛除这些在我们脑子里由来已久的偏见或者错误，我们有必要对理智和物质、灵魂和肉体有一个更加清楚的认识，而要对它们有一个更加清楚的认识，我们就不能重蹈覆辙，首要任务就是把它们区别开来，只有这样我们才不会再犯儿时的错误，才能对它们有一个正确的认识和理解。

笛卡儿反对当时的一个传统观念“物质能够思维”，他认为必须对灵魂和物质进行明显的区分，思维与肉体毫无关系，它是一种独立于肉体的活动。然后，笛卡儿通过证明上帝的存在和灵魂不死，将灵魂从物质和肉体的混沌关系中独立出来。

那么，关于灵魂与肉体的区别，笛卡儿又是怎样证明的呢？笛卡儿在《第一哲学沉思集》中采用了不同的角度去证明。

首先，从“我思故我在”的命题出发，物质的存在可以怀疑，但灵魂和心灵的存在不可怀疑。“我思”的“我”是肯定存在的，但“我思”之外的物质世界则是可以怀疑的；“我思”的“我”是一个思想的实体，“我”的全部本质在于“思想”。笛卡儿说：“我可以想象我没有形体，没有身体，但是我不敢想象我没有思想，因为我没有思想，我将不能存在，我也不能够思想。”可见，笛卡儿认为“我”可以没有身体，但“我”不能没有“灵魂”或“心灵”。而“我”对于心灵的认识是直接的，对于物体的认识是间接的。在蜡的比喻中，笛卡儿说：“对于物体的认识，不应该仅仅诉诸感官体验，而应该借助于理智来进一步认识事物的本质。”也就是说，人对于事物和灵魂的认识方式是不同的。

其次，灵魂与肉体的本质是不同的，是两个不同的实体。从属性的角度来看，精神的属性是思维，物体的属性是广延。笛卡儿说：“在肉体的概念里面不包含任何属于精神上的东西；反过来，在精神的概念里面也不包含任何属于肉体的东西。”而灵魂和肉体都可以脱离对方而单独存在。也就是说，精神可以脱离大脑的存在而存在，大脑也可以不用思考而存在。而且，肉体是可分的，灵魂却是不可分的；肉体是可以灭亡的，而心灵或者灵魂是不朽的。

再次，心灵对于认识非常关键。通过天赋观念，笛卡儿认为，我们可以清楚分明地领会自己的存在。“我”的本质在于“我”是一个纯粹思维的实体。一方面，“我”有一个清楚分明的“我”自己存在的观念，另一方面，“我”又有一个与“我思”紧密联系的肉体。可以说，“我思”的“我”和肉体的“我”是不同的，“我思”可以脱离肉体而单独存在。

正是因为灵魂和肉体的巨大区别，才引出了关于身心统一的问题。笛卡儿在《论灵魂的激情》中给出自己的答案，那就是一个特殊的器官，实现了激情与身心的统一。

身心既然是两个不同的实体，那么如何统一？在《论灵魂的激情》中，为了解决这种身心二元论导致的理论困难，笛卡儿在区分完身体与心灵的功能后，明确指出两者是统一的整体，并提出了“松果腺说”来解释心灵与身体结合的方式。在这个理论提出之前，他先对“激情”进行了论述。

笛卡儿提出，灵魂的激情通常就是身体的活动。他说，“对于一个主体来说，作为激情的东西往往在别人看来就是行动”，说明激情有其外在的表现。这是笛卡儿对“激情”所进行的第一次界定。为了说明身体的不同部分和功能，他提到了“动物精气”的概念，这个概念与身体和灵魂都紧密相关。在笛卡儿看来，“动物精气”是某种“非常紧致”的空气或风，具有流动的性质，而且非常具有活力，是一种精微的物质。“动物精气”可以用血液作为载体，然后进入脑腔，并且与脑腔中具有其他功能的部分是不一样的。最终，“动物精气”会在大脑中与血液分离，变成全身最有活力、极其精微的那个部分。对于身体来说，因为人的身体充满了持续的热量，这样的热量在推动“动物精气”，让它在身体的各处流动，身体因此得以活动。这种持续的热量就是推动力。

通过“动物精气”这一概念，笛卡儿进一步论证了自己的重要观点，那就是人类的身体和灵魂是相互独立的。身体的运动不依赖于灵魂，而是依赖于心脏的热量所产生的“动物精气”。精气的运行具有自身独立的规律，它通过在大脑、神经系统和肌肉之间的自然循环，从而让身体运动。也就是说，我们身体的运动并不是经由灵魂产生的。

在《论灵魂的激情》的第十七条命题之后，笛卡儿已经阐明了“动物精气”的概念，于是结束了关于身体的讨论，开始谈论灵魂的功能和灵魂的激情。他认为，思维分为灵魂的行动和灵魂的激情两大类。其中，灵魂的行动就是意志，它只依赖于灵魂，并且由灵魂发出。对于另一类，灵魂的激情就是广义上的知觉，是一类思想。也就是说，灵魂的激情就是人类身体上出现的那些“知觉”。“灵魂的激情”分为两类，一类是以心灵为原因的，另一类是以身体为原因的。

第一类以心灵为原因的激情属于意志力的知觉，也就是我们感知到自己想要做某事的意图。这个感知与“灵魂的活动”中的意志是不同的，因为“灵魂的活动”不仅仅是感知，更涉及活动以及我们身体的表现。

第二类灵魂的激情以身体为原因，这个主要与想象有关。笛卡儿认为，想象属于人的思维，可以把想象分为两大类。第一类是灵魂自身产生的想象，这和意志一样，都归属于灵魂的行动；另一类是纯粹由身体引起的想象，这是不依靠神经的知觉，不是由意志主动去想，而是根据以往的经验，不自觉地出现幻觉，或者说，只是呈现了过去其他的身体上的认知的影子。这种想象也是一种知觉，也就是广义上的激情。在同是由身体引发的知觉中，它与由神经引起的知觉（激情）不同，“通过神经进入大脑的印象通常比精气在大脑中产生的印象更为生动和明确”，不过这种影子般的想象有时在灵魂中也会让我们感到极其真实，就像它真的存在一样。对于笛卡儿来说，最严格意义上的激情是狭义上的激情，它最强烈地影响着灵魂，这个激情与“动物精气”的活动有关，依靠它来引发、维持和加强。

接着，笛卡儿开始论述关于“松果腺”的理论。笛卡儿指出，灵魂中的激情是由身体中的“动物精气”所引发的，他由此引出了大脑中“松果腺”这个特殊的部分。

“松果腺”存在于大脑中央，是灵魂集中的主要位置。灵魂以“松果腺”为中心，借助“动物精气”、神经甚至血液向身体其他部分扩散。灵魂作用于“松果腺”，牵动“动物精气”的流动，从而引发身体的运动。同样地，“动物精气”也可以牵动“松果腺”的活动，向灵魂表现外在对象的印象。当身体与外在对象互动时，外在对象的印象会整合在“松果腺”中，让灵魂或者心灵产生关于外界的图像。“松果腺”可以让“动物精气”流向大脑细孔，然后通过神经到达肌肉，最终引发肢体活动，而这些并不会对意志产生影响。

如果说“松果腺”是一个居于心灵与肉体中间的重要器官，那么在笛卡儿看来，这个器官受到灵魂和“动物精气”的双重影响。有时候，“松果腺”会被灵魂推到一边；有时候，它又会被“动物精气”推到另一边。这样的冲突取决于意志。也就是说，来自灵魂的激情可以促使身体做出相应的运动，而意志则借助“动物精气”，促使身体做出与激情引发运动相反的运动。通过“动物精气”，灵魂和身体产生相互的作用，但是两者是独立的。外部对象可以使得身体活动，外部对象也可以使得激情产生，但这是两种完全不同的道路。

这里需要重点说明的是意志。在笛卡儿看来，意志是灵魂的动作。身体可以间接地改变意志。在知觉层面，不仅身体可以改变它，连灵魂也以改变它。而意志缺乏直接产生激情的能力。笛卡儿认为灵魂和身体的感知实际上是相互混合的。关于灵魂对于激情的作用，笛卡儿认为灵魂本身即是原因，激情被意志活动间接地唤起或抑制。比如，当一种激情因为外部因素而产生，这时如果我们进行分析，就能改变原来的激情，从而改变与之相关的身体活动。笛卡儿举了一个关于恐惧的例子。恐惧属于一种激情，当人对于外在的对象产生恐惧，往往会引发逃跑的动作。但是，如果具有勇敢的意志，则可以不让腿运动。由此可知，恐惧是被“动物精气”推动的，由此导致“松果腺”产生激情，逃跑的动作是由恐惧的激情所引发的。相反地，不让腿动作是勇敢的意志所引发的，当心灵将“松果腺”推到另一边，就会产生勇敢的意志。

在笛卡儿的思想中，“松果腺”是身心统一的关键。在论述灵魂的功能之后，通过对激情的定义，笛卡儿区分了激情与身体和心灵的关系，重点说明了身体与心灵的相互影响和紧密联系。他为了完成身体与心灵的统一，特别提出了“松果腺说”。

关于灵魂，笛卡儿一直持有理性主义的观点。他认为灵魂有较低的部分，对应于人的自然欲望；也有较高的部分，对应于人的理性。这两者之间存在冲突，但是理性地位更高，更为重要。比如对于激情，我们应当使用理性去掌控它。

对于激情，笛卡儿进行了分类。我们可以发现，他所谓的激情类似今天心理学中的情绪。比如他所列出的六种原初的激情：惊奇、爱、恨、高兴、悲伤、渴望，这些都可以与情绪对应。笛卡儿所说的每一种激情都和身体的运动有关，包括了血管、“动物精气”等等。他也探索了表情，甚至用他认为的生理学原理解释了为什么这些原初激情可以让人产生变化，比如战栗、昏厥、哭笑等等。在今天看来，他的“动物精气”是很可笑的，但是放到他的机械主义背景中去考察，这一切又都可以变得明白。笛卡儿认为，每个人的心灵都有理性和控制激情的能力，只不过因人而异，并且需要通过训练来加强这种能力。

在笛卡儿哲学中，与其说“松果腺”是理解其身心统一的关键，不如说激情在身心统一的过程中更为重要。事实上，灵魂和身体天然就是个一体性的东西，身心二者的统一体具有一定的模糊性。笛卡儿并没有完全解决自己的身心二元论带来的困境。当人类需要进行伦理抉择的时候，必须面对这个具有模糊性的统一体。

人并不是只有肉体或者只有灵魂，对于这个统一体，笛卡儿更重视理性的心灵。这里所体现的除了理性，还有一种人本的思想。而人，正是我们伦理学探讨的基本对象。笛卡儿的伦理学思想是一种以人为中心的伦理学思想。

早在古希腊神话中就蕴含着人本思想，这些思想主要体现在对于人体美的赞扬，对于人性的认同以及对于自我意识的肯定。可以说，古希腊神话好比是对“人”的礼赞。在古希腊文化中，人们可以发现诸神的种种劣迹，这说明神是“人格化的神”。通过各种故事，古希腊人把神拉到人间。这种人本主义的思想影响了西方文明，对于西方的各类艺术提供了发展的思想资源。在文艺复兴时期，各种人本主义的艺术作品纷纷出现。

对于笛卡儿伦理学的理解，不能脱离那个时代。笛卡儿的时代已经出现了与中世纪完全不同的“新科学”，伽利略等人的发现和观点引起整个知识界的震动，人们普遍地开始追求新知识，寻找新方法。在笛卡儿的著作中，他谈到了人类与自然的关系。比如《谈谈方法》，这是一本机械主义的著作，极度依赖对物理世界的机械分析，而其目的是找到确定的方法，让人类成为“自然的主人”。在这种思想的支配下，笛卡儿的道德思想所关注的正是人类生活中的不可控者，不是自然，而是命运。这种人类命运的目标，在笛卡儿看来，是实现善的生活和最高的幸福，让人类成为“自然的主人”。

在今天，人们似乎全面接受了“人类是自然的主人”这一观念，并且伴随着科技和工业的发展，甚至出现了对于这种观念的反思。但是在笛卡儿的时代，这种思想却具有相当的进步性，他让人们摆脱了来自基督教神学的囚禁。笛卡儿的伦理学正是以人为中心的，也呈现出一种人本主义的色彩。

首先，笛卡儿的伦理学对人进行了形而上学的探析。人是精神和肉体的统一，这个统一不是静止的，而是互相作用的动态过程。这相对于中世纪是重大的进步。在笛卡儿的《论灵魂的激情》一书中，他研究的正是作为灵魂和身体统一的“人”。

1645年2月9日，笛卡儿给梅斯兰（Mesland）写了一封信，他明确地区分了人的身体和普遍意义上的物体。这种区分旨在强调人的不同。所谓普遍意义上的物体，指的是可以由不同的部分所组成的事物，这种事物是可以被想象、被测量的，具有广延性。笛卡儿说，当人们谈到一种普遍意义上的物体时，人们首先领会到的是这个物体的一个确定的部分，以及它是一个不同组合的数量集合。至于人的身体，这和普遍意义上的物体是不同的，因为人的身体是一个功能的整体，是不可以被分割的。笛卡儿说，当我们谈到人的身体时，我们领会到的并不是身体作为物体的一个确定的部分，也不是身体有什么确定的大小，而是身体是一个和其灵魂结合在一起的东西。尽管人的身体可能会有所变化，比如头发的增减、容貌的改变，但是人们总会相信身体是同一个东西。不管环境怎样变化，同一个人的身体总是切切实实地与同一个灵魂相连，并且我们不管在哪里看到，都会相信这个身体是一个完全的整体，是不可分的。

这样论述的目的是很明确的，笛卡儿认为“自我”是一个灵魂和身体的统一体，它们是不可以分割的。笛卡儿说：“那些属于灵魂和身体的统一体的东西，由理智仅仅能够对它们达成一种模糊的认识，而且即使在想象的帮助下也一样；而我们经由感觉可以对它们达成一种非常清楚的认识。”也就是说，自我离不开身体的感觉，单纯地去思考和想象没有灵魂的我的身体是不可能的。正是因为有这个不可分割的身体，人才有了感觉和激情。

笛卡儿认为，我的身体就是我自己，自我是灵魂和肉体的统一体；身体“是所有的感觉、情绪、欲望的条件，它是一个纯粹感知性的东西。我是在它之中，而不是在别的地方，体验到了高兴和痛苦……正是通过我的身体的中介，我可以想象和感知别的物体”。由此可见身体对于人或者自我的重要性。笛卡儿虽然是理性主义者，但是他并没有否认身体尤其是感觉的重要性。笛卡儿的人是理性的人，不是只有灵魂而没有身体的人。

其次，在笛卡儿的伦理学中，理解身体是非常关键的，这也为后来的众多哲学思想开辟了道路。身体与激情或者情感有关，是人所具有的特质。

在《论灵魂的激情》一书中，笛卡儿将激情或情感视为其伦理学思想的核心。因为激情和身体具有紧密的关系，所以说身体在笛卡儿伦理学思考中具有重大作用。通过对激情的分析，可以发现其在道德中的作用。正是因为理性与情感在实现善的生活中具有不可分离的关系，而两者又具有人的特质，所以这两者都是伦理学所必须讨论的。

如何来界定情感？情感是一种思想吗？在笛卡儿看来，情感也是一种思想，但属于一种与身体有关的思想，与“动物精气”有关。在不同的道德情境中，身体会有不同的反应，所以在思考情感的时候，也需要考虑其相应的身体特异性。对于身体的各种需要和相关的思维，笛卡儿做出了分析。

身体需要食物或水。对于这种基本的需要，我们应该运用理性，清楚地认识这种需要，而不是被饥饿感或者口渴感所迷惑，因为饥饿、口渴乃至痛苦的感觉只是一种模糊的思维方式。对于心灵来说，理性思维是最高的，所以这种模糊的思维方式并不是纯粹思维，而是一种来自有机整体的东西，它可以证明身心是一体的。笛卡儿用饮水的例子说明身心的密切关系。当人们需要喝水的时候，身体会出现变化，比如喉咙会变干，这就引起了神经运动。通过大脑内部的神经运动，人最终完成饮水的动作。这个过程说明了身心的密切关系。笛卡儿认为："虽然精神结合了所有的肉体，但并不意味着它会延伸到整个身体，因为延伸不是一种精神特征，精神的特点只是思考。"在这里，笛卡儿指出心灵的特点是思考，而心灵与身体是相互联系的。

最后，在笛卡儿的伦理学中，他提出了"临时的道德"。笛卡儿提出了一种"普遍方法"，其目的是确立一套"普遍学问"，使之建立在坚实牢固的基础之上。"普遍学问"的确立最终是为了进行实践，实现一种伦理意义上的成功。也就是说，笛卡儿"方法论"的终极目的是获得个人的幸福，为此他提出了"临时的道德"。这是基于现实的考量，并没有离开当时的社会情境，也是为了更好地帮助那些探究"普遍学问"的人。在关于自我的探索中，笛卡儿提出并发展了自己的方法论，这种科学的思想仍然具有一种终极的目的——整个人类的福祉。

可以说，整个笛卡儿哲学是以人类的发展为最终目标的。我们在此基础上可以理解笛卡儿对于道德的理解。他在《谈谈方法》的第三部分，集中阐释了自己的伦理学思想。这个部分的论述内容相对丰富，笛卡儿又集中讲解了"临时的道德"。

二、临时的道德

在《谈谈方法》的第三部分，笛卡儿集中阐释了他的伦理学思想。在这里，笛卡儿进行了大段关于伦理和道德的论述，还集中讲解了“临时的道德”。

笛卡儿指出两种确定性，一种是“道德的确定性”。那些诸如伦理学、哲学之类的“各种学问”，并没有建立在坚实牢固的基础之上。另外一种是“绝对的确定性”，比如数学、科学等“普遍学问”，这在日常生活层面是不可怀疑的，仅仅在形而上学的层面可以被怀疑。对于后者，笛卡儿认为需要从“各种学问”中去建立“普遍方法”。

笛卡儿在《谈谈方法》的第二部分提出四条准则，解释了如何才能建立普遍方法。接着，笛卡儿又提出了“一套临时的道德”：“第一条就是遵守我国的法律与习俗，始终坚持我凭借着上帝的恩典而从小领受的宗教，在所有其他的事情上都依据最温和以及最不极端的意见来管理自己，这些意见就是我周围的人中最明智之人通常在实践上会采纳的意见。我的第二条准则是在我的行动上尽我所能地坚定果断，一旦我采纳了某些意见，即便它们极为可疑，也要毫不动摇地遵循它们，就好像它们十分确定一样。我的第三条准则是永远试图掌控自己而非掌控命运，试图改变我的渴求而非改变世界的秩序。最后，为了结束这套道德规范，为了尝试找出最好的一种职业，我曾经决定检视人们在这一辈子中所从事的各种职业。我不想对于他人的职业多说什么，我觉得我最好还是继续我从事的职业，遵循我给自己的那套方法，将我的一生致力于培养我的理性并且尽我可能地增长关于真理的知识。”

在笛卡儿看来，普遍方法与临时道德之间存在一定的关系。在《谈谈方法》的开始部分，笛卡儿说临时道德是从普遍方法中得到的。

什么是普遍方法？在笛卡儿看来，普遍方法就是获得确切知识的方法。在《谈谈方法》中，笛卡儿详细论述了普遍方法。

既然是普遍方法，笛卡儿首先对普遍性进行了描述。他认为，人人都具备平等的良知，这种良知可以让人具有理智，分辨真假。既然人人都有一样的能力基础，那么导致人与人产生差异的原因就是方法。笛卡儿从个人的经历出发，讲述了自己求学的过程，从而引出对当时的神学、哲学等的批评。在对这段经历的描述之后，笛卡儿特别强调在人与人的交流之中做研究。笛卡儿说，他“决心只在我自己心里或者在世界这本大书里去寻求学问，而不再到别处去寻求学问”。也就说，笛卡儿的普遍方法从一开始就是与实践有关，它基于社会，并且和人与人之间的交流有关。笛卡儿借助实践，开始对知识进行重建，在这个过程中，他并没有简单地否定前人的成果。他说，不是每个人都可以对全部知识进行“彻底改变，推翻重建”

的。对于获得普遍方法来说，最重要的是改造自己的理性。

笛卡儿提出了四条普遍方法。

第一条，不接受尚未明确认识之事物。对于这一条，可以说就是普遍怀疑的方法。笛卡儿认为，来自感性知觉的知识往往是不可靠的。这样的例子在生活中有很多。比如当筷子插进水中，看起来筷子是弯的，实际上却是直的。笛卡儿所要怀疑的正是他自己心中的感觉或观念。

第二条，将难题化整为零，逐一解决。它在实际解决问题的过程中的表现就是把问题不断分解。这个方法有一个来自中国经典的例子，那就是庖丁解牛。整头牛可以被切割为不同的细小部分，而一个问题也可以分解为不同的子问题。问题常常具有不同的结构，通过对结构的解剖，就可以找到不同部分的相互关系。对难题进行分解，就有了各个击破的可能。

第三条，按照次序，从简单到复杂，逐步上升。在解决问题的时候，可以把问题已经分解后的各个部分，按照从小到大、从简单到复杂的方式排列，根据归纳，逐步上升。

第四条，尽量完整列举和考察。

从第一条开始，在采用普遍怀疑的方法之后，通过将问题不断分解，从简单入手，逐步上升。这个过程中，不能遗漏，不能缺失，最终可以达到明确的认识。对于这个过程，笛卡儿说："虽不敢说做到尽善尽美，至少可以说把我的能力发挥到了最大的限度。此外我还感到，由于运用这种方法，我的心灵逐渐养成了过细的习惯，把对象了解得更清楚、更分明了。"也就是说，虽然这套方法可能存在一些问题，却是一种很好的科学思维的方法。

解决问题的方法通过笛卡儿的研究，出现了新的变化。通过这种具有详细步骤的方法，笛卡儿可以解决一些不容易解决的问题。以前，人们对于问题的解决总是直观式的，就是对于某一种特定事实的把握。直观地把握问题是一个瞬间完成的活动，总是绝对而单一的。现在，人们可以通过一个有具体步骤的推理过程，去把握更加复杂的问题。

在完成以上论述之后，笛卡儿讲到了四条临时的道德。这是一种权宜之计。因为当时的宗教迫害仍然普遍，而他的思想显然很可能挑战了教会的权威。为了能够让书籍得到流通，他甚至说，除了自己的思想之外，没有什么可以自己做主。这样就可以避免很多审查带来的麻烦。那么，笛卡儿如何从普遍方法过渡到临时道德呢?

在一个“建筑的比喻”中，笛卡儿对此做出了解释。“学问”就如同房子一样，而现存的“各种学问”因为其基础是不牢固的，所以就像房子建立在砂石之上。对于普遍学问，因为经过了检测，它就好比房子有了坚实牢固的地基一样。那么对于普遍方法来说，它就好比一种建筑术或者建筑方法。在《谈谈方法》中，笛卡儿指出：“我将古代异教徒的伦理著作比喻为仅仅是建在泥沙上的豪华宫殿。他们赞美道德，并且很正当地使它们看起来比世上任何其他东西都更为可取，但他们却没有给出关于道德的确切标准。”

通过比喻，房子和学问之间就有了某种关系。比如个人的房子就好比具有个人倾向的学问，而对于群体来说，不同的学问就像不同的房子，这些房子可以组成城市。对于统一的有标准的学问体系来说，就好像一栋有规划与设计的房子一样。人们固然可以重建一栋或者若干房子，但是对于一个城市或者地区来说，推倒一切房子进行重建，几乎是不可能的。在学问体系的构建上，同样存在这样的问题。房子的比喻说明了笛卡儿对于道德的态度。

值得注意的是，在《谈谈方法》中，笛卡儿提出的临时道德并不是普遍方法应用于道德领域的结果。严格说，临时道德只是一种策略，使得自己或者他人在使用普遍方法的时候，尤其是在使用普遍怀疑的时候，可以不影响到生活。

这显然与当时的社会历史环境有关，科学的方法论并不会被教会接受。

我们不禁要问，笛卡儿为什么要不遗余力地在关于方法的论著里，提出临时道德的四条原则？这与当时的社会历史环境紧密相关。要知道，在笛卡儿的那个时代，科学的方法论并不会被教会所接受。事实上，“普遍方法”正是一种探求真理的理论方法。

笛卡儿为什么要提出临时道德的四条原则？这与当时的社会历史环境紧密相关。

一方面，笛卡儿需要表达自己的思想，尤其是普遍方法，这是一种几乎全新的方法论。当时的人们普遍渴求新的知识，而这种方法论正是提供新知识的良好工具。另一方面，笛卡儿又是一位智者，他非常清醒地认识到教会很可能会阻碍这种新方法的传播，而禁止的理由就是来自宗教的教条。因此，他不得不在回避与教会利益冲突的前提下，尽量运用理性的阐述，进行一次伦理观念的展开。

笛卡儿十分注重伦理学，在他看来，中世纪的伦理学并不完美。虽然崇高的道德已经被广为描述，但事实上缺乏清晰明白的价值标准。对于不确切的知识，笛卡儿总是持有怀疑的态度。而伦理学又非常重要，在《哲学原理》中，笛卡儿甚至将全部哲学比喻为一棵树，而伦理学是一种智慧，一种哲学之树上的最高智慧。笛卡儿又提出“道德科学”的概念，他说：“我所说的‘道德科学’，是一种最高尚、最完全的科学，它以我们关于别的科学的完备知识为其先决条件，因此它就是最高的智慧。”

也就是说，笛卡儿所重视的伦理学是以哲学为根基的。

那么，什么是“临时道德”？一般地说，伦理学原则是关于人的原则，是用来调节人与人的关系，约束人与人的行为的。这种伦理的制定，需要的不是夸夸其谈的智者，而是需要基于实践，发现问题，解决问题。为了获得一种长效的、持久的伦理原则，人们往往需要一些准备。就好比在完美的新房竣工之前，人们已经拆除了旧房，那么就需要一个临时的栖身之所。临时道德就是这样的过渡。

为此，笛卡儿提出了四个原则。

作为哲学家，笛卡儿深知自己的思想会对社会尤其是作为权威的教会带来什么样的震动。他做了辩解，首先说明思想和行为是有区别的。思想是内在的、个人的事务，在没有表达出来之前，可以说是思想者完全自由的内在心理活动。而行为则包括了与他人或者社会的交互，因为受到外界因素的制约，所以无法做到完全的自由。从另一个方面说，一个人的生活总是包括内外两个方面，内在的探索同样需要一个良好的外在环境。而笛卡儿的四个原则正是为了达到这个目标。

简单而论，第一个原则就是守法、敬神。笛卡儿说："第一条就是遵守我国的法律与习俗，始终坚持我凭借着上帝的恩典而从小领受的宗教，在所有其他的事情上都依据最温和以及最不极端的意见来管理自己，这些意见就是我周围的人中最明智之人通常在实践上会采纳的意见。"因为这条原则包含了比较多的伦理原则和内容，所以有必要在此进行一些区别和说明。

首先，为了让思想者或者坚持普遍方法的人可以具有一个良好的外部环境，这就需要遵守当地的法律法规、风俗习惯、宗教信仰等等。遵守规则的目的是让自己和他人能够和睦相处。显然，笛卡儿产生这样的观念与他个人的经历有着密切的关系。在笛卡儿完成这部论著之前，他已经接受了良好的教育，并且游历了欧洲的众多国家，这种经历让他获得了在不同文化中生活的能力。当时的教会在西欧权势很大，为了不与教会和他人发生冲突，笛卡儿采用一种明哲保身的方法，掩盖自己思想的锋芒。"始终坚持我凭借着上帝的恩典而从小领受的宗教"，这就淡化了自己与教会的思想冲突。而"在所有其他的事情上都依据最温和以及最不极端的意见来管理自己"，则说明他的"中庸之道"。

其次，笛卡儿所说的那些"我周围的人中最明智之人"则颇有深意，这是一种对贤达和明智之人的尊重。民众与贤人是有区别的，他书籍的主要读者，并不是一般的民众，而是那些追求普遍知识的人。这样的人能从繁杂的生活中抽出时间思考，本身就难能可贵。"最明智之人"恰恰就是这样的思考者。在笛卡儿的这些思想中，我们可以看出斯多葛主义的影响。斯多葛学派，这个古希腊时代的重要哲学流派，在伦理方面对笛卡儿有着重要的影响。斯多葛学派崇尚理性，认为自然界的一切发展和变化都有符合理性的规律，人类社会也是有理性的。在伦理方面，这个学派认为人人平等，天赋人权。而斯多葛主义又是最早、最鲜明又系统地表达个人主义哲学观念的学派，他们认为独立的个人可以做到自足和完美。这些基本观点与笛卡儿的思想基础相当契合。如果结合笛卡儿对于习俗的尊重，则可以知道这其中体现了一种平等的个人观念。“最明智之人”是贤德之人，值得尊重，而习俗以及习俗的主体大众，同样值得尊重。一方面，笛卡儿强调恪守入乡随俗、遵纪守法的原则，另一方面他又以自己为范本，尊重“我周围的人中最明智之人”，这体现的正是一种平等精神。

最后是明确伦理的相对性与绝对性。

所谓临时的伦理，就是相对的伦理，而永久的伦理则是绝对的伦理。在笛卡儿看来，两者是有区别的。考虑到现实的特定环境，那些在特定时间、地点需要人们去遵守的伦理就是相对的伦理。对于相对的伦理，更大程度上意味着这是一种风俗。正所谓“规矩都是人定的”，这句话说明了伦理作为规则，其制定和通行都离不开制定规则的人。笛卡儿的入乡随俗，正是从“我周围的人中最明智之人”那里获得相对的伦理的标准，通过遵守这样的标准，获得个人的发展空间。从另一方面看，“最明智之人”所带来的示范效应，也是他人学习的榜样。伦理原则本来是为了调节人们的关系、约束人们的行为，对于作为制定者的智者们来说，笛卡儿通过学习他们的实践方法，从而获得自己实践方法的原则。

正是对于这种伦理相对性的思考，笛卡儿做出了适度的决定，“在所有其他的事情上都依据最温和以及最不极端的意见来管理自己”。这种从伦理原则到个人实践的过程，是一个避免极端，回归适度的过程。极端往往意味着“绝对”，在伦理上如果追求极端，带来的常常是可怕的后果。适度不仅仅是中庸之道，更是一种对于相对性的理解和运用。

以上的第一条原则，反映了笛卡儿的伦理思想，他不是已经通过与当权者抗争而获得思想空间的哲学家。而在第二条原则中，笛卡儿又体现了自己独特的个人精神。

笛卡儿制定的第二个原则是人在行动时必须意志坚定，果断恒久。他说：“我的第二条准则是在我的行动上尽我所能地坚定果断，一旦我采纳了某些意见，即便它们极为可疑，也要毫不动摇地遵循它们，就好像它们十分确定一样。”

在这个原则中，“决断”非常重要，因为这是产生行动的前提。众所周知，在笛卡儿的方法论中有一条基本的原则，那就是“普遍怀疑”。在“普遍怀疑”之后，当动机被考问，如何才能产生行动？笛卡儿说到了“决断”的原则——“一旦我采纳了某些意见，即便它们极为可疑，也要毫不动摇地遵循它们”。也就是说，决断需要采纳意见，而这个意见需要坚持。那么，什么意见值得我们去坚持呢？显然，只有确定的前提，不可怀疑的基础才是这样的“意见”。笛卡儿的命题“我思故我在”，就是为了找到这样一个确定的基础与前提。在笛卡儿那里，“我思”是一种纯粹理性的活动，当心灵是一个独立的实体，那么“我思”甚至不需要任何外在力量，也不需要什么物质条件，就可以很好地进行。通过“我思”，乃至借助身心的结合，人会做出各种行动。

之所以“要毫不动摇地遵循它们，就好像它们十分确定一样”，说的正是要克服怀疑带来的必然结果。在怀疑论者那里，一切都是可疑的，最终导致一种虚无主义的世界观，世界失去了它的根基。笛卡儿不是怀疑论者，他之所以使用怀疑，只是为了更好地寻找到普遍的知识，找到确定的根基。为了克服怀疑论，笛卡儿说“要毫不动摇地遵循”，哪怕是临时的道德，或者是相对性的原则，只要“毫不动摇”，都是有利于行动的。

正如笛卡儿所说，他始终坚持“我凭借着上帝的恩典而从小领受的宗教”，这样，笛卡儿将上帝的至善、理性和贤德们的意见三者统一。这些为笛卡儿的行动提供了坚实的基础，这也是其伦理思想的重要来源。

笛卡儿制定的第三个原则是改变自我，他说：“我的第三条准则是永远试图掌控自己而非掌控命运，试图改变我的渴求而非改变世界的秩序。”

所谓“自己”，在笛卡儿那里就是自我。笛卡儿的“我思”已经把自我界定为一个思维的东西、一个心灵实体和身体实体的结合。而命运，对于笛卡儿时代的人来说，充满了不确定性，因为当时的神权仍然非常强大，世界是蒙昧的，大自然充满了未知，所以人们对于自然大多抱有一种恐惧和畏惧的心态。人们普遍依赖宗教信仰来克服对于未知尤其是对于命运的恐惧。当笛卡儿说“永远试图掌控自己”的时候，那是因为理性具有足够的力量，可以认识未知的世界。掌控自己，就是用理性掌握自己的“激情”。在后来的著作中，比如《论灵魂的激情》，笛卡儿系统阐述了他的伦理学。其中的“激情”就是一种与生命动力有关的东西。他不再试图去“掌控命运”，因为他知道人的行为来自心灵的运动，所以人的命运来自于自己的心灵。

笛卡儿说“试图改变我的渴求而非改变世界的秩序”，其中的渴求也是“激情”的一种。这种来自心灵的东西，在笛卡儿看来，是可以通过理性去控制和改变的。笛卡儿所说的“世界的秩序”，一方面是由上帝控制的，作为教徒，笛卡儿不会去违背上帝的旨意；另一方面，这又是他运用理性，积极探索的对象，也是客观的规律。对于世界的秩序，笛卡儿自然不会谋求去改变。

为什么笛卡儿会将“自我”作为解决问题的关键，而不是追求外部的改变呢？或者说，笛卡儿的“自我”是与外部世界对立的吗？伦理仅仅是一种对自我的约束吗？

如果我们说是因为“我思故我在”的命题决定了笛卡儿一定要将“自我”作为解决问题的出发点，那么这并没有抓到要点。在当时的历史情境下，“人”开始走出神权的阴影，走向历史舞台的中央。但是，神权仍然具有非常巨大的影响力。外部的世界，不管是个人的命运还是世界的秩序，都不是一个人能够掌控的。布鲁诺被烧死在火刑柱上，而他的死因仅仅是探索并说出了真理。笛卡儿委婉地说自己不会“改变世界的秩序”，也就是说不会在对于世界秩序的描述上与教会发生冲突。当布鲁诺因言获罪，无法掌握自己命运的时候，笛卡儿智慧地为自己找到了栖身的原则。

笛卡儿之所以会将“自我”作为解决问题的关键，是因为“我”对于我的思想和身体具有天然的支配权，不管是“我思”还是我的行为，只要在伦理许可的范围内，都是不受约束的。理性告诉人们，“自我”是思想在那种社会环境中最好的栖身之所。笛卡儿并不是要将自我与外部世界对立起来，变成一个粗俗的“主观唯心主义”者，他要做的是提出实践的方法，不管是科学的还是伦理的，通过探寻普遍的知识，借助体验来认知世界。在伦理上，他运用理性，对事情做出区分，告诉人们做什么事情最为合适。而这种告知，借助的正是“自己”，他从个人的经历出发，由己及人。

这是不是一种自欺欺人呢？难道伦理仅仅是一种对“自我”的约束吗？笛卡儿的基本假设是，每个人都具有“天赋观念”，都可以从上帝那里获得自明的普遍知识。正是因为每个人都是可以通过理性来认知世界，所以伦理可以通过每个人心灵的确认，最终成为一种普遍的约束和道德。如果伦理是他人的，只是一种外在的约束，那么伦理就无法真正地影响行动，尤其是在独处的时候。我们知道，笛卡儿非常热爱独处，他大部分时间都在孤独地沉思。当笛卡儿将个人的心灵作为探索真理的道路，那么他的心路历程也就成为理解其伦理思想来源的关键。伦理只有将“自我”的认知作为转折点，才能获得一种普遍的社会性的结果。

正如前面所说，笛卡儿的伦理观点在一定程度上受到了古希腊和罗马时期的斯多葛学派的影响，尤其是其伦理思想。在早期的斯多葛学派那里，自然具有唯一的法则，那就是贯穿万物的永存不朽的理性“逻各斯”。人也是有理性的，人应该顺应自然的法则而生活。对于人的道德来说，也应该遵守理性的原则。该学派崇尚禁欲主义，持有宿命论的观点，为了让人达到寡欲的境界，他们重视德行，提倡用理性克制欲望，最后用理性征服痛苦、恐惧等等。笛卡儿的伦理学与该学派都强调理性，但还是有一定的不同。斯多葛学派追求一种少欲的甚至禁欲的生活，而笛卡儿在临时性伦理中，则强调个人的“量力而行”，是一种中庸的看法。

笛卡儿的第四个原则是职业的选择和持久地坚持。他说：“最后，为了结束这套道德规范，为了尝试找出最好的一种职业，我曾经决定检视人们在这一辈子中所从事的各种职业。我不想对于他人的职业多说什么，我觉得我最好还是继续我从事的职业，遵循我给自己的那套方法，将我的一生致力于培养我的理性并且尽我可能地增长关于真理的知识。”

在第四个原则中，笛卡儿讨论了职业的问题。如何选择职业？为什么笛卡儿会选择现在的职业？对于第一个问题，笛卡儿“检视人们在这一辈子中所从事的各种职业”，最终找到了最好的一种，那就是他现在从事的职业。一个好的职业应是最有价值、最有意义的善的职业，如果说笛卡儿的职业需要一个名字的话，那应该就是“思考者”。思考是哲学家的工作，也是他们的职业。理性地思考对于笛卡儿来说，是最重要的工作。笛卡儿是这样描述自己的工作的，他说：“用我一生的时间来完善我的理性，尽我所能地遵循我所拟定的原则，探寻真理之路的奇葩。而我从中得到的，将是令人难以置信的无比甜蜜和纯洁的快乐。”

职业应该是有利人类的，也是应该为人类的公共利益做出贡献的。思考就是这样一种工作，因为思考可以发现和创造新的知识，推动人类的进步。而思考者也会因此得到相应的幸福和快乐。

关于笛卡儿的四个“临时道德”，在此已经对其原则进行了讨论。通过讨论，可以发现他的原则有一个显著的特点，那就是从笛卡儿的经历出发，或者是以笛卡儿自己为样本。那么，是不是说这些伦理原则仅仅是笛卡儿自己的个人准则呢？

笛卡儿自己说：“上帝赐予了每个人用以分辨是非的智慧之光。”这就是说，道德和伦理的选择权在每个人手里，每个人都有选择、判断和决定自己伦理生活的权利。这种人人平等的观念是其整个伦理思想的重要基础，而人人平等的观念又隐含着对于教会特权的质疑和破除。一旦普遍的知识传播开来，那种囚禁人思想的神权就会失去其根基。

三、论慷慨

笛卡儿认为，伦理规则中应该包含人类一切知识中最高尚的、最完美的内容，也就是真正的知识。而真正的知识都来自于理性判断，只有在理性的指导下，我们才能获得真理，达到真正的善。

关于“善”，柏拉图曾经这样评价自己的老师：苏格拉底认为“美德是一种善”，而知识是一切的善，所以美德即知识。因为对任何人来说，只要他知道什么是德行，他就会有德行。由此可以知道，在苏格拉底那里，知识可以成为伦理道德的基础。

如果美德是有益的，那么美德一定是“灵魂的一种性质”。同时，美德作为一种知识，也是一种智慧。苏格拉底的观点对笛卡儿有很大的影响。在笛卡儿的思想中，他同样认为知识与善或德行之间具有必然的联系；他也认为人的本性是“趋善避恶”。可以说，笛卡儿的伦理学与柏拉图主义有着深刻的联系。

笛卡儿将道德学放在自己哲学的顶端，而在这座大厦上，有一个非常重要的概念就是“慷慨”。笛卡儿的慷慨内涵丰富。在《论心灵的激情》中，笛卡儿对慷慨之人的特征进行了论述。简单地说，慷慨之人具有两个特征，第一，他必须认识到自己具有自由意志。第二，他必须有决心和意志去运用理性做出自己的决断。这两个特征所凸显的，正是笛卡儿思想中人人平等、利他爱人的重要品质。笛卡儿以“自我”的经历为参考，借助人自身的自由意志和理性，展开对于慷慨内涵的论说，最终体现了笛卡儿的道德理想。

自由与谦卑

在《论心灵的激情》中，笛卡儿虽然多次讲到了慷慨，但是并没有明确地给出定义，而且也没有区分慷慨的人和慷慨。所以，要理解慷慨的内涵，可以通过慷慨之人的特征来理解。在其特征中，首先就是具有自由的意志和谦卑。

围绕自由意志，笛卡儿讲到了慷慨者的两个条件。第一个条件是，慷慨者必须认识到，他具有一种自由，一种运用其意志的自由。这种自由是完全属于慷慨者的，而那些心灵以外的东西，不管是什么物质，都不是真正属于他的。慷慨者必须对自己的自由负责，去运用好自由，也要接受他人的评价。通过对这种自由的运用，人们可能责备他，也可能赞扬他。而这种对于自由的运用，正是一切道德判断的来源，所以说，意志的自由对于慷慨者乃至每个人来说都非常关键。

第二个条件是，慷慨者必须有一种坚定而恒常的决心，去运用好这种自由，做出决断。而在这个过程中，理性就非常重要了，这是判断事情好坏与对错的关键。一旦经过理性的决断，慷慨者就会具有一种意志力，去主动实现它。这种决心对于慷慨者来说很重要，如果他这么做的话，在笛卡儿看来，“就是在以完美的方式追求美德”。

以上两个条件都是围绕自由意志展开的，何为自由意志？简单地说，自由意志是这样一种哲学理论，它相信人类可以选择自己的行为。人的自由意志决定了人拥有对自身的最高管理权，从而可以做出道德判断。正是因为每个人都具有这样的自由，所以人类具有了推己及人的能力。在笛卡儿看来，一个真正慷慨的人是可以正确客观地评价自己的。这种对于自己的了解，也是评价别人行为的基础。人们总是具有相同或者相似的动机。

慷慨涉及对自由意志的评价，所以慷慨者是宽容的人。

首先，慷慨者具有推己及人的能力，这是一种宽容。慷慨的人关注内在的心灵，更容易去推己及人。那些探寻过普遍知识的人，明白别人和自己的本质是一样的，一旦具有了关于自身自由意志的认识，就会有决心去运用好这种自由意志，从而获得理性的判断能力。推己及人是对普遍知识的理解和应用。

其次，慷慨者不会责备过错者，也不会轻视任何人。对于美德的认识建立在理性的基础之上，是理性让慷慨者具有分析对错原因的能力。慷慨者之所以不去责备过错者，因为他们认为造成过错的原因是心灵力量的不足。一个关注自己心灵的慷慨者，因为探索普遍知识的经历，已经明白这些原因而选择宽容。那些心灵力量不足的人，只是因为不能很好地运用自己意志的自由，也不能承担起足够的运用自由的责任。

最后，慷慨者通过美德的意志评价自己和他人，从而实现人人平等。美德意志是一种信念，慷慨者相信并且认为其“至少能够存在于所有其他人之中”。慷慨者借助这种美德来评价自己和他人，所有评价对象使用相同的标准，也就是说，人人在美德的标准前是平等的。美德作为一种内在的评价标准，超越了外在的财富、容貌、地位等等，成为一种心灵的统一的评价原则。

可以说，借助于论述“自由的意志”，笛卡儿思想中孕育了人人平等的精神。这对于当时的神权来说是一种反叛，具有巨大的进步意义。

在笛卡儿那里，慷慨具有崇高的地位，这也让慷慨成为统摄其他美德的核心。那是不是说所有美德仅仅需要慷慨就足够了呢？笛卡儿并不这样认为。基于一种平等的观念，每个人都有自由意志，笛卡儿认为，每个人都有可能犯错误，也就是说，一个人不能凭借暂时的成功而轻视别人。慷慨者更是这样，他们“并不会喜欢自己比喜欢他人更多”，因为“那些最慷慨的人也常常是最谦卑的人”。

对于谦卑，笛卡儿又借助善恶进行了区分，这两类分别是作为美德的谦卑和恶的谦卑。对于前者，谦卑是一种美德，对应的慷慨者是非常谦虚的，他们有着强大而有力的心灵。因为这种慷慨的心灵，慷慨者可以应对各种挑战，即使在人生的道路上遇到了不幸，他们也可以保持稳定的心态。这种稳定的心态从谦卑而来，慷慨者含蓄而内敛，对于外部世界能够做到宠辱不惊。对于后者，恶的谦卑是因为心灵的怯懦和优柔寡断带来的。因为意志力薄弱，恶的谦卑者无力自我约束，常常被诱惑或者外力裹挟，做了错事之后就感到后悔。他们无法运用自己善良的意志，所以不得不依靠他人。笛卡儿认为，恶的谦卑将会导致慷慨的丧失，最终导致傲慢、自大和自私。这些人无法在幸运和厄运面前保持平和的心态，反而会出现不稳定的大幅波动。因为谦卑有善恶之分，所以带来的结果也不相同。善的谦卑者往往更加具有怜悯之心。笛卡儿说："怜悯是一种悲伤，混合了我们对于所看到的那些正在遭受我们认为他们不应遭受的不幸的人的爱或善良愿望。"慷慨者有博爱之心，对于所有人都持有相同的善良愿望，当他们看到不幸降临在人的身上，他们都会产生怜悯之心。慷慨者谦卑，对于遭受厄运的人会产生怜悯，但是更会因此而产生不屈不挠的坚定之心。而恶的谦卑者心灵软弱，看到他人遭受厄运，不会产生真正的怜悯，而是认为这也可能降临到自己身上，从而产生担忧和恐惧。

笛卡儿的慷慨具有丰富的内涵，也包括了平等和利他的思想。如果从源头上梳理，可以在古希腊哲学家亚里士多德那里找到初步的表述，但两者的思想取向大为不同。如果从基督教文化的角度来审视，其慷慨中还包括了谦卑的内涵，这也蕴含了一种平等和利他的精神。

笛卡儿的平等精神，更多蕴含在他的理性主义思想之中。早在古希腊时代，亚里士多德就曾经在善的维度，对"大度"进行了讨论。亚里士多德认为，善有外在的体现，其中最大的外在体现就是荣誉，包括了财富、权力甚至好的命运。而大度的人也关心这样的好处。在亚里士多德看来，"大度的人始终记得他给人的好处，不记得他受于人的好处"。正是对于外在的善的关心，让大度者具有了慷慨的雏形。但是笛卡儿更关注心灵，重视内在的善。他对心灵进行阐释，论述了自由的意志。每个人都具有自由意志，都具有天赋观念，可以运用科学的方法，去追求普遍的知识，这从根本上解放了人们被束缚的心灵。而慷慨者需要认知到自己具有这样的自由意志。而对于美德的评价，笛卡儿认为外在的财富、声誉等都是短暂的、微不足道的。笛卡儿与亚里士多德在美德的评价上已经出现了分野。更为重要的是，亚里士多德的道德观体现出强烈的社会等级观念。比如他所崇尚的大度者，对于处在不同社会地位的人会采取不同的态度。他说，大度者“对有地位、有财富的人高傲，对中等阶级的人随和。因为，超过前者是困难的和骄傲的事情，而超过后者则很容易”。为了让大度者显得行为合理，他认为大度者只接受好的荣誉，而对于普通人给予的微不足道的荣誉，他会不屑一顾。为了获得一种优越感，亚里士多德眼中的大度者乐于给人以好处，而羞于受人好处。这并不是说鼓励施予，而是为了始终记得他曾经给人的好处，不记得他受于人的好处。其中的原因在于，“因为受惠者是被施惠者超过的人，而大度的人想做一个超过别人的人”。可以说这样的思想与笛卡儿的慷慨是大相径庭的。笛卡儿的伦理学思想更加理想化，他从人人都具有自由的意志而引出美德，将美德的标准内化为心灵的实践，从而构建了一种全新的人际关系理论。正是因为美德是心灵内在的标准，所以他的思想成为近代平等观念的重要基础。

关于平等精神的另一个体现就是谦卑，这在笛卡儿的伦理思想中有着明确的体现。笛卡儿认为，谦卑是一种美德，也是慷慨者的重要品质。笛卡儿关于谦卑的思想受到了基督教文化的影响。如果说古希腊文明中缺乏人人平等的观念，那么基督教文化则不同。很多哲学家认为，人人平等的观念是基督教给予西方文明的重要贡献。笛卡儿将哲学思考的中心从“神”转移到“人”。如果我们认为谦卑的思想仅仅是笛卡儿从基督教文化中借用的，那么我们将无法深刻地理解其内涵。在中世纪的基督教伦理中，谦卑更多意味着对神权的服从，因为“神”是无可争辩的意义来源。但是在笛卡儿那里，因为自由的意志在伦理学中成为必然的基础，那么人的心灵就可以从神权的囚禁中解放出来，这个谦卑的对象从对于神的，转变为对于人的。

为什么说在笛卡儿那里，“神”不再成为道德判断的决定性因素？因为当自由的意志被提出之后，人可以探索普遍的知识，也可以对自己的心灵进行决断，人就必然成为美德的承担者。笛卡儿认为，评判美德的标准正是对于使用自由的意志能力的判断。既然每个人都有自由的意志和使用自由意志的权利，那么人人都是美德的主体和评判者，人人在伦理面前都是平等的。

笛卡儿的利他精神，更多地蕴含在他的圣贤思想之中。

古希腊的斯多葛学派留下了丰富的伦理学思想，其中关于圣贤的观点对于笛卡儿有深刻的影响。与笛卡儿思想相似的是，该学派崇尚理性，认为自然具有唯一的秩序，这个秩序也是圣贤们需要遵守的。与该学派不同的是，笛卡儿对于“激情”的态度是积极的。斯多葛学派认为，外部世界会影响人的命运，为了战胜外部世界，圣贤最好的处世之道就是“恬静”或者“无动于衷”。所以在该学派看来，征服世界就是战胜自己心灵中的各种冲动，甚至要表现一种“冷漠无情”。这种思想影响到了这个学派的政治态度，他们不再关心希腊人民的社会理性，而是以个人的生存伦理为中心。笛卡儿提出的慷慨则是一种由己及人的社会伦理学。笛卡儿认为，“具有慷慨美德之人就是要对他人做好事，把个人利益置于次要的位置，因此，利他成为一种美德。”这样一来，笛卡儿就突破了斯多葛学派的缺憾，提出了一种具有社会意义的伦理观点。

“慷慨”是笛卡儿伦理学思想的集中体现，也是思想家通过对主体进行自我反思，从而确定自我认识的道路、建立伦理思想的成果。笛卡儿的“我思故我在”是一个决定性的命题，其内在的指向性——“我思”之自我，确立了自由意志和理性在其哲学中的地位。可以说，笛卡儿伦理思想构建在自由意志和理性的基础之上，而关注的焦点正是每个人的心灵。同时，笛卡儿的道德理想包括了平等和利他的精神，这对于17世纪乃至整个近代哲学都造成了重大影响。直到今天，笛卡儿的伦理学思想仍然在不同的思想者那里得到回应。当人们提出不同的关于伦理的问题，笛卡儿的启发乃是，请关注心灵。

参考文献

［1］笛卡儿．探求真理的指导原则［M］．管震湖，译.北京：商务印书馆，1991.

［2］笛卡儿．第一哲学沉思集［M］．庞景仁，译．北京：商务印书馆，1996.

［3］笛卡儿．哲学原理［M］．关文运，译．北京：商务印书馆，1959.

［4］斯宾诺莎．笛卡儿哲学原理［M］．王荫庭，洪汉鼎，译．北京：商务印书馆，1980.

［5］罗素．西方哲学史［M］．何兆武，译．北京：商务印书馆，1986.

［6］亚里士多德．灵魂论及其他［M］．吴寿彭，译．北京：商务印书馆，1999.

［7］凯莫林．“我”之观念：笛卡儿哲学研究［M］．蒋运鹏，译．上海：华东师范大学出版社，2015.1

［8］艾克塞尔．笛卡儿的秘密手记［M］．萧秀姗，黎敏中，译．上海：上海人民出版社，2008

［9］笛卡儿．笛卡儿的人类哲学［M］．唐译，编译．长春：吉林出版集团有限责任公司，2013.6

［10］钱志纯．我思故我在［M］．台北：志文出版社，1976.

[11] 冯俊. 第一哲学研究 [M]. 北京：中国人民大学出版社，1989.

[12] 陈修斋. 欧洲哲学史上的经验主义和理性主义 [M]. 北京：人民出版社，1986.

[13] 姚鹏. 笛卡儿的天赋观念说 [M]. 北京：求实出版社，1986.

[14] 尚新建. 笛卡儿传 [M]. 河北：人民出版社，1997.

[15] 萧拉瑟. 笛卡儿的骨头：信仰与理性冲突简史 [M]. 曾誉铭，余彬，译. 上海：上海三联书店，2012.9

[16] 丹皮尔. 科学史 [M]. 李珩，译. 北京：商务印书馆，1997.

[17] 亚·沃尔夫. 十六、十七世纪科学、技术和哲学史 [M]. 周昌忠，等，译. 北京：商务印书馆，1997.

[18] 罗尤，冯棠，孟华. 法国文化史 [M]. 北京：北京大学出版社，1997.

[19] 汉姆普西. 理性的时代 [M]. 陈嘉明，译. 北京：光明日报出版社，1988.

后记

如果要列举几个当今社会讨论最多的科技话题，那么人工智能（artificial intelligence）必居其一。这个早已进入大众视野的话题，在很多专业人士看来，仍然属于工程技术的范畴，似乎与哲学并没有什么关系。事实上，早在17世纪就有欧洲哲学家们预见了人工智能并给予思考。比如笛卡儿，他就思考过“机器人”和“智能”的问题，他的思考至今仍然启发着当代科学家。在其著名的《谈谈方法》中，笛卡儿写道——

假若真有这样的一些机器，其具有猿猴（或其他缺乏理性的动物）的所有器官和外形，那么，恐怕我们就毫无理由断言，这些机器并不完全具有那些被模仿动物的本性。但请再试想这样一种情况：假若有一些机器，其在技术允许的范围内竭力仿造我们的身体，并试图模拟我们的行为，那么，它们是否为真人？答案是否定的，而且我们总能通过两个途径来获得这个否定性的答案。第一个途径是：我们会发现，它们总不会使用语词和记号，或像我们那样把语词和记号组合在一起，以便向他人传达出我们的思想。为何这么说呢？我们可以设想一台从表面上看来可以表达语词的机器，甚至可以设想，其表达的语词是匹配于一些将最终导致相关器官变化的身体行动（比如，当你触及其某一部分的时候，它就会问你，是不是想和它说些什么；而当你触及其另一部分的时候，它就会大哭，抱怨你弄疼了它）。但即使如此，它却无法给予语词以不同的排列方式，以便应对人们在面对它时所能够说出的种种不同的话——尽管最笨的人也能够胜任这个任务。第二个途径是：尽管这些机器能够执行很多任务，并在执行某些任务的时候表现得比人类更为出色，但它们必定会在执行另外一些任务时出洋相。这样一来，我们就会发现，这些机器并不是根据知识来运作的，而是根据其器官部件自身的倾向来运作的。这又是为何呢？因为人类理性乃是在诸种问题语境中皆有用武之地的万能器具，而这些器官部件呢，则只不过是分别为特定的问题语境而定制的专门器具。这样一来，如果我们要让这些机器能够对付所有的问题语境的话，那么我们就得让它配备有大量的器官部件，其中的每一个都对应着一个特定的语境——否则，它就无法像我们人类运用理性所做的那样，应付生命中层出不穷的种种偶然事态。很显然，从实践角度看，这样的机器设计思路是行不通的。

在这段预言般的思考中，机器可以模仿人，对应于今天的“机器人”；机器可以具有某种智能，类似于今天的“人工智能”。在笛卡儿看来，人不可能制造出具有人类智能水平的机器。如果依据他的“身心二元”立场来分析，智能是心灵的一种内在形式，也是一种独立于物质（包括机械身体）的存在。即使技术可以把机械的身体制造得非常完美，那也和智能没有什么关系，甚至会在“执行另外一些任务时出洋相”。当人的身体成为学习的母本，哪怕在“技术允许的范围内竭力仿造我们的身体”，机器还是机器，我们人还是人——机器与人的鸿沟是不可逾越的。

在论述获得否定性答案的“两个途径”时，笛卡儿特别讲到了语言，因为机器“总不会使用语词和记号”，尤其是当“表达的语词是匹配于一些将最终导致相关器官变化的身体行动”，机器就会彻底失败，甚至连“最笨的人”都不如。由此，笛卡儿的身体观念坦露出来，作为实体的身体哪怕贡献了感觉，贡献了支持心灵运作的“精气”，也会因为其与“词语和记号”的异质性存在，变成一个地位卑微的存在——柏拉图的幽灵再次隐现。

人类的语言成为辨别的关键。笛卡儿关于“神奇机器”的思想实验激发了众多科学家和哲学家的思考。如果用计算机科学的命题来复述，笛卡儿关于机器是否是真人的疑问可以改写为：“机器能否思考？”（Can machines think?）这也是1950年，现代计算机乃至人工智能的奠基者图灵在《计算机器与智能》的开篇所提出的问题。

答案一，机器确实可以思考。至少根据今天的科技水平，人工智能已经可以通过图灵在早期设定的测试要求。在图灵看来，不管是“机器”还是“思考”都是非常复杂的现象，难以明确定义。与其常规地首先定义机器和思考，不如用一个更直观的准则来回答这个问题：要判断一个机器能否思考，只需要看这个机器能否用“没有歧义的语言来表达”，能否不出现笛卡儿所说的错误或者 “洋相”。于是，这个测试的准则带来了图灵测试。

图灵测试的内涵在最近的半个多世纪不断发展，一方面是因为技术的演进速度远远超出了人们的想象，另一方面是人们关于智能的认知发生了重大变化。在《计算机器与智能》这篇论文中，图灵所期待的是一台具有智能的机器，甚至，“智能”还没有清晰的定义。在那个时代，只要机器在五分钟内，连续完成对于自然语言超过70%的正确识别与响应，就算通过测试，或者达到了“能够思考”的水平。到了20世纪60年代，“狡猾策略”的出现让人们开始重新思考智能的定义。随后，图灵测试的最初标准得到满足，但是关于智能的争论并没有停止。到了2011年，伴随着机器在棋类活动等领域的多次胜利，智能的定义越来越倾向于指那些“像人一样思考的能力”，而图灵测试也被理解为具备重构大脑的技能。

因为人类对于智能的定义不断演进，如果将机器智能与人类智能对标，那么在这种关联之下，图灵测试的难度必然会越来越大，乃至我们忘记了图灵本人所给出的标准，那个早在20世纪就已经达成的标准。如果机器可以思考，那么更为紧迫的问题出现了，这个思考的主体是谁？于是，一个主体哲学视角的回答出现了。

答案二，机器不能思考，至少笛卡儿会这么认为。机器，笛卡儿认为的实体；思考，笛卡儿所说的思。在机器能否思考的背后，是对“我思故我在”命题的隐秘回应，只不过，思考的主体不是“我”，而是一个他者——机器。当笛卡儿说“我思故我在”，此时思考的主体就是“我”；当我们说机器可以思考，此时就预设了一个思考的主体——机器。问题是，机器并没有自我意识，至少在笛卡儿看来，这个属于心灵的东西，本来就不在机器之内。基于“身心二元”的立场，机器和自我意识分别是不同的实体，当然也就不能思考了。

在图灵的论文中，他描绘了智能机器的未来：“我们或许期望，机器最终能够与人在所有纯粹智力领域竞争，但是最好从哪里开始呢？这是一个困难的选择。一些人认为，下国际象棋这样非常抽象的活动是最好的开始。也有人主张最好供给机器最好的感觉器官，能够花钱买东西，教它理解和讲英语。这是一条沿着正常的儿童教学的过程，指着东西和说出它们的名称等等。我不知道正确答案是什么，但是我认为两条道路都应当试试。”在这段憧憬之中，自我并不是一个被讨论的话题，但不管是“感觉器官”还是“儿童教学的过程”，都暗含了一个“人”的位格——机器被视为婴儿。在图灵那里，机器的存在是自明的，就好像笛卡儿的“我思”之我是自明的。机器在图灵上帝般的视角下清晰可见，而笛卡儿仍然要用身体提供的感觉来验证我就是我。

今天的机器越来越像人，它们不仅具有最好的感觉器官，比如数字化的传感器，而且具有了与人类进行自然语言交互的能力。然而，笛卡儿的魔咒“我思”仍然有效。如果说机器可以思考，甚至具有了部分的自我决策能力，那么思考的主体又是谁呢？

答案三，机器可以思考，而思考的主体就是一个“数字自我”。

在笛卡儿看来，我是一个身体与心灵的合成物，它既不能被纯粹的思维明确理解，也不能被想象力支持的思维明确理解。既然感觉并不可靠，那么理性的“纯粹思维”更加可信。笛卡儿的追随者对于感觉做出了更深入的思考，基于感觉的感性认识并不是思维以外的东西，也不是和思维完全不同的东西，它们本身就是一种思维。只不过，感性认识并不纯粹。一旦感知的过程完成了数字化处理，也就变成了一个可计算的过程。在当代认知科学的视域中，认知过程的主体可以是人，也可以是机器。

在信息时代，个人数据已经成为资源，而算法正在重塑个人与社会的关系。机器可以充分采集个人数据，包括视听形象、生理数据、通信记录、行为轨迹等，并且基于算法进行数字化描摹，最终会产生一个数据集，也就是数字化的个人镜像。在延时通信的场景下，一个人的数据集可以暂时脱离本人实体，成为具有人格化的“数据自我”。这个“自我”不仅可用于金融交易，也可以在生活场景中出现。可以预见的是，社会空间正在加速数据化，转化成一个可计算的数字空间。于是“数据自我”也在迅速地构建之中。即使“数据自我”只是本体的一个“数字孪生”，那么在离线的状态下，其处理信息的过程也可以被视为思考。

似乎，笛卡儿的论断“人不是机器”受到了质疑，他的这句话更像是宣称——人类才是这个世界的中心。殊不知，在认知科学的母体之中，一个新的“物种”正在诞生，它的身体是分布式的。在人工智能技术的视野下，一旦“数据自我”上传到云端，那么是否就会带来个人的“数字永生”？因为理论上，个人的数据集是可以永久保存的。甚至基于笛卡儿的身心二元论，这个心灵一般的“数据自我”可以下载到一个新的身体之中。

数据自我，抑或数字化的虚拟心灵，在电流的驱动下不断进行纯粹的计算，好像“纯粹思维”一般。追忆笛卡儿，如果没有他“身心二元”的预设，很难想象今天的科技会有如此的发展——人类生产了海量的知识，那些海量的不借助身体感觉生成而依赖仪器验证的知识。

在今天，“机器能否思考”更多的是一个认知科学的命题。认知科学，一个“笛卡儿魅影”飘荡的学科。丹尼特（D. Dennett）曾经批评第一代认知科学家，说他们陷入了一个“笛卡儿剧场”之中。诚如其言，早期的认知科学家大多持有物质论的观点，只注意心/脑的特定子系统。他们以为，在大脑中的某个地方存在一个关键的终点线或者边界。由此物质产生智能。事实上，这样的理论范式不足以讨论人的智能，更不适用于人工智能的研究。

似乎，笛卡儿关于机器与智能的观点同样受到质疑，因为从语言的角度看，今天的机器已经可以理解人类的自然语言并且给予反馈。机器似乎已经具有了“心灵”，不仅可以让语词有“不同的排列方式”，还可以理解“人们在面对它时所能够说出的种种不同的话”。但认知科学家们发现，笛卡儿关于智能的设定并非这么简单，他思考的是：怎样让智能的机器解决一切问题。笛卡儿认为，因为“所有可被我们设想的机械不具有通用问题求解能力”，所以一台“智能”机器，就需要存储所有问题的解决策略，就好像今天的计算机预设一个“方法库”那样。于是，智能的定义也被笛卡儿设定为“通用的一切问题的解决能力”，也就是说，真正的机器智能需要解决不同情境中的各类问题，并且基于自身的可塑性，具有极强的学习和自我更新能力。

越来越近地，通用的人工智能即将到来。机器不断地思考着，而这个思考的主体是“我”吗？当人类将自己的思维投射到电子世界，又通过电子屏幕反馈给自己，到底是“我”延伸到了机器之中，还是机器因为“我”而自我觉醒？

在这个通用人工智能即将诞生的时代，关于自我的话题并没有结束，而笛卡儿的思想，依然启发着我们。

王东承

2022年2月